厦门大学"双一流"重点建设学科"马克思主义理论"项目资助

厦门大学马克思主义与中国发展研究文库

资本逻辑与虚无主义

张有奎 著

中国社会科学出版社

图书在版编目 (CIP) 数据

资本逻辑与虚无主义 / 张有奎著 . —北京：中国社会科学出版社，2017. 12
（厦门大学马克思主义与中国发展研究文库）
ISBN 978 - 7 - 5203 - 0896 - 0

Ⅰ. ①资… Ⅱ. ①张… Ⅲ. ①马克思主义政治经济学—资本—研究
②虚无主义—研究 Ⅳ. ①F0 - 0②B089

中国版本图书馆 CIP 数据核字（2017）第 219977 号

出 版 人	赵剑英
责任编辑	田　文
特约编辑	陈　琳
责任校对	张爱华
责任印制	王　超

出　　版	中国社会科学出版社
社　　址	北京鼓楼西大街甲 158 号
邮　　编	100720
网　　址	http://www.csspw.cn
发 行 部	010 - 84083685
门 市 部	010 - 84029450
经　　销	新华书店及其他书店

印　　刷	北京君升印刷有限公司
装　　订	廊坊市广阳区广增装订厂
版　　次	2017 年 12 月第 1 版
印　　次	2017 年 12 月第 1 次印刷

开　　本	710 × 1000　1/16
印　　张	16.5
插　　页	2
字　　数	256 千字
定　　价	68.00 元

凡购买中国社会科学出版社图书，如有质量问题请与本社营销中心联系调换
电话：010 - 84083683

马克思主义是引领中国发展的理论指南
（总序）

　　近代以来，面对中国"二千年未有之大变局"，种种迥异的思潮和主义粉墨登场，又纷纷黯然退去了，唯有马克思主义在复杂多变的国内外形势下成长壮大并取得最终胜利。这不是偶然因素造成的结果，而是具有历史必然性的社会发展规律之体现。在马克思主义的指引下，我国确立的社会主义基本制度为当代中国一切发展进步奠定了根本政治前提和制度基础，随之而来的社会主义建设道路探索为新的历史时期开创中国特色社会主义提供了宝贵经验、理论准备、物质基础，改革开放以来，我国成功开创并坚定不移地沿着中国特色社会主义道路前进，取得了史诗般的成就。在可以预见的今后很长时期内，马克思主义将是继续引领中国发展的理论指南。回望过去，展望未来，我们可以毫不夸张地说，不了解马克思主义，就不了解中国二十世纪以来的历史、现状和未来。

　　马克思主义的引领不是马克思主义的简单套用，而是要求我们必须把马克思主义与发展变化的时代特征和中国实际相结合，与时俱进，不断推进马克思主义的理论创新，从而使得马克思主义始终保持旺盛的生命活力。苏联解体的深刻教训之一就是把马克思主义教条化了。马克思主义经典作家反复强调，任何固守本本的思想都是要不得的，马克思主义基本原理的实际应用随时随地都要以当时的历史条件为转移。当然，修正主义以发展马克思主义的名义放弃马克思主义的基本立场和基本观点的做法是我们绝对不能同意的。

　　目前，中国特色社会主义现代化和中华民族的伟大复兴已经不是遥远的梦想，而是现实可期的事业。然而，我们必须充分估计到面临的困难和问题。如何加快完善社会主义市场经济体制和加快转变经济发展方式，如何坚持走中国特色社会主义政治发展道路和推进政治体制改革，如何扎实推进社会主义文化强国建设，如何在改善民生和创新管理中加强社会建设，如何大力推进生态文明建设等等，这些都需要我们从马克思主义的基本立场和基本观点出发给予理论的解答。

厦门大学《马克思主义与中国发展研究文库》基于马克思主义与中国的紧密联系，试图贡献自己绵薄的力量，深化马克思主义理论研究。《文库》的基本思路之要点在于：一是坚定的马克思主义立场。我们坚决反对种种否定马克思主义和要求埋葬马克思主义的错误观点，力求阐扬马克思主义的当代意义，为马克思主义的合法性辩护。二是强烈的创新意识。我们偏重于深入研究马克思主义经典文本并突破成见的创新之作，偏重于结合时代新特征新情况创造性地发展马克思主义的前沿研究。三是凸显中国问题。我们聚焦于中国新形势下的各种深层矛盾和话题，青睐于从马克思主义角度对中国问题的深入分析和研究。四是倡导"让马克思主义说中国话"。我们竭力避免食古不化和食洋不化的作品，始终不渝地追求具有中国特色、中国风格、中国气派的学术话语体系之佳作。

编者

2013 年 5 月

序

山东大学　刘森林

虚无主义是现代世界的精神本质。对于早已介入现代性一百多年的中国学人而言，这个问题其实并不是什么新的问题。不过，它的确是进入新世纪以来才受到中国学人的高度重视。在哲学界，无论就这个问题的始发地而言，还是就这个问题的落脚地而言，似乎都应该是从事中西哲学研究的同行们更加关注，并优先取得研究成果才合乎逻辑。但实际情况却是，更加关注这个问题，优先在这方面取得系列令人瞩目成果的，却是从事马克思主义哲学研究的学者。拜读完张有奎教授的这本大著，更加强化了我的这一印象。

追究个中原因令人饶有兴趣。当现代虚无主义于20世纪初从日本、俄国、德国来到中国时，真正把它当做一个问题认真对待、研究、忧虑和批评的，恰恰也是当时的中国共产党总书记陈独秀。出身北大的优秀学者朱谦之不但没有把虚无主义当作令人忧虑的问题，反而视之为个人的最高境界。如果我们同意曹聚仁先生的看法，把鲁迅兄弟一生思考的中心问题界定为虚无主义，那么，这个问题在他们思想表达中的深藏不露和幽深性可能意味着思考它的艰难，或者寻求答案的艰难。反正我们看不到他们对这个问题的明确思考及其答案。也许，因为马克思主义追求一种崇高的目标，虚无主义蚕食、消解这个崇高目标，才导致马克思主义者对虚无主义问题异常敏感？抑或，因为马克思主义哲学研究更关注现实问题（就像有奎教授在该书后记里所说的"虚无主义问题研究更多的不是满足纯粹的理论兴趣，而是解决现实问题"）才导致马克思主义学者出于深深忧虑而积极思考无论是在20世纪初还是在21世纪初都具有明显的负面性的虚无主义问题？不管是出于何种原因，当这个问题在中国孕育成熟，以显现的方式呈现出来之时，国内学者聚焦于现代虚无主义问题，并做出较为系统思考的，更多的是从事马克思主义哲学研究的学者。

有奎教授这本研究虚无主义问题的著作，尤其符合这一判定。因为该书的第一大特色，就是强调把现代虚无主义视为非自足自立的精神文化现象，因而主张从社会经济生活入手来追究作为精神文化现象的虚无主义之本质。这恰好就是历史唯物主义的基本立场和方法。在目前出版的现代虚无主义研究著作中，有奎教授的这本《资本逻辑与虚无主义》应该是最具唯物史观特质的一本。

唯物史观有多种解释模式，如果按照唯物史观的原生态来理解它，唯物史观无疑是在《资本论》及其手稿中获得了最为完整、经典的表达。而资本的逻辑恰恰是《资本论》及其手稿理论分析的一根红线。按照最经典的唯物史观来分析现代虚无主义问题，资本的逻辑就与现代虚无主义问题交融在一起，如果说资本及其运行逻辑是现代人在物质生活层面的直接感受，虚无主义或许就是现代人在精神生活层面的直接感受。物质层面和精神层面的双重感受集合起来、叠加起来是一种怎样的感受？物质生活的逻辑如何影响和左右了精神生活的逻辑？物质生活的逻辑与精神生活的逻辑具有怎样的复杂关系？如何从物质生活的逻辑中寻求遏制和克服虚无主义的路径、方法和步骤？等等。带着这些问题，我阅读了有奎教授这本书稿，深感这是一部理论功底深厚、特色显著、视角独特、视野广阔、见解精彩纷呈的优秀著作。畅快的阅读一定会获得诸多有益的启发。

马克思从社会经济发展的逻辑中理解虚无主义，是否意味着也将从社会经济进一步发展的逻辑中探寻遏制、克服虚无主义的方法路径？是否意味着现代虚无主义的遏制与克服只能从经济发展和阶级冲突的逻辑中获得，而与文化、传统、民族、国家和地区的逻辑无关？我想，惯于从具体、历史的处境中思考问题的历史唯物主义是不会大而化之、抽象地回答这一类问题的，只会根据（结合）具体、历史的真实处境来思考和回答。在这个意义上，在当下处境中思考虚无主义问题的生成逻辑和克服路径，就必须把学理性分析与现实性关注内在结合起来。有奎教授在本书中的思考很好地体现了这一特点。我认为，这正是本书第二个鲜明的特色。这个特色很好地体现了历史唯物主义的方法论特征。

有奎教授在本书中对现代虚无主义的理论思考，我觉得具有深厚的现实关怀。这种现实关怀不仅体现在对唯物史观经典文本和逻辑的深入探讨之中，更直接体现在本书最后一章之中。本来，跟现代虚无主义的发生地、探讨地相比，随着现代性的发生和发展在中国表现出来的虚无主义诸形态就具有鲜明的特色，跟它在德国、俄国、日本表现出的显然不同。由此，对于中国学人来说，分析现代虚无主义问题，就必须坚持学理性分析与现实性关注的内在结合，必须高度重视所分析的主题在中国的特殊表现，切近跟着西方学者只进行抽象、一般的理论分析。因为这种分析势必变成无视中国当下现实的"空中楼阁"描画。本书开辟专章探讨中国与现代虚无主义的关系，提出了诸多新颖的看法，为进一步的工作打下了很好的基础。如何分析这种特质，追究现代虚无主义在中国的种种具体表现及其根源和克服方案，这是需要我们跟有奎教授一起面对，共同继续追思的问题。

自由主义似乎不把崇高价值陨落的虚无主义视为多么严重的问题。它推崇的个体独立内含着现代个体有足够的资质和权利，自己解决各自的价值信奉与意义追求，这极容易导致它把跟马克思同一时代的英国批评家马修·阿诺德称之为"价值无政府状态"视为正常状态的表现，而只把突破共同遵守的价值底线看作是严重的问题。根据这一逻辑，崇高价值是向异质性个体高度开放的。现代性只关心基本价值的维护，而不关心也无需关心崇高价值的维护。因而，虚无主义问题的解决也就只能是追求价值共识。而这种价值共识显然只能是基本价值的共识，很难想象能是崇高价值的共识。在众多的自由主义方案中，我们不难发现这一点。这势必大大弱化自由主义逻辑思考现代虚无主义问题的能力。或者，按照一些自由主义的某种逻辑，基于崇高价值陨落的虚无主义不值得那么关注，只有基于基本价值陨落、基本价值被否定的情形才值得关注。而这种基本价值突破的情形，显然不能称之为现代"虚无主义"（我愿意称之为另一种形态的、更严重的现代"虚无主义"）的典型形态。在这个意义上，跟自由主义相比，基于历史唯物主义对典型形态的现代虚无主义的思考，立足于历史唯物主义对现代虚无主义的进一步思考，就显得尤其宝贵，并成为跟立足于保守主义视角思考现代虚无主义问题不同的现代立场。跟保守主义更多牵扯传统不同，历史唯物主义更关注未来的建构。由此，历史唯物主义的现代性批评，其意义、价值、潜力，还需要我们进一步地加以挖掘和发展。相信有奎教授的这本优秀著作，一定会促使我们进一步发掘历史唯物主义批判、克服现代虚无主义的理论潜能。这种潜能向所有读者开放，我想，与我一样饶有兴趣阅读本书的读者，肯定会把继续开发这种潜能的希望寄托在有奎教授身上，并祝愿他沿着这条希望之路取得更丰厚的成果。

目　　录

导　　论

　　追求有意义的生活是人的本性。"活着"从不是人的唯一目的，不是人的最高生存原则，"为什么活""怎么活"的问题始终是应然性存在者的主题。生活中存在着太多为了某种真理、道德、正义、情感、信仰、理想等而主动献出生命的案例。伴随着现代世界诸事物的涌现，人与周围世界的古老关系产生结构性的矛盾，固有的意义世界之根基开始晃动并不可避免地崩塌了，我们迄今依然偶尔听到远远近近的精神废墟中断续的坍塌之声，虚无主义不期而至。如何解释并重建当代人的精神家园，让惶恐而焦虑的精神流浪者获得信仰支撑，这是人文知识分子不可推卸的历史责任。

一　虚无主义的出场：问题的提出

　　虚无主义是现代世界的精神本质。这里的虚无主义并非泛指，而是特指目的性之丧失，尤指西方近代以来所出现的意义世界之坍塌的普遍现象。目的性不是功利主义的目标，不是因果关系链条中的逻辑结果，不是感性经验世界的得失，而是关乎理想、崇高、超验、神圣、永恒的事物。尼采的一句话简洁而形象地表达了现代虚无主义的本质："上帝死了。"它标示着现代人"精神上的死亡"，或从精神家园的自我放逐而成为无家可归的流浪者。判定现代精神文化之"魂"为虚无主义并非武断的看法，而是基于以下根由：

　　其一，现时代的人们摈弃理性主义的普遍性神话。就西方而言，上帝曾经是人们的精神支柱和价值依托，伴随着启蒙运动和主体的觉醒，上帝逐渐隐退了，启蒙理性取代上帝的位置，成为终极真理、终极价值和终极存在的寓所。然而，理性并没有承担这一艰巨任务的能力，它所许诺的自由和幸福显示出虚幻性和无根性。尼采批判理性主义的目的、统一性、真理的预设，宣布了理性主义神话的破产。

其二，相对主义和主观主义倾向。现代的人们越来越认识到，主体的历史性和有限性是无法超越的前提，主体根本不可能采取绝对客观中立的神性立场，妄想拥有绝对真理的颁布权，这仅是一种独断论倾向的表现而已。施特劳斯说："现代性的危机表现或者说存在于这样一宗事实中：现代西方人再也不知道想要什么——再也不相信自己能够知道什么是好的，什么是坏的；什么是对的，什么是错的。"[1] 他们在政治理想和价值选择方面，陷入诸神纷争的多元困惑之中。

其三，"本能取得了至高无上的统治地位"[2]。超验的萎缩，超感性的、约束性的力量的不在场，使得人的物欲获得解放，人们精于算计，消费文化和享乐主义盛行，肉体和欲望的放纵取代道德理想和价值的追求。黑格尔已经嗅到现代人的世俗气息："从前有一个时期，人们的上天是充满了思想和图景的无穷财富的。在那个时候，一切存在着的东西的意义都在于光线，光线把万物与上天联结起来；在光线里，人们的目光并不停滞在此岸的现实存在里，而是越出于它之外，瞥向神圣的东西，瞥向一个，如果我们可以这样说的话，彼岸的现实存在。那时候精神的目光必须以强制力量才能指向世俗的东西而停留于此尘世……而现在的当务之急却似乎恰恰相反，人的目光是过于执着于世俗事物了，以至于必须花费同样大的气力来使它高举于尘世之上。人的精神已显示出它的极端贫乏，就如同沙漠旅行者渴望获得一口饮水那样在急切盼望能对一般的神圣事物获得一点点感受。"[3] 韦伯洞察了经济人取代朝圣者的重大变迁："寻求上帝的天国的狂热开始逐渐转变为冷静的经济德

---

① 刘小枫编：《苏格拉底问题与现代性——施特劳斯讲演与论文集：卷二》，华夏出版社2008年版，第32页。

② ［德］尼采：《权力意志——重估一切价值的尝试》，商务印书馆1991年版，第227页。

③ ［德］黑格尔：《精神现象学》（上），商务印书馆1979年版，第5页。

性；宗教的根慢慢死去，让位于世俗的功利主义。"① 它最终导致专家没有灵魂和纵欲者没有心肝的社会状况。

　　敏锐而深刻的哲学家们早就已经捕捉到现代世界的虚无主义气息。尼采把虚无主义视为"最可怕的客人"，他清楚地看到虚无主义的到来："我要叙述的是往后两个世纪的历史，我要描述的是行将到来的唯一者，即虚无主义的兴起。"② 海德格尔肯定尼采的洞见，他说："'虚无主义'这个名称表示的是一个为尼采所认识的、已经贯穿此前几个世纪并且规定着现在这个世纪的历史性运动。"③ 在海德格尔看来，尼采体会到了无家可归的味道，换句话说，尼采在形而上学之内找不到摆脱无家可归的痛苦之出路，从而依然深陷形而上学之中。"家乡"不是地理学的意义，而是"存在的历史的意义"。海氏说："无家可归状态变成了世界命运。"④ "无家可归"是丧失存在的真理而耽于存在者的结果，它是存在的历史之天命，它由形而上学掩盖并巩固起来。就此而言，虚无主义与形而上学的历史一样久远。

　　这里出现两个尚需加以说明的问题。第一个问题，虚无主义是现代现象还是古希腊巴门尼德以来的现象。这个问题的关键在于如何理解虚无主义，如何理解虚无主义和形而上学的关系。如果把虚无主义视为形而上学建造出来的超感性世界之崩塌的后果，那它只能是反形而上学的现代思想事件之后的事情，而不可能发生在形而上学的统治时期。海德格尔把虚无主义推进到形而上学之肇始的古希腊时期，主要原因在于他对虚无主义有存在论层面的独特理解，这种理解不是我们此处探讨的主题。第二个问题，虚无主义是欧洲现象还是全球现象。这个问题暗含着这样的疑问，形而上学是欧洲文化的特征，尤指柏拉图主义的哲学传统，它并不是全人类的普遍现象，比如在遥远的东方文明中尽管有形而上的思考，却始终没有严格意义上的西方形而上学，就此而言，虚无主

────────────

① ［德］马克斯·韦伯：《新教伦理与资本主义精神》，生活·读书·新知三联书店1987年版，第138页。

② ［德］尼采：《权力意志——重估一切价值的尝试》，商务印书馆1991年版，第373页。

③ 孙周兴选编：《海德格尔选集》（下），上海三联书店1996年版，第766—767页。

④ 孙周兴选编：《海德格尔选集》（上），上海三联书店1996年版，第383页。

义是否蔓延到了力求现代化的中国等东方国家？经验事实告诉我们，虚无主义与现代文明相伴而行，从传统到现代是不可避免的历史过程，人为地抵制现代性仅是延缓了一个民族或者国家的发展过程，并不能改变历史进程，因之走上现代化之路的每一个国家不同程度地出现虚无主义的种种征兆，即出现传统价值的崩塌和意义的丧失。所以，虚无主义不是当今时代的局部现象，而是整个世界的无底之深渊。

虚无主义是世界性的精神危机，也是一种文化危机和道德危机，它塑造和改变着世界的样貌。基于它的重大影响，不同立场和派别的人们纷纷探查它的根源并力求提供破解之道，开出种种药方。马克思是当今时代不可超越的理论视野，它的本性亦在于发现时代的重大问题并给予创造性的回答，因而必然要回应虚无主义的挑战。事实上，马克思本人已经在他的经典文本中涉及虚无主义问题，只是我们没有给予足够的注意而已。

从马克思的角度来看，资本逻辑是解开虚无主义的密钥。资本逻辑预设市场主体是自利、理性、追求自身利益最大化的存在。按照亚当·斯密的看法，自利是人的本性，它与道德善恶无关。资本主义体系就是资本逻辑主导的市场经济体制，政府仅仅是守夜人的角色，它不能干预市场的运行。凯恩斯面对市场失灵的局面提出政府负有进行宏观经济调控的责任，这一理论试图加重政府在经济中的地位和作用，但并不是直接插手经济活动，而是通过经济政策等工具间接地干预经济。目前的主要社会主义国家如中国也提出发挥市场在资源配置中的决定性作用，无疑是强调要发挥资本逻辑的积极作用。资本逻辑就是整个现代社会经济活动的支配性力量。不仅如此，资本逻辑的泛化已经使它成为政治、文化、社会的统治原则，霸权主义、后殖民主义、消费主义、生态危机等无不与资本逻辑牵连在一起。毫不夸张地说，资本逻辑是现代世界的根本原则。作为现代世界之精神本质的虚无主义，它与资本逻辑绝不是油水分离的关系。

从资本逻辑的角度入手探讨虚无主义，这意味着深化理解生活与意识的关系，绝不把意义世界看作独立王国，且要从世俗层面揭示精神文化现象的根源。这不是经济决定论或唯经济主义的庸俗化见解，而是总体性历史观和唯物辩证法的体现和洞见。也就是说，它绝不简单地强调现代经济对现代灵魂的线性决定作用，绝不否定文化传统和多种其他因素对价值观的重要影响，绝不否定各种文化价值因素对经济活动的促进或制约。

总之，资本逻辑与虚无主义的内在关系是我们研究的主题。它涉及商品、物化、拜物教、符号经济、空间生产等资本逻辑的历史演进和当代形态，涉及唯科学主义、理性、消费主义、精神的平面化、焦虑、孤独、无聊等无根基时代的虚无主义之种种症状及其分析，涉及二者相互作用和勾连的内在机制。这是站在马克思主义立场拨开资产阶级意识形态迷雾之世界真相的探查。伯曼认为，马克思比尼采更深刻地洞察了现代资产阶级社会的虚无主义力量。他颇有信心地说："马克思能够澄清现代主义文化与产生出它的资产阶级经济和社会——'现代化'的世界——两者之间的关系，我们将看到，这两者所具有的共同之处比现代主义者或资产阶级所愿意设想的要多得多。"① 囿于各种原因，马克思的这一视角及其重大意义被遮蔽、耽搁和忽视。

二　国内外研究现状述评

19 世纪以来，伴随现代化的推进，关于时代精神本质的虚无主义及其根源和出路问题愈来愈引起人们的关注。目前流行的物质主义、功利主义、拜金主义、个人主义、消费主义等与虚无主义有千丝万缕的联系。

就国外而言，德国和俄国是探讨虚无主义的两个重镇。尼采、海德格尔、施特劳斯等是德国虚无主义的代表，他们侧重哲学角度的分析，探讨虚无主义的内涵和特征，确定了虚无主义的问题域，迄今依然是人们理解虚无主义的主要原则，虚无主义和西方、现代、形而上学等几个关键词密切相关。屠格涅夫、陀思妥耶夫斯基等是俄国虚无主义的代表，他们侧重文学角度的分析，通过文学形象的塑造，揭示虚无主义的本质和出路。另外，20 世纪以来的各个主要现代化国家开始关注虚无主义问题并有较深入的讨论。加缪通过西西弗斯的神话讨论荒谬和人生

---

① ［美］马歇尔·伯曼：《一切坚固的东西都烟消云散了》，商务印书馆 2003 年版，第116 页。

的意义。美国学者诺斯在《虚无主义：现代革命的根源》中站在基督教信仰的立场把虚无主义描绘为反抗并杀死上帝的这样几种主要形态：自由主义；实在主义；生机主义；毁灭主义。这些虚无主义形态不是并列的关系，而是彼此相继的具有内在关联的辩证关系。美国另一位学者科罗斯比在《荒诞的幽灵：现代虚无主义的来源和批判》中从哲学的角度对虚无主义作了分类：政治上的虚无主义；道德论的虚无主义，具体可分为否认道德现象的超道德主义，否认普遍道德标准而仅承认道德判断的个人性的道德主观主义，把个人的道德标准普遍化的唯我论道德虚无主义；认识论的虚无主义，具体可分为仅承认真理的个体性和相对性的虚无主义，反对元语言和普遍真理的虚无主义；否定宇宙的目的、意义和价值的宇宙论虚无主义；否定人类生存的目的、意义和价值的生存论虚无主义①。科罗斯比把尼采归为认识论的虚无主义（第一种情况）和宇宙论的虚无主义者，主要原因在于，一是尼采的视角主义理论把对世界的解释看作权力意志的表达，而不是世界本身的揭示；二是尼采否认世界的整体性和目的性。他们的工作颇有成效，但均没有涉及资本逻辑和虚无主义的内在关系。西方马克思主义者从马克思主义的立场分析资本逻辑和物化意识之间的关系，触及虚无主义的本质。卢卡奇和法兰克福学派的马尔库塞等代表人物，借助马克思的异化理论和拜物教理论，深入地探讨了资本逻辑和精神生活之间的关系，提出了物化意识、工具理性批判、文化工业、肯定性思维等重大问题。

就国内而言，鸦片战争打碎了传统士人的田园牧歌式的社会理想，儒家伦理的根基在"二千年未有之大变局"的动荡中晃动并坍塌了。可爱者与可恨者的矛盾，科学与人生观的争论，新儒学的兴起，都在表达传统文化在现代社会转型中的挣扎和彷徨。跌宕起伏的 20 世纪末期，随着中国改革开放和社会主义市场经济的步伐，又兴起了人文精神的大讨论。这一讨论的背景是市场经济和道德建设的关系，进而关涉的是传统道德的失落问题，或者说，它是传统道德文化危机的自我意识和拯救。根本出路不在于文化复古主义的折返，而是重新定位传统并寻找新的时代精神坐标。对传统道德的拒斥和矛盾心理，正是虚无主义的要

①   余虹：《虚无主义——我们的深渊与命运?》，《学术月刊》2006 年第 7 期。

义。新世纪以来，人们开始不仅仅简单地译介西方虚无主义，而是自觉地站在马克思主义的立场上探讨虚无主义，出现了一批可喜的成果。刘森林、邹诗鹏、贺来等一批中青年学者是这一方面的代表人物。他们或者结合《德意志意识形态》中马克思和恩格斯对施蒂纳"唯一者"的分析，深入探讨马克思主义的虚无主义批判；或者把青年马克思的异化理论和中晚年马克思的拜物教理论作为切入点；或者从现实和历史相结合的角度进行精神病理学的症候诊断和分析。中山大学马克思主义哲学与中国现代化研究所连续举办数次虚无主义方面的全国性学术研讨会，在国内产生较大反响，比如，2009 年之后，2011 年又举办"虚无主义、形而上学与资本的逻辑"学术研讨会，会议围绕虚无主义与形而上学的关系、虚无主义与资本逻辑的关系、虚无主义与犬儒主义、马克思与虚无主义、虚无主义的克服、当代中国与虚无主义等问题展开热烈讨论并产生丰硕成果。另外，历史虚无主义也是国内近年的带有意识形态色彩的讨论热点。

毫无疑问，国内外的研究深化了虚无主义及其根源、出路的研究。这种研究不仅仅是学术资料的梳理，没有停留于"蜻蜓点水式、外在观望式、标签套用式的笼而统之的远眺"（韩庆祥语），而是力求通过扎实的文本研究和思想史的梳理观照非中心化的、分散的、多元差异的社会现实。但总体而言，这种研究依然具有探索性和阶段性，存在以下一些问题：

一是在对虚无主义根源的挖掘方面，西方学者普遍停留在思辨和观念层面，有意无意地剔除了经济层面的内容，割裂了经济与观念的内在联系，从而把人的精神生命连根拔起。尼采对现代政治和经济的虚无主义色彩的理论直觉具有"令人吃惊的马克思主义调子"①，但最终没有揭示出现代灵魂与现代经济两者之间的内在联系，把人的本质归之为理性的他者——生命、意志、酒神精神，把虚无主义的迷误归因于"缺乏高等的种类"②。海德格尔从存在者之存在出发，探寻虚无主义之源，

---

① ［美］马歇尔·伯曼：《一切坚固的东西都烟消云散了》，商务印书馆 2003 年版，第129 页。

② ［德］尼采：《权力意志——重估一切价值的尝试》，商务印书馆 1991 年版，第275 页。

依然堕入形而上学的迷宫之中。

二是在对虚无主义的出路方面，西方学者受制于对虚无主义根源的理解，没有触及现实生活世界的变革，仅仅从文化和哲学的层面试图给出一劳永逸的答案，结果陷入浪漫主义或实证主义的形而上学窘境，寻找不到走出虚无主义的现实出路。尼采给出的出路在另一极端的意义上落入他所批判的形而上学之泥沼。海德格尔说："尼采的形而上学就不是一种对虚无主义的克服。它乃是向虚无主义的最后一次卷入。"① 海德格尔寄希望于上帝的救助，陷入不可言说的神秘主义。后现代主义的"怎么都行"强调多元性、差异性、肉体性，反对同一性的神话和本质主义的肆虐，与其说是解决了虚无主义的问题，不如说是对虚无主义的无奈接纳和认可。

三是在对虚无主义与马克思主义关系的探讨方面，尚需继续用力。马克思先期洞察了资产阶级的创造性开辟的道德的、社会的和心理的深渊，看到了资产阶级拆除整个世界的破坏性冲动。他的理论深度和重要意义被海德格尔注意到了，海氏认为胡塞尔和萨特因缺乏历史性的维度而没有资格和马克思对话，但囿于传统形而上学的偏见和对马克思的人的概念的误读，他不能理解马克思的感性活动敞开的哲学新视域，因而错误地从"存在之思"的角度把马克思和尼采并列起来并视其学说为绝对形而上学的倒转，同时，还不正确地指认："马克思在基本而重要的意义上从黑格尔那里作为人的异化来认识到的东西，和它的根子一起又复归为新时代的人的无家可归状态了。"② 西方马克思主义试图坚持马克思的基本立场和基本观点，并结合时代的变化和特征呈现马克思的思想活力，但在对时代精神状况的分析和批判方面，又总是陷入浪漫主义的偏颇。国内学者试图返本开新，挖掘马克思的虚无主义批判思想，寻找拜物教给我们时代的警示，尤其对中国现代性建构的借鉴意义，但这显然是一个尚未完成的任重而道远的工作。

总之，国外的虚无主义研究成果颇多，但观点驳杂，根本问题在于没有给出具有说服力的克服虚无主义的可行方案，没有摆脱乌托邦

---

① ［德］海德格尔：《尼采》，商务印书馆 2002 年版，第 970 页。
② 孙周兴选编：《海德格尔选集》（上），上海三联书店 1996 年版，第 383 页。

性质。国内的研究尚处于对西方相关思想的译介、评述、消化阶段，从历史唯物主义的角度有一些初步的成果，立足本土文化和实践经验的厚重作品尚需假以时日。伴随全球化的深化和资本逻辑的泛化流行，虚无主义有逐步加剧的趋势，并且表现出新的时代特征。如何揭示虚无主义在不同历史阶段和不同国家的新形态新特征，如何结合中国的历史现实和生活实践辩证看待虚无主义的历史命运，如何结合中华民族伟大复兴的现代化梦想，从中国文化传统和特殊国情出发，走出一条不同于西方的现代化道路，避免精神生活的坠落，这是当下的焦点。一言以蔽之，从资本逻辑的角度探查虚无主义的根源和出路，这是一个有待开拓的重大命题。

三　基本立场和研究方法

历史唯物主义是世界观和方法论。坚持历史唯物主义的基本立场，意味着从历史唯物主义出发，破除独立精神王国的神话学，从物质关系的角度分析虚无主义现象的根源，进而从物质关系的改变寻找破解虚无主义的药方。伊格尔顿说："人类不断异化，社会生活愈发'商品化'，我们的文化鼓吹贪婪、攻击性、不加思考的享乐主义和日益严重的虚无主义，我们正逐渐失去自身存在的意义和价值：要对上述问题进行富有成果的讨论，离不开马克思主义传统的积淀。"[1]

历史唯物主义的基本立场是"生活决定意识"[2]。马克思早在《〈黑格尔法哲学批判〉导言》中就认为，宗教是人的创造，它是人的本质在幻想中的实现，它是现实苦难的表现，神是人的自我异化的神圣形象。问题的关键在于，揭穿宗教的本质，批判的矛头应该指向尘世的法和政治。在《关于费尔巴哈的提纲》中，马克思肯定费尔巴哈把宗教世界归结于它的世俗基础的工作，指责他没有进一步对世俗基础加以批判。在马克思看来，"世俗基础使自己从自身中分离出去，并在云霄中固定为一个独立王国，这只能用这个世俗基础的自我分裂和自我矛盾

---

① ［英］特里·伊格尔顿：《马克思为什么是对的》，新星出版社 2011 年版，第 4 页。
② 《马克思恩格斯选集》第 1 卷，人民出版社 1995 年版，第 73 页。

来说明。"① 世俗基础的改变是消灭宗教的根本出路，而不是说教或其他方式。实践是一切理论的出发点和落脚点，先验论只是造成神秘主义，陷入唯心论，并不能真正说明理论的根源。马克思说："凡是把理论引向神秘主义的神秘东西，都能在人的实践中以及对这个实践的理解中得到合理的解决。"② 在《德意志意识形态》中，马克思嘲笑青年黑格尔派把观念、思想、概念等视为人们的真正枷锁并与之作战，而不是反对现存世界，因而是最大的保守派。马克思指出："德国哲学从天国降到人间；和它完全相反，这里我们是从人间升到天国。……因此，道德、宗教、形而上学和其他意识形态，以及与它们相适应的意识形式便不再保留独立性的外观了。它们没有历史，没有发展，而发展着自己的物质生产和物质交往的人们，在改变自己的这个现实的同时也改变着自己的思维和思维的产物。"③ 也就是说，意识是被决定的第二位的始终受到物质纠缠的存在。在《〈政治经济学批判〉序言》中，马克思简要地概括了指导他的研究工作的思想，核心之点是"物质生活的生产方式制约着整个社会生活、政治生活和精神生活的过程。不是人们的意识决定人们的存在，相反，是人们的社会存在决定人们的意识。"④ 在《共产党宣言》中，马克思和恩格斯说："人们的观念、观点和概念，一句话，人们的意识，随着人们的生活条件、人们的社会关系、人们的社会存在的改变而改变，这难道需要经过深思才能了解吗？"⑤ 在《资本论》中，马克思探讨的重心转向资本主义生产方式及其未来命运，而不是批判资本主义的自由、平等、公正等永恒价值观念，这主要源于他的历史唯物主义基本立场。可以看出，这一立场不是一时的灵感，而是马克思主义经典作家一生坚守的观点。

马克思把他的基本观点表述如下："这种历史观就在于：从直接生活的物质生产出发阐述现实的生产过程，把同这种生产方式相联系的、它所产生的交往形式即各个不同阶段上的市民社会理解为整个历

---

① 《马克思恩格斯选集》第1卷，人民出版社1995年版，第55页。
② 同上书，第56页。
③ 同上书，第73页。
④ 《马克思恩格斯选集》第2卷，人民出版社1995年版，第32页。
⑤ 《马克思恩格斯选集》第1卷，人民出版社1995年版，第291页。

史的基础，从市民社会作为国家的活动描述市民社会，同时从市民社会出发阐明意识的所有各种不同理论的产物和形式，如宗教、哲学、道德等等，而且追溯他们产生的过程。……这种历史观和唯心主义历史观不同，它不是在每个时代中寻找某种范畴，而是始终站在现实历史的基础上，不是从观念出发来解释实践，而是从物质实践出发来解释观念的形成，由此还可得出下述结论：意识的一切形式和产物不是可以通过精神的批判来消灭的，不是可以通过把它们消融在'自我意识'中或化为'幽灵'、'怪影'、'怪想'等等来消灭的，而只有通过实际地推翻这一切唯心主义谬论所由产生的现实的社会关系，才能把它们消灭；历史的动力以及宗教、哲学和任何其他理论的动力是革命，而不是批判。"① 这段话至少有以下两点重要启示：一是必须走出精神观念的范围寻找它的根源，这一根源在社会物质关系之中；二是观念变革的根本是产生它的社会物质关系的改变，而不是观念自身的批判。

历史唯物主义不是经济决定论。经济决定论片面强调经济对政治文化的单向决定作用，否定和忽视思想观念的能动性和相对独立性，结果把人变成机械的、消极的存在，忽视人的能动性和主体性。第二国际的马克思主义者曾经过分地强调历史的规律性和必然性，认为历史的发展是不依人的意志为转移的客观过程，从而有意无意地把历史规律看作处于世界之外和超乎世界之上的东西，历史的存在变成非历史的存在。人在这样的历史规律面前，除了服从之外似乎别无选择。这是对唯物史观的曲解。马克思说："批判的武器当然不能代替武器的批判，物质力量只能用物质力量来摧毁；但是理论一经掌握群众，也会变成物质力量。理论只要说服人，就能掌握群众；而理论只要彻底，就能说服人。"② 这里明确地表明了理论的能动性和重要性。恩格斯在 1890 年致约·布洛赫的一封信中集中批评了经济决定论："根据唯物史观，历史过程中的决定性因素归根到底是现实生活的生产和再生产。无论马克思或我都从来没有肯定过比这更多的东西。如果有人在这里加以歪曲，说经济因

---

① 《马克思恩格斯选集》第 1 卷，人民出版社 1995 年版，第 92 页。
② 同上书，第 9 页。

素是唯一决定性的因素，那么他就是把这个命题变成毫无内容的、抽象的、荒诞无稽的空话。"① 在恩格斯看来，影响历史斗争的进程和形式的因素是多方面的，一切因素之间相互作用，推动历史向前发展。他用力的平行四边形原理形象地说明历史的运动。恩格斯反省了造成青年们过分看重经济方面的原因，认为他和马克思负有部分责任，原因在于"我们在反驳我们的论敌时，常常不得不强调被他们否认的主要原则，并且不是始终都有时间、地点和机会来给其他参与相互作用的因素以应有的重视。"② 除了经典作家的论述外，我们当然也应当了解当代学者的看法。詹明信说："我并不认为马克思是经济决定论者，但我认为谈马克思主义就不可避免地要这样那样地谈经济，这是马克思主义的一个内在的、历史的、不可逾越的特征。"③

历史唯物主义的方法论意义在于，回归社会现实本身，呈现虚无主义的根源和出路。这一回归的根本之点在于领会黑格尔对主观思想或主观意识的尖锐批判。在黑格尔看来，主观思想或主观意识是一种抽象的外部反思，这种反思不过是诡辩论的现代形式，它不懂得"思想的真正客观性应该是：思想不仅是我们的思想，同时又是事物的自身，或对象性的东西的本质"④。国内有学者深入阐述了黑格尔的这一思想："这种抽象的外部反思，从来不知道如何深入于特定的内容之中，如何在此一深入中切中内容的真正客观性，而只是作为忽此忽彼地活动着的推理能力，仅仅知道把一般的抽象原则运用到任何内容之上。因此，作为外部反思的主观思想从来不可能真正触动并揭示社会现实，相反，却使之完全被掩盖起来。"⑤ 黑格尔通过对主观意识的批判，开辟了一条理解人类社会现实的道路。可惜的是，黑格尔哲学的根本性质决定了它最终依然错失了社会现实，陷入它所批判的无内容的非现实的抽象思想，因而引起马克思的不满。有学者指出："马克思对黑格尔哲学的批判，并

---

① 《马克思恩格斯选集》第 4 卷，人民出版社 1995 年版，第 695—696 页。
② 同上书，第 698 页。
③ ［美］詹明信著，张旭东编：《晚期资本主义的文化逻辑》，生活·读书·新知三联书店 2013 年版，第 14 页。
④ ［德］黑格尔：《小逻辑》，商务印书馆 1980 年版，第 120 页。
⑤ 吴晓明：《哲学之思与社会现实——马克思主义哲学的当代意义》，武汉大学出版社 2010 年版，第 208 页。

不在于后者要求作为内容的社会现实的积极呈现，而恰恰在于绝对唯心主义最终依然从根本上遮蔽了社会现实本身。"①

就具体的研究方法而言，有以下三种：一是文本学方法。文本学不同于文献学，也就是说，它不仅仅是文献资料的考证和罗列，而且更加注重权威文献基础上的文本解读和思想评论。它的主旨在于避免望文生义的、六经注我式的随意解读。在虚无主义问题上，如何准确理解它的文本学意义上的真实含义和历史线索，这是深化此一问题的保证。二是理论与实践相结合的方法。仅仅逗留于思辨的领域，以保证理论的纯粹性为借口不去关注现实的经验内容，或者以拒斥抽象思辨的借口流连于无批判的实证主义，陷入琐碎的经验材料而不能从总体上提升到抽象理论的水平，这都造成理论与实践的割裂和抽象对立，这种抽象对立违背了历史唯物主义的基本原则，乃是一种形而上学思维方式的体现。虚无主义理论和虚无主义现象之间的关系，虚无主义现象和资本逻辑之间的关系，这是我们始终关注的焦点。三是逻辑与历史相统一的方法。历史是逻辑的基础和内容，逻辑是历史的理论再现，这种再现是抛弃了偶然的、非本质的东西，它是对历史的本质的必然的表现。逻辑和历史不是无差别的等同，逻辑是修正了的历史。资本逻辑与虚无主义的辩证关系如何在历史的流变中按照内在的逻辑演进，这是一个颇具挑战性的问题。

四　研究的意义

资本逻辑与虚无主义的内在关系问题，换句话说，从资本逻辑的角度探寻虚无主义的解答，它涉及的是经济与精神、灵与肉、身与心的关系问题，这是历史唯物主义的重大命题。它对于推进马克思主义的理论创新，对于当代人类精神生活的诊疗，对于中国文化传统的现代转型均具有重大意义。

其一，有助于推进马克思主义哲学的理论创新。任何一种理论，都不是完全脱离时代的玄想，而是他所处时代的反映。黑格尔认为，哲学

---

① 吴晓明：《哲学之思与社会现实——马克思主义哲学的当代意义》，武汉大学出版社2010年版，第202页。

是被把握在思想中的它的时代。罗素批评以前的哲学史学家把历史上的哲学家当作真空中的产物的神话，主张按照哲学和环境之间互相影响的事实重写哲学史。马克思批评蒲鲁东颠倒了原理和时代之间关系的看法，认为每个原理都有其出现的世纪，这归根到底是由当时的生产方式水平决定的。在马克思看来，"任何真正的哲学都是自己时代精神的精华"①。哲学与时代的关系启示我们，马克思主义哲学不是永恒不变的教条和绝对真理，而是时代内容的思想反映，它要随着时代的变化而发展。那种认为马克思主义过时论的说法，不在于强调了时代的变化，而在于夸大了这种变化的性质、深度和广度，忽视了马克思思想的时代与我们所处时代的同质性。萨特之所以认为马克思主义不可超越的根本原因在于，产生它的情势还没有被超越。尽管没有根本性质的不同，21世纪毕竟不同于马克思生活的19世纪，马克思主义哲学必须与时俱进，回答时代的新问题。而且，具有实践性特征的马克思主义哲学本身就是开放性的理论，而不是封闭的体系和先验的公式。在马克思主义看来，理论关系是派生的，实践关系才是事物之间真实的联系，实践关系并不能被理论的逻辑关系所完全覆盖，相反，理论关系只有建立在实践关系之上才有现实意义。理论的独立性的外观，不过是一种形而上学的虚构，就其实质来说，它是物质生产方式决定的整个社会状况的精神表现。传统形而上学预设了现实世界的逻辑性和同质性，认为思辨的概念范畴体系具有对世界终极解释的性质，这是一种同质性的神话。基于以上的认识，随着时代的发展而不断推进马克思主义哲学的理论创新就成为题中应有之意。虚无主义是19世纪已经被提升到哲学层面的重大现实问题，迄今伴随全球化的进程已经蔓延到世界各地，成为现代性精神的本质现象，马克思曾走出思辨的领域，从资本逻辑的角度对它进行过深刻的分析，如何在21世纪里结合时代的新特征给出具有说服力的理论表达，彰显马克思主义哲学的生命力，拓展马克思主义的现代史观，而不是使它仅仅停留于自由资本主义时代，这是当代马克思主义者的历史使命。

　　其二，有助于提升当代人的精神生活。知识与心灵是两回事。有知

---

① 《马克思恩格斯全集》第1卷，人民出版社1956年版，第121页。

识的人不一定有充实的心灵，相反，有充实心灵的人不一定是有知识的人。传统时代的人们并不具有对世界的丰富的知识，但他们的信念支撑着他们的道德生活和情感生活，他们鄙视世俗的物欲和庸俗的此岸世界，追求彼岸的超越和灵魂的升华。启蒙以来的现代人用理性取代信仰，从以神为中心转向以人为中心，从彼岸转向此岸，从向往神圣的精神生活转向追求感性生活。在此一根本性的转向中，安身立命的问题被边缘化了，生命的关切被放逐了，崇高和神圣的存在被亵渎了。随着诸神的隐遁和信仰的衰落，人们从传统的精神家园中被驱逐出来，成为无家可归的流浪者，充满存在主义的焦虑，表现为民族文化的认同危机。人们避免谈论高尚的精神追求和远大的理想，精神生活平面化是这个时代的精神特质。从表面看，流行的是功利主义、物欲主义、拜金主义、消费主义等等，从深层看，人的生命意义没有着落，终极关怀缺位，由此产生的是陌生感、孤独、无助、恐惧、担忧、偶然性、荒谬感等等。仅仅从文化和价值的角度透视这种精神现象，人们很容易陷入悲观主义、实证主义和浪漫主义的误区，被意识形态的迷雾遮蔽真实的判断。只有从历史唯物主义的立场出发，突破种种唯心主义和形而上学的思想障碍，才能揭穿异化现象的历史本质，理解拜物教现象，洞察到这些精神现象的物质根源，进而意识到物质关系的改变的重要性及其对精神生活变革的根本性意义，也才能对人类精神的演进充满信心，真正克服长期以来浪漫主义的诱惑。

其三，有助于了解和克服中国现代化进程中的精神困局，推进中国特色社会主义伟大事业的顺利进行。中华民族伟大复兴的主旨在于实现中国民族的现代化，中国特色社会主义是中华民族在特定的历史背景下选择的一条不同于西方的现代化道路，社会主义市场经济是重大理论创新和实践创新的成果。在现代化过程中，一方面是中国现代化道路的特殊性；另一方面是中国现代化和其他国家现代化的共性，这种共性就是从传统社会向现代社会的过渡，与之相随的是传统文化和价值观遭受到的冲击以及人们面对急剧变化时代的茫然和无所适从。传统的失落是所有走向现代化国家的共同问题。面对这一失落，文化保守主义选择拒绝现代化，但这从理论和历史经验上看都是徒劳，背对现代化的结果只是延缓了本民族的发展，显然并不合适。在全球化的背景下，多元化的价值观使得人们再也不能按照传统和习俗按部就班并心安理得地生活了。市场经济及其利益的多元化，造成的另一个严峻挑战是民族凝聚力问题。如何建造中华民族共有精神家园不是一句口号，而是实实在在的迫切话题。文化是人民的精神家园，是民族的血脉。问题在于，传统文化已经失去了它赖以存在的土壤，新的文化和价值认同尚未形成，从而形成特定时期的价值真空，人们在这样的价值缺失中往往按照利己主义的本能选择，也因此出现了网络上不时爆出的种种不可思议的道德问题。培育和践行社会主义核心价值观，正是破解这一困局的努力。它是要在资本逻辑造成的虚无主义氛围中规范和引导人们的道德观念和行为。在对中国文化传统的创造性转化和西方文化的批判吸收中，在对马克思主义和中国实际的结合中，整合适合中国国情的共同理想信念，建造当代中国人的精神家园，这是应对虚无主义的切实途径。

第一章　形而上学、虚无主义与马克思

　　虚无主义与形而上学内在关联在一起。每个民族和文化样式都有各自对自然、社会、人生、历史的独特理解和文化表达。形而上学是古希腊以来的西方哲学的核心，它塑造了西方的思维模式和价值体系。启蒙以来，构成西方生活之根基的形而上学被怀疑和侵蚀，直至虚无主义的肆虐流行。马克思接受理性主义的积极成果，反对传统形而上学"超验实体"的抽象预设，却并不同意就此走向经验主义和彻底肯定感性生活的道路。从马克思主义的立场看，在对现实生活世界的回归中，要依然保持形而上的追求，反对后现代主义的碎片化和相对主义倾向。

第一节　形而上学的神话及其没落

　　形而上学是关于世界统一性原理的学说。亚里士多德是古希腊形而上学的代表，途经笛卡尔和康德，在黑格尔那里完成了。20 世纪是"拒斥形而上学"的时期，逻辑实证主义把形而上学视为胡说，早期维特根斯坦认为，哲学的任务就是为思想划定明确的界限，对于那些不能解答的人生问题的解答方式就是消除这个问题。他的名言是"对于不可说的东西我们必须保持沉默"。①

---

　　①　［德］维特根斯坦：《逻辑哲学论》，商务印书馆 1996 年版，第 105 页。

一　亚里士多德与形而上学的缘起

亚里士多德并没有使用形而上学这一术语。公元前 1 世纪，安德罗尼柯在整理亚里士多德著作的时候，把他的有关第一哲学的手稿标示为"在物理学之后"，亦称"物理学之后诸篇"，这些手稿研究的是存在本身，也就是事物的本质以及发生发展的原因，译为中文后名之为《形而上学》。

巴门尼德是形而上学的奠基者，原因在于他区分了意见和真理，把人们引向对存在本身的探讨。泰勒斯是西方哲学的开端，但他的哲学问题是世界从哪里来、到哪里去的本原问题，变中之不变的始基是某种自然之物，他们对真理的诉求是自然哲学家的思路，在观点上众说纷纭，没有达成共识。巴门尼德摒弃自然哲学家在经验事物中探寻世界本原的做法，把排除了经验因素的"存在"看作世界的本质。在巴门尼德看来，哲学探索有两条道路，即意见之路和真理之路。意见之路指的是人们依靠观察和经验探索感性现象世界，这条道路的体验是必要的，目的是对假象作出判断，但不可能获得真理；真理之路指的是人们依靠理性探索"遥远的东西"（共相）。黑格尔说："真正的哲学思想从巴门尼德开始了，在这里面可以看见哲学被提高到思想的领域。一个人使得他自己从一切的表象和意见里解放出来，否认它们有任何真理，并且宣称，只有必然性，只有'有'才是真的东西。"[1] 国内学者也已准确地指出："巴门尼德对哲学的主要贡献在于，他将存在确定为哲学的对象，从此哲学不再过多地追问自然的本原或构成元素，而是探索宇宙之统一的、最普遍的本质，亦即决定一事物是这一事物的最根本的东西，这就为形而上学奠定了基础。"[2] 也就是说，巴门尼德的功绩在于，他不再像自然哲学家那样从生成性的角度寻找世界的本原，而是从逻辑上探寻世界的本质和根据，追问世界的统一性和普遍性。在巴门尼德那里，存在者是完全的、不动的、无止境的、永恒的、不可分的、同一的存在，它像一个滚圆的球体。

---

① ［德］黑格尔：《哲学史讲演录》第一卷，商务印书馆 1959 年版，第 267 页。
② 张志伟主编：《形而上学的历史演变》，中国人民大学出版社 2010 年版，第 17 页。

　　柏拉图的理念论是苏格拉底追求知识与真理的"是什么"问题的继续。他吸收了巴门尼德的存在和毕达哥拉斯的数的思想，提出把世界区分为现象世界和理念世界，现象世界是不真实的、变动的、虚假的、暂时的感性经验世界，理念世界是真实的、普遍的、永恒的王国。在柏拉图看来，现象世界是理念世界的模仿和影子。在一与多、本质与现象、共相与殊相的关系中，理念认识和把握的是前者，而不是后者。柏拉图的理念不是形式的共相，也就是说，它是自在自为的本质和真实存在，是唯一具有真理性的东西。黑格尔认为，理解柏拉图的理念概念，必须克服两种误解，一种是从只认感性事物为真实的形式思维方面来的误解；另一种是当理念不在我们意识之外时，理念被视为我们理性中的理想，这些理想被看作必要的却是没有实在性或不可能达到的东西。黑格尔说："前一种误解把理念当作一种在世界以外的彼岸，而这一种误解则把我们的理性当作那样一种在实在性之外的彼岸。"① 哲学的对象是理念，而不是现象，知识是对真实存在的认识，意见与知识正相反，它的对象是感官的对象和个别的事物。柏拉图说："人的理智不使用任何感性事物，而只使用事物的型。"② 柏拉图哲学的根本之点在于，它要在现象世界之上、之后、之外寻找感性经验世界存在的根据和前提。

　　亚里士多德沿着柏拉图理念论的目标继续前进，也就是说，他依然要寻求确定不移的真理和知识。但是，他显然不满意柏拉图的包含难以自圆其说的诸多矛盾的理念论，因而力图通过紧紧抓住事物的特殊性另辟蹊径。有人据此误认为，亚里士多德和柏拉图是互相对立的，柏拉图是唯心论，亚里士多德倾向于唯物论和经验论。黑格尔反驳说："实际上，亚里士多德在思辨的深度上超过了柏拉图，因为亚里士多德是熟识最深刻的思辨、唯心论的，而他的思辨的唯心论又是建立在广博的经验的材料上的。"③ 迄今为止，有三种对待亚里士多德的立场和方法，第一种是整体论的方法，这种方法认为，亚里士多德的思想是

---

① ［德］黑格尔：《哲学史讲演录》第二卷，商务印书馆1960年版，第180页。
② 《柏拉图全集》第二卷，人民出版社2003年版，第509页。
③ ［德］黑格尔：《哲学史讲演录》第二卷，商务印书馆1960年版，第270页。

一个完整的体系，各个不同时期的思想不过是论述的方式、主题、角度的差异，不存在根本的思想对立和发展阶段，它们在逻辑上是自洽的，亚里士多德全集的各部著作是这个完整体系的不同部分和方面；第二种是发生学的方法，这种方法认为，应该从发展的角度看待亚里士多德的思想，它有不同的发展时期，根本不存在体系化的亚里士多德，亚里士多德全集仅仅是他的不同时期作品的汇集；第三种方法试图克服前两种方法的片面性，避免陷入虚构亚里士多德体系或者破碎的亚里士多德思想的指责，认为"亚里士多德的思想是一个连续发展的体系"。① 值得说明的是，长期以来，整体论的方法是研究的主导思想，但最善于思辨的体系化代表人物黑格尔却提醒人们不必去亚里士多德那里找寻一个哲学系统。

　　亚里士多德把我们现在称之为形而上学的部分叫作第一哲学。第一哲学的研究对象是实是本身，它是真正基础的存在，具有永恒性、不动性和可脱离物质的特性。它不同于具体科学的对象，比如，物理学研究可独立而非不动变的事物，数学的某些部门研究不动变而包含于物质之中不能脱离物质的事物，第一哲学则是先于这两者的学术。亚氏说："有一门学术，它研究'实是之所以为实是'，以及'实是由于本性所应有的秉赋'。这与任何所谓专门学术不同；那些专门学术没有一门普遍地研究实是之所以为实是。它们把实是切下一段来，研究这一段的质性；例如数学就在这样做。现在因为我们是在寻取最高原因的基本原理，明白地，这些必须是禀于本性的事物。若说那些搜索现存事物诸要素的人们也就在搜索基本原理，这些要素就必须是所以成其为实是的要素，而不是由以得其属性的要素。所以我们必须认清，第一原因也应当求之于实是之所以为实是。"② 在这里，"是"的英文词是"Being"，国内也有把它翻译为"有"、"存在"、"本体"的做法，各种译法各有短长，尚无定论。亚里士多德的第一哲学划分为三个相关的学科。第一个学科是"是之为是的科学"，它的目标是探究万物的普遍本质；第二个

① 张志伟主编：《形而上学的历史演变》，中国人民大学出版社 2010 年版，第 61—63 页。

② ［古希腊］亚里士多德：《形而上学》，商务印书馆 1959 年版，第 58 页。

学科是"最高种类的是",这是对神的恰当描述;第三个学科是"第一原理",它是一切论证和推理的基础。它们最终被人们理解为本体论、神学和普遍科学。①

在亚里士多德那里,第一哲学和神学并无本质区别,神也就是存在自身,它是"不动的动者"、永恒的存在、纯形式、世界的原初规定性、第一推动者、万物追求的终极目的。在亚里士多德看来,存在的事物有四种原因:质料因(构成事物的基质和材料)、形式因(决定某事物之所以是某事物的本质)、动力因(运动变化的源泉)、目的因(实现的目标),动力因和目的因可以归结为形式因,因而关键的就是形式与质料的关系。质料和形式不是僵硬的外在关系,而是内在地关联在一起。具有独立性和个别性的事物的本体不是质料,而是形式。质料是惰性的,形式是积极的决定事物本质的存在。在柏拉图看来,事物和本质的关系是模仿和被模仿的机械关系,亚氏比他的老师高明的地方在于,他把二者的关系看作一个生成的过程,这主要体现在他的潜能和实现的关系之中。质料就是潜能,形式就是潜能的实现,亚氏的基本判断是"实现先于潜能"②。这里的"先于",应是一种逻辑上的含义。整个宇宙运动就是从一个真正的不运动的始点出发的自我回复,它的实质乃是"思想者思想被思想者的思想运动"③。

总的来说,巴门尼德开创了真正意义上的形而上学研究,他把人们的目光引向存在自身的逻辑,柏拉图第一个建造了形而上学的体系,探讨了存在自身的逻辑结构,亚里士多德明确地提出为诸科学奠基的第一哲学即形而上学。在亚氏看来,形而上学是一个范畴体系。黑格尔对亚里士多德给予很高的评价,他说:"假使一个人真想从事哲学工作,那就没有什么比讲述亚里士多德这件事更值得去做的了。"④古希腊的形而上学主宰了西方哲学的基本路向。两千年来,西方哲学史几乎就是形而上学史。

---

① [美]布鲁斯·昂:《形而上学》,中国人民大学出版社2006年版,第3页。
② [古希腊]亚里士多德:《形而上学》,商务印书馆1959年版,第185页。
③ 张志伟主编:《形而上学的历史演变》,中国人民大学出版社2010年版,第85页。
④ [德]黑格尔:《哲学史讲演录》第二卷,商务印书馆1960年版,第284页。

二　形而上学的逻辑演进

中世纪是典型的神学时期，理性屈从于信仰，哲学服务于神学。奥古斯丁从柏拉图主义获取灵感，将其整合到神学体系之中，阿奎那试图改造日益僵化的基督教教义和神学体系，他以亚里士多德的知识体系为原则，从强调恩典和信仰转向自然和理性。经院哲学在 13 世纪达到鼎盛，形而上学体现在唯名论和唯实论的争论之中。笛卡尔、培根等对经院哲学及其亚里士多德主义的批判，实现了近代哲学的转折。

近代哲学常被简化为从存在论向认识论的转向。近代形而上学亦可以称之为理性形而上学，这主要源于近代形而上学乃是人类从信仰转向理性之后的重新起航。人们按照非辩证的方法形成机械的世界观，世界被祛魅，理性之光照亮了自然的结构，人们把事物理解为因果必然链条中的存在。机械化和数学化是这一时期的特点，代表性的成熟学科是物理学。人们追求的理想世界图景的原则是清晰和秩序。伽利略等科学巨匠是西方近代的形象代言人。近代形而上学要追寻确定性和知识，形成两种思路，这就是经验论和唯理论。前者认为思想的客观性和内容产生于经验和感觉；后者认为真理产生于思想的独立性。

按照黑格尔的看法，笛卡尔是近代哲学真正的创始人，原因在于近代哲学以思维为原则，而笛卡尔抛开一切假设，从明白确定的思维开始他的哲学构造。在笛卡尔看来，我们必须抛弃一切成见，即一切被直接认为真实的假设，从思维本身出发达到确实可靠的东西，思维本身是一个绝对的开端。他的口号是怀疑一切。值得指出的是，笛卡尔的怀疑一切不同于怀疑论。怀疑论是以怀疑为目的，认为人的精神自由就在于始终不作决定，笛卡尔的怀疑一切仅仅是手段，而不是目的。笛卡尔的名言是"我思故我在"①。他否弃一切我们惯常凭借感觉经验认定可靠的存在，但"我在怀疑"这件事情本身是不能怀疑的，否则就会陷入逻辑矛盾，从而证明了精神性的"我"的存在。作为存在的思维和作为思维的存在不可分割地结合在一起，两者之间不是推论的关系，而是直接的关联。黑格尔评价说："从笛卡尔起，哲学一下转入了一个完全不

---

① ［德］黑格尔：《哲学史讲演录》第四卷，商务印书馆 1978 年版，第 70 页。

同的范围，一个完全不同的观点，也就是转入主观性的领域，转入确定的东西。宗教所假定的东西被抛弃了，人们寻求的只是证明，不是内容。这是无限的抽象主观性；绝对的内容不见了。"①

沃尔夫对形而上学的理解是延续了莱布尼茨的一种颇为流行的版本。他对哲学进行了分类，把哲学分为实践哲学和理论哲学。实践哲学包括自然法、道德学、国家法或政治学、经济学。理论哲学包括逻辑和形而上学，形而上学包括本体论、宇宙论、理性灵魂学、自然神学。本体论是形而上学中最重要的部分，它是"论述各种关于'有'的抽象的、完全普遍的哲学范畴，认为'有'是唯一的、善的；其中出现了唯一者、偶性、实体、因果、现象等范畴；这是抽象的形而上学"②。

途经休谟的怀疑论之后，形而上学史上出现了里程碑式的康德哲学。康德揭示旧形而上学的矛盾和悖谬，指出作为神学婢女的形而上学之本体论证明的不可能或二律背反，摧毁了从莱布尼茨到沃尔夫的形而上学体系。荷尔德林曾比喻说，康德就像把犹太人引出埃及的摩西。康德既批判传统形而上学的弊端，又反对放弃形而上学追求，倡导一种新的形而上学。他说："人类精神一劳永逸地放弃形而上学研究，这是一种因噎废食的办法，这种办法是不能采取的。世界上无论什么时候都要有形而上学；不仅如此，每人，尤其是每个善于思考的人，都要有形而上学，而且由于缺少一个公认的标准，每人都要随心所欲地塑造他自己类型的形而上学。至今被叫做形而上学的东西并不能满足任何一个善于思考的人的要求；然而完全放弃它又办不到。"③

康德提出的哲学问题在于，普遍必然的科学知识如何可能。他不满于经验论和唯理论各自的片面性，认为普遍必然的知识必须建立在经验的基础之上，但又离不开先天的因素，他提出的著名说法是先天综合判断。换句话说，知识的内容是经验的，知识的形式是先验的，主体的先验形式是知识的必要前提，它的主要功能在于整合经验材料。主体的先验形式有两种，一种是感性先天直观形式即时间和空间；另

---

① ［德］黑格尔：《哲学史讲演录》第四卷，商务印书馆 1978 年版，第 69 页。
② 同上书，第 189 页。
③ ［德］康德：《未来形而上学导论》，商务印书馆 1978 年版，第 163 页。

一种是12个知性范畴。如果说，传统的知识论是主体围绕客体旋转，现在康德则要求实现哥白尼式的革命，即要求客体围绕主体旋转，人为自然立法。康德哲学革命的积极意义在于，它解决了传统知识论的难题，即知识和对象究竟如何符合的问题。进一步的问题在于，康德区分了现象和物自体，知性仅仅只能认识自在之物显现出来的现象，而从来不能认识物自体。灵魂、世界和上帝是超验的物自体，它们是人类知性能力不能达到的领域。知性和理性的区别在于，知性是对经验杂多的综合统一，它直接面对的是感觉经验，理性是对知性形成的知识的综合统一，它直接面对的是知识，而不是感觉经验现象。康德的任务在于，给人的理性能力划界，避免它的非法运用和僭越，从而为信仰和自由留出地盘。

在康德看来，现象界服从自然因果律，本体界服从自由律。自由是康德道德形而上学的核心概念。自由体现在道德领域，它的具体表现就是自律，也就是自己为自己立法。它是人类理性力求超越感性界限的形而上学之表现。康德不再像旧的形而上学一样寻求万物背后的本体支撑，而是承认认识的有限性，进而在实践领域设定超验本体的存在。在现象与本体、必然与自由、感性与理性、认识与实践的关系中，康德形而上学的目的在于后者，而不是前者。正因如此，他明确地提出实践理性优先于理论理性的论断。

目的论是康德试图协调理论理性和实践理性的理论。自然目的论强调整个自然是一个有机体和系统，完成这个目的系统的主要之点在于找到终极目的。自然的终极目的是无条件的，它是自因的且不受自然制约的，这就是人的道德存在，它的至上目的是至善。在康德看来，自然目的论仅是对自然之中的存在的说明，它最终必然指向超自然的存在，对此超自然的存在，唯有道德存在论才能加以说明，因此，道德存在论是自然存在论的必要补充。有学者指出："形而上学不是以经验说明经验的宇宙论，而是以超验说明经验的本体论。虽然康德哲学不同于传统的以宇宙之超验本体说明宇宙之存在的形而上学，而是以人之超验性说明人的存在的道德世界观，但是它既以超验性为根基，就必然是以某种理想性来统一现实性的哲学体系，而真正能够将理想性设定为哲学的出发点和归宿的体系只能是目的论的体系。"①

三　黑格尔与形而上学的没落

黑格尔是西方形而上学的完成者。他的目的论形而上学体系是范畴的形成史，逻辑学是这一范畴体系的本质结构。哲学史上的每一个哲学体系的原则即范畴是人类精神认识绝对的一个阶段，它们表面上杂乱而对立，实际上具有内在的联系，都是绝对展开自身的不同环节。这样，人类的哲学史不再是杀伐的战场，而是万神庙，每一座神像都有自己恰当的位置。正是在这一意义上，吴晓明教授指出，黑格尔哲学不是形而上学之一种，而是形而上学之一切②。黑格尔的逻辑推演虽有牵强附会之处，但总体上是一个精美绝伦的概念体系，以至于在形而上学内部超越黑格尔几乎是不可能的。19世纪的哲学转向以对黑格尔的批判起航，这一起点的确定不是没有道理。

黑格尔不满意康德的形而上学体系，尤其对他的自在之物不可知的论断颇有微词，力图按照"实体即主体"的原则重建形而上学。他说："一切问题的关键在于：不仅把真实的东西或真理理解和表述为实体，而且同样理解和表述为主体。"③近代哲学的实体论和主体论处于二元对立之中，实体论者没有能动性原则，主体论者没有坚硬的现实，谢林试图以绝对的概念调和二者的差别，但黑格尔讽刺他不过是把黑夜里的一切牛都看成是黑的而已。在黑格尔看来，实体自身不仅是客观的存在，而且是能动的存在，黑格尔把它称为"活的实体"。这一实体并非无差别的同一性，而是内蕴否定性和矛盾的存在，它自身具有自我展开和发展的内在动力，通过自我否定而成为他物，这个他物不是单纯的否定，不是与原来的实体割裂的东西，而是原来的实体的自我中介和自我完成，这样的实体就是主体，它是现实的存在，亦是绝对的真理。也就是说，真理是一个自我分裂自我扬弃并回归自我的过程。黑格尔反对割裂自然与思维的关系的做法，试图回归亚里士多德的自然目的论。他

① 张志伟主编：《形而上学的历史演变》，中国人民大学出版社2010年版，第196—197页。

② 吴晓明：《论马克思哲学的当代性》，《天津社会科学》1999年第6期。

③ ［德］黑格尔：《精神现象学》上卷，商务印书馆1979年版，第10页。

说："亚里士多德曾规定自然为有目的的行动，同样我们认为，目的是直接的、静止的、不动的东西；不动的东西自身却能引起运动，所以它是主体。它引起运动的力量，抽象地说，就是自为存在或纯粹的否定性。"① 实体即主体的关键之点在于，实体自身包含纯粹的否定性。这里的否定不是彻底的消灭，而是扬弃，是对立统一的自我转化，它是内在的否定。它的运动是自我运动，自己完成自己，世界是它的外化和自我展开。黑格尔的聪明之处在于，他克服了笛卡尔无穷后退的难题，没有按照线性思路推演整个形而上学体系，而是预设自我目的的圆圈式推演过程。

实体不仅是本质，不仅是上帝的纯粹自身直观，而且还有自身运动过程的形式，形式不是可以忽略的可有可无的外在附属物，它是非常本质的东西，现实的东西是具有展开了的形式的全部丰富内容的本质。黑格尔反对形式主义，反对把数学方法运用于哲学，批评形式逻辑的局限性，强调辩证法和概念自身的运动。在黑格尔之前，辩证法是工具和方法，是一种论辩的技术，黑格尔的辩证法不仅仅是方法，它是方法和内容的统一。一定的内容要通过与之相适应的一定的形式表达出来，一定的形式对应一定的内容，所以形式绝不是外在的东西，脱离内容的形式是形式主义，脱离形式的内容也是难以想象的，形式是内容的灵魂。中介是绝对之自我展开的必要环节。黑格尔说："中介不是别的，只是运动着的自身同一，换句话说，它是自身反映，自为存在着的自我的环节，纯粹的否定性，或就其纯粹的抽象而言，它是单纯的形成过程。"②

黑格尔的形而上学体系在《哲学全书》中最终定型。该书包括三大部分：逻辑学、自然哲学、精神哲学。逻辑学是纯理念的科学，亦即关于思维的抽象要素内的理念的科学。它从绝对的东西即纯存在出发，最后在绝对理念部分结束。绝对理念即自在自为的真理，它就是直接的理念，就是自然。自然哲学是理念的异在的科学，自然是理念的外在表现，它是理念自我否定的存在，具有个别性的外观，它最终要扬弃自身并成为精神，精神是自然的真理。精神哲学是理念由异在的自然回归自

---

① ［德］黑格尔：《精神现象学》上卷，商务印书馆1979年版，第13页。
② 同上书，第12页。

身的科学，精神扬弃自然这种外化的理念，途经主观精神和客观精神，达到绝对精神自身。

黑格尔的贡献在于，他的辩证法思想使得概念流动起来，概念再不是僵死的、一经形成就不变的东西，不是彼此不相关的僵硬对立，而是构成一个彼此转化的体系。康德的关注点在于，知性范畴如何对经验具有客观有效性，他的任务是对理性认识能力的静态结构分析。黑格尔的关注点在于思想范畴的起源和形成过程。恩格斯说："黑格尔哲学的真实意义和革命性质，正是在于它彻底否定了关于人的思维和行动的一切结果具有最终性质的看法。"①

从笛卡尔到黑格尔的近代形而上学的整个提问方式和问题框架是在主客二元对立的认识论范围之内进行的，根本旨趣在于获得确定无疑的知识和真理。就其特点而言，意识哲学遵循的是本质主义的、还原主义的思路。在它那里，存在着一些对立的范畴：经验/超验、现象/本质、相对/绝对、暂时/永恒，这些对子的前半部分是不真实的虚幻的需要克服的方面；后半部分才构成认知主体真正的对象世界。通过理性的静观的认知，近代形而上学要求把握永恒的绝对的真理。对于近代形而上学来说，本质的真实存在是毋庸置疑的，问题只在于理性是否能够以及如何能够达到本质领域。

近代形而上学的内在困境在于，意识始终无法穿越自身，切中外在的超越之物。也就是说，意识和外在对象之间的统一性问题始终成为近代形而上学摆脱不掉的梦魇。笛卡尔把精神和物质二者看作是并列的实体，从而陷入二元论。莱布尼茨认为每一个单子是一个灵魂，并且是"没窗户的"，因而意识根本不可能从密不透风的单子里面出来。康德设置了现象和物自体的对立，最终认为物自体是不可知的。黑格尔认为实体即主体，表面似乎一劳永逸地解决了这个问题，但是事实上，由于他把对象性的性质本身看作自我意识的障碍和异化，把对象看作自我扬弃的东西，看作一种虚无性，认为对象的存在方式和本质不过是知识，这样，自我意识的外化和回归自身，不过是意识在自身之内的巡游，根本没有走出意识的范围一步。马克思批评道："自

---

① 《马克思恩格斯选集》第 4 卷，人民出版社 1995 年版，第 216 页。

我意识通过自己的外化所能设定的只是物性，即只是抽象物、抽象的物，而不是现实的物。"① 胡塞尔对于认识的内在性和客体的超越性之间的关系及其困难有清醒的认识，他无奈地说出了自己的困惑："认识如何能够超越自身去达到客体并且如何能够无疑地确定这种关系？如何理解，认识在不丧失其内在的情况下，不仅能够是切合的，而且能够证明这种切合性？"②

近代形而上学陷入困境的根本原因在于自身的逻辑出发点预设。黑格尔认为，笛卡尔是带头重建哲学的基础的英雄人物。笛卡尔通过怀疑论的方法，确定了无可怀疑的哲学出发点，这就是"我思"。这里的"我"是非物质的存在。整个近代哲学的原则性基础就是笛卡尔确立的"思维"。然而，这样的出发点注定近代哲学必将陷入无法摆脱的困境，原因在于它已经把认知主体抽象出来，从而使得认知客体也只能成为抽象的存在。海德格尔说："只要人们从 Ego cogito（我思）出发，便根本无法再来贯穿对象领域；因为根据我思的基本建制（正如根据莱布尼茨的单子基本建制），它根本没有某物得以进出的窗户。就此而言，我思是一个封闭的区域。'从'该封闭的区域'出来'这一想法是自相矛盾的。"③

黑格尔之后，西方哲学出现重大转向。实证主义和人文主义思潮表面是对立的，但在对待黑格尔的态度问题上却基本一致，它们的对立仅仅是对哲学的性质、主题、研究范式的不同取向的两种代表性的思考。尼采的虚无主义是对西方形而上学的毁灭性打击。

第二节　虚无主义的谱系

虚无主义有实践上的虚无主义和理论上的虚无主义。实践上的虚无主义指历史和现实中的各种虚无主义现象；理论上的虚无主义指历史和现实中的各种虚无主义学说和流派。实践上的虚无主义常是人们不自觉

---

① 《马克思恩格斯全集》第 3 卷，人民出版社 2002 年版，第 323 页。

② ［德］胡塞尔：《现象学的观念》，上海译文出版社 1986 年版，第 71 页。

③ ［法］F. 费迪耶等：《晚期海德格尔的三天讨论班纪要》，《哲学译丛》2001 年第 3 期。

的价值取向和立场；理论上的虚无主义是人们对实践上的虚无主义现象的自觉反思和探讨。我们在这里的聚焦点是理论上的虚无主义，而不是实践上的虚无主义。

一　德国虚无主义及其历史演变

德国是从哲学上讨论虚无主义的重镇。1799 年，德国哲学家雅可比在给费希特的信中首次在哲学意义上使用"虚无主义"一词。在雅可比看来，康德哲学有导致虚无主义的危险，原因在于康德割裂了经验世界和物自体的联系，上帝、世界、自由成为理论理性不可认识的对象，从而导致它们的虚无化。当然，康德的本意不在于杀死上帝，他摧毁传统形而上学的目的在于重新建立信仰的基础。但是，雅可比认为，按照康德的思路，超验王国必然走向坍塌。

虚无主义是尼采的主题之一。他揭示了虚无主义的多种面相，比如积极的虚无主义、消极的虚无主义、极端的虚无主义、绽出的虚无主义、古典的虚无主义等等。在尼采看来，虚无主义是"最高价值自行贬值。没有目的。没有对目的的回答"①。在另外的地方，尼采用一个更为形象的说法表达虚无主义，就是"上帝死了"。它意味着，一个超感性的神圣世界不存在了，支撑着西方道德和意义的超验领域腐烂了。尼采认为，虚无主义与基督教道德密切联系在一起，伴随着虚无主义的是同情、怜悯等基督教道德的衰落。虚无主义有两种喻义，它既可能是精神权力的提高（积极的虚无主义）；也可能是精神权力的下降和没落（消极的虚无主义）。换句话说，虚无主义并不是单纯地追求一无所有，它也具有解放的特征，它贬斥和重估以往的一切价值，进而力图重新设定新价值。虚无主义的本质性表现在于，一是超感性世界的崩塌，传统的意义王国不再对人具有约束力，人的本能取得了统治地位。人们在经验世界追寻意义，感性欲望的满足和新鲜刺激的体验成为生存的证明。二是否定真理的存在。极端的虚无主义认为，真理是丑陋的，根本无所谓永恒真理，道德不过是欺骗而已，或者说，道德不过是一种对道德现

---

① ［德］尼采：《权力意志——重估一切价值的尝试》，商务印书馆 1991 年版，第280 页。

象的解释，它是对付理论和实践虚无主义的药剂，而不是绝对的价值原则。真理和道德也许只是人的心理需要，而不是事实。三是悲观、颓废是虚无主义的预备形式。精神的放荡和道德沦丧是颓废的后果，它们是缺乏生命意志的象征。但虚无主义也有另一种可能，即在对现存事物的拒绝中为新的价值世界开辟道路。

　　虚无主义不是假设的对象，而是历史的真实状况。尼采把它称之为最不祥的来客，认为它已经站在了欧洲的大门口。他在人们深陷虚无主义而不自知的时候率先洞察到了虚无主义的到来："我要叙述的是往后两个世纪的历史，我要描述的是行将到来的唯一者，即虚无主义的兴起。"①

　　海德格尔接过尼采的虚无主义话题，撰写了大部头的《尼采》著作。他把尼采的价值论意义上的虚无主义转向存在论意义上的虚无主义。海氏认为，虚无主义和价值思想并没有必然的本质联系。他说："'虚无'说的是：某个事物、某个存在者的非现成存在和非存在。因此，'虚无'和 nihil 是指在其存在中的存在者，从而是一个存在概念，而不是一个价值概念。"② 但是，虚无不是一个存在者，不是一个对象，它是否定，因而是纯粹思想的产物。海德格尔批评尼采仅仅在价值的意义上把握虚无主义，也就是说，仅仅把虚无主义视为最高价值的贬黜过程，因而并没有把握虚无主义的隐秘本质。在海氏看来，尼采陷入这一误区的根源在于，他依然保持在西方形而上学的轨道和区域，没有摆脱形而上学的束缚。形而上学就是柏拉图主义，柏拉图把存在者之存在把握为理念，理念是持存的、真实的东西，它与变动不居的、虚假的东西相对。理念是世界的目标和统一性，它不是杂多。理念的世界就是彼岸的、本质的、永恒的世界，它是超感性的领域，也就是上帝。上帝之死空出的宝座，被良知、理性、进步、本能等概念争夺。在海德格尔那里，虚无主义和形而上学是同一个过程。哈贝马斯说："海德格尔想把虚无主义的产生和克服看作是形而上学的开端和终结。"③

---

① ［德］尼采：《权力意志——重估一切价值的尝试》，商务印书馆 1991 年版，第373 页。

② ［德］海德格尔：《尼采》下卷，商务印书馆 2002 年版，第 688 页。

③ ［德］哈贝马斯：《现代性的哲学话语》，译林出版社 2004 年版，第 113—114 页。

　　施特劳斯在虚无主义问题上表达了自己的犹疑。他说："什么是虚无主义？在何种程度上可以说，虚无主义是一种特殊的德国现象？我无法回答这些问题；我只能试着把它们搞得确切一点。因为我就要探讨的这个现象过于复杂，以往的考察又如此之少，在我可以支配的不长的时间中无法给予充足描述。我所能做的只是勾勒轮廓而已。"① 在施特劳斯看来，虚无主义是包括自身在内的万物的毁灭，它首先是自身毁灭的意志。德国虚无主义并不是绝对的虚无主义，也就是说，它并不意欲包括自身在内的万物的毁灭，而是仅仅意欲现代文明的毁灭，而且也不是一切现代文明的毁灭，而仅仅是道德意义上的现代文明的毁灭，或者说，它仅仅是一种道德异议，并不反对现代技术设备。德国虚无主义厌憎平庸和渺小的快乐，渴望伟大心脏的跳动和伟大灵魂的呼吸，他们不满于当今世界并意图摧毁，但摧毁后的替代品却是不清晰和缺乏的。德国的虚无主义者是些年轻人，他们是无神论者，严肃地怀疑现代文明的权威，不受任何传统的束缚，质疑进步的观念。施特劳斯说："虚无主义是对文明本身的拒斥。因而一位虚无主义者便是知晓文明原则的人，哪怕只是以一种肤浅的方式。一个单纯的未开化者、野蛮人，并不是虚无主义者。"② 文明与文化不同，一个虚无主义者会是一个文化爱好者，但却是反对文明的人，即反对科学与道德这两个文明支柱的人。施特劳斯认为，德国虚无主义接近德国军国主义，它是德国军国主义的激进形态，它因战争、征服和武德的缘故拒斥文明本身的原则。英、法是现代文明理想的源头，也是现代文明的捍卫者。德国反对道德的堕落和精神的沦落，反对现代文明的理想，这是尼采以来的德国传统。值得注意的是，施特劳斯把共产主义和虚无主义扯在一起，认为共产主义就其结果而非意向而言是虚无主义的，这一说法以对共产主义的误解为前提，因而结论欠妥。

　　从雅可比、尼采、海德格尔到施特劳斯。德国虚无主义传统的脉络是大致清晰的。马克思在这一思想线索中似乎缺位了，主要原因在于，

---

　　① 刘小枫主编：《苏格拉底问题与现代性——施特劳斯讲演与论文集》，华夏出版社 2008 年版，第 102—103 页。

　　② 同上书，第 116 页。

马克思是我们后面重点探讨的对象，他对虚无主义的洞察和批判，不是在这里考察的内容。

二　俄国的虚无主义

流行于俄国19世纪中后期的虚无主义不同于德国，它主要表现为文学化的虚无主义表达和反思方式。屠格涅夫、陀思妥耶夫斯基等是代表性人物。作为一种发端于西方的激进思潮，虚无主义在俄国是革命和进步的象征，它首先意味着对封建专制制度的否定。

屠格涅夫在《父与子》（1862）中塑造了巴扎罗夫这个虚无主义者形象，虚无主义一词由此广为流传。作为一个被视为"虚无主义者"的平民知识分子，巴扎罗夫具有这样几个特点：

一是对传统和权威的蔑视。当父辈们不太确定虚无主义的含义，把它理解为"不承认一切""对什么都不尊敬"的时候，巴扎罗夫的朋友阿尔卡季解释说，虚无主义是"用批判的眼光看待一切"，"虚无主义者蔑视一切权威，也不信仰任何原则，哪怕这个原则在周围人看来应该得到尊重。"[①] 我们在此可以强烈地感受到近代欧洲的理性主义精神。笛卡尔以来，理性取代信仰，成为评判一切权威和原则的标准，一切未经理性批判和检省的原则都是不可接受的。这一精神趋向从欧洲传到俄国，影响到了俄国年轻知识分子巴扎罗夫。但父辈们显然无法接受巴扎罗夫们的虚无主义，在阿尔卡季的伯父帕维尔看来，原则就像是空气一样，没有它就寸步难行。巴扎罗夫们和父辈之间的冲突在于，在否定和原则之间，他们强调否定一切，否定任何权威，强调打扫干净地面，而不是建设，并认为这是目前的首要任务；父辈们则强调传统和信仰，强调原则在指导行为方面的重要性。

二是对科学的迷信。当一个孩子问巴扎罗夫为什么要捉青蛙时，他说："我要把青蛙剖开，瞧瞧里面究竟是啥；因为我们人和青蛙是一样的，只不过用脚走路，这样我就能知道我们的身体里面是咋回事了。"[②] 在此，父辈和子辈的矛盾又一次暴露出来，帕维尔嘲笑巴扎罗夫不信原

---

① ［俄］屠格涅夫：《父与子》，长江文艺出版社2012年版，第127页。
② 同上书，第124页。

则，却相信青蛙。巴扎罗夫轻蔑地谈论艺术、诗歌和音乐，在他看来，"一个优秀的化学家要比任何诗人都强二十倍。"① 他嘲笑爱情，认为那不过是脑袋里的糊涂虫还没有被除掉的原因，他对朋友阿尔卡季说："男女关系又有什么可神秘的？我们学生理学的就知道到底是怎么回事。你去钻研一下眼睛解剖学吧：哪儿有你说的那种谜样的眼神？那都是浪漫主义、胡说八道和无聊的做作。咱们还是去看甲虫吧。"② 他看重的是二乘二得四，认为别的都微不足道。在他眼里，"大自然不是神庙，而是一个作坊，所有的人都是里面的工人。"③ 他采用解剖等实证的方法进行科学研究，尤其是物理、化学实验，尊敬在科学方面取得成就的德国人，但却不盲目地相信他们。他不是干净和整洁的贵族形象，而是勤于钻研、不怕吃苦的科学研究者形象。在别人悠闲地吃早餐和聊天的时候，他却是衣裤上满是淤泥，旧帽子顶上粘着根水藻，右手拎个装着实验用的动物的不大的袋子，且一副大大咧咧的样子。他的兴趣在于自然科学，包括各种植物的生长规律，马匹等动物的状况等。值得注意的是，当帕维尔问他是否只信科学，而否认其他一切时，他反驳说："我什么都不信；科学是什么——我们说某一类专门的科学是有的，这就像有某一行业、某种职位一样；而泛泛的科学则不存在。"④

三是勤快和自律，注重效率和实用。有人以为，虚无主义者就是颓废和懒惰的代名词，这是一种误解。巴扎罗夫每天起得很早，能在几分钟之内就走遍花园的每条小径，他甚至不能忍受毫无目的的闲逛，散步的时候也要采集些花草昆虫的标本。他每天忙自己的正事，趴在显微镜那儿一看就是几个小时。他反对空发议论，反对迷信和愚昧，强调面包的重要。

四是平民意识。他没有等级观念，能和佣人的小孩很快混熟，并和他们友好相处。他从不拘礼，不虚伪，口气粗野，甚至有点放肆。佣人们很愿意亲近他，把他当成哥们儿，而不是一个老爷。这和帕维尔高雅的贵族气质以及甚至从不和费涅奇卡说话比较，更显突出。

---

① ［俄］屠格涅夫：《父与子》，长江文艺出版社 2012 年版，第 130 页。

② 同上书，第 136 页。

③ 同上书，第 145 页。

④ 同上书，第 130 页。

陀思妥耶夫斯基对虚无主义并不陌生。他的《罪与罚》就涉及对虚无主义的深层思考。书中的主人公拉斯柯尔尼科夫是一个穷大学生，他进行了一次形而上学的谋杀，也就是说，他并不是简单的谋财害命，也不是以谋杀的方式为大众谋福利，而是力图超出道德和法律的约束，证明自己是个拿破仑式的有魄力的胆大妄为的人而不是平庸大众一样的虱子，证明自己敢于俯身去拾取权力。他说："现在我知道，谁智力强精神旺，谁就是他们的统治者。谁胆大妄为，谁就被认为是对的。谁对许多事情抱轻蔑态度，谁就是立法者。谁比所有的人更胆大妄为，谁就比所有的人更正确！自古以来就是如此，将来也永远会如此！只有瞎子才看不清！"[①] 主人公的双重人格和精神病症状表达了一种虚无主义倾向，这一倾向在尼采的超人哲学中获得重生。

陀氏的虚无主义常指蔑视一切道德准则和目无神明的革命者、社会主义者。他在《恶魔》中表达了自己的态度。在《卡拉马佐夫兄弟》中，通过一桩杀父案，陀氏探讨了上帝、信仰、苦难、罪恶、救赎等话题。

俄国敏锐的作家们捕捉到了时代的虚无主义特征，但他们无法深入理解这种现象，也无法给出具有说服力的解释，更无法看到它的出路，因而尽管对虚无主义者给予同情，但最终却让他们以悲剧收场。屠格涅夫让主人公以死亡结束，陀氏则试图从爱与基督的救赎中寻找未来。这表现了当时俄国作家们在面对传统和反传统、激进和保守的激烈冲突中的矛盾心态和复杂立场。

三　德、俄之外的虚无主义

伴随19世纪德、俄的虚无主义影响的扩大和现代性的开展，其他一些国家的虚无主义讨论也日益多了起来。除了前面提到的诺斯和科罗斯比之外，研究尼采、海德格尔、施特劳斯的学者们关注形而上学和虚无主义的内在联系，探讨柏拉图主义、历史主义以及人的普遍性本质，另有一些学者直接面对发达国家的虚无主义现象进行分析。

克尔凯郭尔是19世纪上半叶的丹麦宗教哲学家。他反对理性与逻

---

① ［俄］陀思妥耶夫斯基：《罪与罚》，上海译文出版社2006年版，第358页。

辑的黑格尔主义，坚持非理性主义的立场，强调反讽、个体、焦虑和对生存的种种体验，直面人生的虚无。他把人与上帝的直接沟通及其对上帝的信仰看作摆脱虚无的方法。

美国的罗森教授（1929—2014）于1969年出版《虚无主义：一个哲学的评论》一书。作为施特劳斯的学生，他声称施特劳斯毫无疑问的是他的论虚无主义这部著作的精神之父，原因在于他的虚无主义主题和对现代哲学之根的虚无化分析是施特劳斯式的方式。他承接尼采的虚无主义话题，主要是对英语世界的海德格尔的详细的批判性研究。在他看来，虚无主义的不同形式最终可以还原为一种形式。面对理性的当代危机，罗森的目的在于通过对理性的敌人的批评，守护理性本身。他声称，尽管虚无主义的危险是人类的永久性的可能性，但是今天实际的虚无主义的出现是由于过去一系列特殊的哲学决定造成的。[1] 柏拉图教导我们，理性和善是内在地联系在一起。近代以来，数学化方法在理性中的重要性凸显出来，理性和善之间的联系被切断了，笛卡尔以来的二元论探讨善和理性的不同，认为自我的理性是机械的或类似机械的事物，它造就一个数学化的有秩序的世界，它和善的事物有根本区别。这样，柏拉图以来的善的理性根基塌陷，虚无主义不可避免地出现了。罗森指出，海德格尔力图在历史中寻找人的价值和意义，他不仅仅是重要的反虚无主义者，而且是20世纪以来的反柏拉图主义的最大代表。罗森提倡柏拉图主义的思想重构，试图通过语言和沉默等重新协调善与理性的关系，但他并没有野心去解决虚无主义的问题。他认为，虚无主义根植于人的本性，因而不可能根本性地解决。[2] 在罗森看来，虚无主义是灵魂的疾病，它不可能被历史主义和纯粹的理论祛除。在不同的历史阶段，虚无主义有不同的症状，哲学的任务仅仅在于诊断和解释这些现象。

罗森从维特根斯坦的日常语言分析出发，进而用力于探讨尼采和海德格尔的思想中出现的历史和虚无主义的关系，最终试图在人类本性的

---

[1]　Stanley Rosen, NILILISM: *A Philosophical Essay*, New Haven: Yale University Press, 1969, Preface p. 14.

[2]　Ibid. , p. 20.

辩证结构中给出关于虚无主义的解释。他讨论了现代理性概念的发展，尤其是数学、合理化和逻辑对理性概念内涵演变的影响，指出今天的理性有历史意识的因素。理性关涉的是终极目的和终极价值的选择，关涉的是我们生活的整体性，面对事实与价值、是与应当的对立，理性在历史主义的趋向中陷入价值上的相对主义困境。在罗森看来，马克思比克尔凯郭尔更加靠近黑格尔，道德被视为一种意识形态和政治术语，而不是永恒的绝对的善。

美国的里茨尔在《虚无的全球化》中有对虚无的另外一种面相的理解。译者把里茨尔的"nothing"译为"虚无"。里茨尔认为："事实上，一些人类最伟大的思想家——康德、黑格尔、海德格尔、萨特、宋飞（！）——都对我们理解虚无作出了重要贡献，但是，我们将在'附录'中看到，虚无在这里的用法与他们对这一概念的运用没有多少关系。"① 他采用描述性的而不是评价性的语言，试图尽量客观地刻画出当代社会的虚无之状况。里茨尔说："虚无越来越成为社会各界特别是消费领域的特征。在这一背景下，'虚无'指的是一般由集中创立、控制并且比较而言缺少有特色的实质性内容的一种社会形式。这一定义本身，并不带有对这样一种社会形式的可取或不可取、或对其日益流行的任何评判。"② 它具有这样的两个典型特征：一是形式化。一切物的个性和质的差异都消失不见了，仅有交换价值的量的区别。里茨尔用了一对概念：实在和虚无。实在是高度个性化的，有特色的，独特的（独一无二的），它是特定时间的、人性化的、有魅力的，有与本地地理的联系；虚无是一般的（可互换的），相对无时间特征的，去人性化的，无魅力的，缺少与本地地理的联系。虚无是内容的消失，实在的消失，仅留空洞的形式。二是标准化。不论在任何时间和空间，都具有同样的评判标准，麦当劳就是典型的代表。里茨尔说："这一模式的原则，如同我们已经看到的那样，是效率、可计算性、可预测性与控制，特别是通过非人工技术取代人工技术，以及伴随这个变化过程的貌似必然的合

① ［美］里茨尔：《虚无的全球化》，上海译文出版社2006年版，第3页。
② 同上书，第3—4页。

理性中的非合理性。"① 整个社会都在虚无化，或者说麦当劳化。全球化就是麦当劳的"范式的扩散"，它是韦伯的形式合理性的胜利，而不是价值合理性或实质合理性的胜利。虚无之物，指的是信用卡、超级市场、连锁商店、购物中心、快餐店、连锁旅馆等。

里茨尔的虚无有四种主要形式：一是虚无地点。豪华游艇是一个虚无地点，它是一个游动的空间。美食餐厅更多的是地方特性，侍者和顾客可能熟悉了，具有个性的人性的关系，因而不是虚无地点。二是虚无产品。批量生产和流水线作业的产品，确能通过提高效率减低成本，真正是物美价廉，但没有个性，因而是虚无产品。最具个性的艺术品，独特的定制的衣服，因为是个性化的极其体现个性的物品，所以不是虚无产品。三是虚无人。人的个性不是必要的存在，一切都程序化和抽象化，从而人成为虚无的存在。四是虚无服务。在顾客和服务人员之间，没有人情味的关系，而是商业化的笑容和程序化的礼貌用语，服务变成了形式化的没有个性的没有感情的活动。

古德斯布洛姆是荷兰皇家科学院成员，他撰写了《虚无主义与文化》一书。在书中，主要探讨了虚无主义、文化、虚无主义与文化的关系。区别于哲学的、神学的、文学的视角，他主要试图从欧洲社会文化的角度研究虚无主义。他把虚无主义理解为没有价值和意义的心灵状态。②

四　西方马克思主义的虚无主义批判

判定某位学者是否有虚无主义批判思想的标准有两种：第一种是从他的理论文本中查找有无虚无主义的范畴；第二种是看他的文本中是否涉及虚无主义的实质和主题。从第一种标准来看，西方马克思主义很少像屠格涅夫、尼采、海德格尔、施特劳斯那样直接运用虚无主义这一术语探讨问题，因而似乎与虚无主义没有多大关系。从第二种标准来看，西方马克思主义涉及的主题有无产阶级革命意识的钝化、历史目的的丧失、文化的媚俗、灵魂的物化、无根性、平庸化、功利主义、享乐主

① ［美］里茨尔：《虚无的全球化》，上海译文出版社 2006 年版，第 115—116 页。

② Johan Goudsblom, *Nihilism and Culture*, Oxford: Basil Blackwell, 1980, Introduction p. 9.

义、极权主义等，这些问题的实质牵扯到我们的精神家园和意义世界，因而无疑是虚无主义的话题。

西方马克思主义的虚无主义批判是马克思相关思想的延续。虚无主义一词的哲学应用最早是德国宗教哲学家雅各比，屠格涅夫在《父与子》中塑造的虚无主义者巴扎罗夫形象使得这一词语广为流行，意指反传统、尊重经验、崇尚理性和唯科学主义。尼采从价值论的意义上把西方传统道德伦理的超验价值基础之崩塌称之为虚无主义，他的振聋发聩之言是"上帝死了"。海德格尔从存在论的意义上把存在之遗忘视为虚无主义。施特劳斯则把德国虚无主义理解为摧毁当今世界及其潜能的欲望或对文明本身的拒斥。马克思这样刻画资本主义的精神本质："一切等级的和固定的东西都烟消云散了，一切神圣的东西都被亵渎了。"在马克思看来，资本主义文化是利己主义的、纯粹金钱关系性质的文化样式，它消解传统，拒绝超验的神圣和永恒，反对并嘲笑理想主义和英雄主义。伯曼指出，对于现代资产阶级社会的虚无主义力量，马克思的理解要比尼采深刻得多。西方马克思主义者承接马克思对技艺高超的资产阶级虚无主义的理解，力求结合时代的新特征予以阐发。

西方马克思主义的虚无主义批判主题呈现多样化的局面。卢卡奇的物化理论认为，商品拜物教问题是现代资本主义的一个特有的问题，物化意识力求把资本主义经济学规律科学化和永久化，人性的东西屈从于可计算性、合理化、机械化的原则，心灵的能力屈从于物化形式的商品关系。霍克海默和阿多诺的文化工业理论认为，电影、广播、电视和杂志是文化商品，它们和其他商品并没有质的不同，不负责给生活提供有意义的解释。在资本的绝对支配之下，大众文化把消费者图式化，取消个人的感性经验，迎合民众的娱乐化和消费需求，真理和艺术也仅是经济权力的装饰品而已。大众文化是技术合理性和意识形态的产物，模仿取代了精神创造，普遍性取消了特殊性。消费者从身体到灵魂受到资本主义生产的钳制，他们固守奴役他们的意识形态，沉迷在欲望和消遣之中，成为受骗的牺牲品。马尔库塞认为，发达工业社会的总体性和同一性操纵和控制人们的反抗意识和否定力量，技术和效率压抑人的自由和自然需要，拒绝和颠覆的有效社会力量弱化，否定性思维的力量日益枯竭，人失去内在的超越性，逗留于经验世界和实证主义，囚居在技术统治的逻辑范围之内，自然丧失其神秘性和有机整体性，沦为理论与实践的单纯材料。列斐伏尔的日常生活批判理论认为，现代人的全面异化造成生活目标和意义的丧失，人们的自我迷失表现为生存的遗忘，理性的绝对权威控制和压抑了日常生活，他强调生命的意义和感性的解放。总的来看，不同的西方马克思主义者有不同的理论偏好，林林总总的理论主张数不胜数，他们共同的特征在于，对资本主义的虚无主义力量采取否定的态度。

就虚无主义的根源而言，西方马克思主义有三种不同的思路。一是从资本主义的经济结构和经济制度角度寻求最终答案。虚无主义和拜物教是同一个问题的两面，拜物教是商品生产的逻辑后果。在卢卡奇看来，资本主义社会一切对象性形式和与此相适应的一切主体性形式的原形是商品关系的结构，自律性的物化结构决定性地支配着人的意识，分工加强了物化意识结构。人的功能变为商品（自我客体化）是对商品关系之非人化性质的控诉。其他诸多西方马克思主义者也有对异化结构和资本逻辑支配观念世界的剖析。二是从主体和理性的误用角度探析原因。尼采曾宣称，现代人杀死了上帝，造成现代性的精神危机。现代人就是尊崇理性和肯定现世生活的人。在霍克海默和阿多诺看来，启蒙理性祛除神话，诱使人们供奉现代科学的公式和规则，放弃对任何意义的探求，弃绝原因与动机等旧形而上学的理论偶像，表现为理性主义和经验主义的不同派别，它与压迫、控制、恐怖、焦虑相牵连，消解神秘性和超验性，必然导致虚无主义。列斐伏尔说："现代性的主体主义的最后一种形式自然就是虚无主义。"三是从工业和技术的角度解释根由。霍克海默和阿多诺指认，工业化造成人的灵魂的物化。马尔库塞指出，科学技术具有意识形态功能，它是阻碍人们全面实现自己的羁绊，造成人们精神上的孤独和生活意义的丧失，工业文明的一体化的统治是压抑和控制人的爱欲本能的异己力量。

依据对现代精神生活病症的诊断，西方马克思主义开出了种种治疗虚无主义的药方。卢卡奇提出，用抽象的规律解释事实，还不是对现实的认识，无产阶级必须把资本主义的孤立事实放在历史发展的总体背景下理解，重建总体性的辩证法，才能达到具体的总体，进而用阶级意识对抗物化意识。霍克海默侧重用批判理性取代工具理性的统治，力求把人从工具化、符号化、合理化的技术世界解放出来，重建人的自主性和价值观。阿多诺的否定辩证法主张非同一性和绝对否定。在阿多诺看来，"虚无是抽象的顶点，而抽象是可恶的事情。"同一性的暴力强制源自抽象的原则，它压抑个体的自由，阻碍我们从干瘪的概念回到丰满的事物本身。马尔库塞主张依靠学生、知识分子、边缘群体等革命主体的"大拒绝"形式反抗资本主义的人性异化和精神压迫，实现具有审美和道德性质的乌托邦。所谓"大拒绝"，就是拒绝对专制统治的服从，它是不同于议会斗争和暴力革命的总体革命，包括文化革命和本能结构的革命。1968年以法国的"五月风暴"为标志的新左派运动是这一理论的政治形式。弗洛姆强调进行心理革命，通过培育爱的关系克服孤独感，恢复人性，摆脱落入经济目的的工具的命运。

毋庸讳言，西方马克思主义对资产阶级的虚无主义力量及其造成的道德的、社会的和心理的深渊之描述和诊断不乏深刻之处，他们的理论真诚和时代意识开拓了我们的学术视野。实证主义者对付虚无主义的方式是让自己忙起来，忘记虚无的存在，或者把感性欲望的满足确定为意义本身，从而奉行物欲主义、个人主义、功利主义、金钱主义原则，更深地陷入虚无主义之中。西方马克思主义力图揭穿现代资本主义精神生活病症的真相并根治虚无主义，但他们的理论立场总体上是伦理学的人道主义或艺术与审美救赎的浪漫主义，因而注定了失败的命运。他们虽然看到了商品逻辑对精神生活的支配性作用，但又同时把虚无主义归罪于主体性、工具理性与现代科技，把主体性、工具理性、现代科技与精神生活对立起来，似乎技术的使用本身等必然导致道德的衰落，似乎工业化必然伴随着虚无主义，这就混淆了经济制度和生产力、文化观念的差异和不同作用。在马克思看来，恰是资本主义的经济关系才会使得理性和科技的使用走向片面，进而影响和控制人的精神世界。虚无主义不是理性和科技本身的罪过，更不是人的心理和本性问题，把虚无主义视为人类永远无法摆脱之枷锁的悲观主义的主要问题在于找错了原因，所以才看不到出路。对于迅速现代化的中国来讲，如何避免资本的殖民和精神家园的沦陷，如何辩证对待中国文化传统并实现其现代转化，如何认识中国特色社会主义核心价值观的重要意义，西方马克思主义的虚无主义批判不无启迪。

第三节　马克思与施蒂纳：两种不同的虚无主义观

近年的一个理论共识在于，承认马克思哲学超越了传统形而上学，实现了哲学范式的转换，是一种回归感性世界的现实性哲学。问题在于，片面强调马克思哲学的现实性有陷入经验主义的危险。阐发马克思哲学的形上意蕴，目的在于起到某种纠偏的作用，而不是"把马克思的思想从政治经济学恢复成反思哲学"①。施蒂纳对黑格尔的反对，走向了割裂个别和普遍的极端，在他否定一切普遍之际，并没有真正克服形而上学，反而有陷入虚无主义的危险。

一　施蒂纳的唯一者及其虚无主义倾向

施蒂纳认为，唯一者不受任何外在物质和思想圣物的奴役，上帝、国家、人类、人民、民族、道德、党派等一切普遍物都会导致对特殊性、个别性、唯一性的我的压抑和贬低，因而必须予以否定，自我彻底解放的道路就是回到自己本身，不受任何普遍原则或观念的支配，坚持利己主义。

施蒂纳在《唯一者及其所有物》中宣扬极端的唯我论和主观唯心论。他从自我、唯一者出发，坚持绝对自由的极端利己主义。在施蒂纳看来，神的事业就是真理和爱的事业，这一事业不是他人的事业，不是更高者的事业，而是神自己的事业，原因在于神本身就是真理和爱。因此，神是纯粹的利己主义者。按照同样的逻辑推论，人类、人民、国家也是利己主义。既然如此，我与其为其他的利己主义者效劳，不如自己成为利己主义者，也就是说，我是创造性的无，而不是空洞无物意义上的无，我就是唯一者，其他一切事物对于我来讲就是无，我超越善和恶的界限。他说："神的事是神的事业，人的事是'人'的事业。我的事业不是神的事，不是人的事，也不是真、善、正义和自由等等，而仅仅只是我自己的事，我的事业并非是普通的，而是唯一的，就如同我是唯

---

① ［德］哈贝马斯：《后形而上学思想》，译林出版社2001年版，第5页。

一的那样。对我来说，我是高于一切的！"①

施蒂纳用儿童、青年、成年论述人类的历史。在他看来，儿童拘泥于现实的对象，否则就会感到无聊；青年仅有精神的兴趣，他把非精神的事物视为外部事物而不屑一顾；成年人按照世界的本来面目改造世界，也就是说，从他们自己的利益出发，而不是从胡思乱想的理想出发改造世界，他们把自己作为出发点，变得更实际了，仅有有形体的、个人的、利己主义的兴趣。他说："儿童是现实主义的、拘泥于这一世界的事物，以后儿童才渐渐地洞悉事物背后的情况；青年是理想主义的，为思想所鼓舞，以后他在工作中才成长为成人、利己主义的成人，而后他随心所欲地处理事物和思想并将他的个人利益置于一切之上。"② 在施蒂纳看来，古代人是儿童，他们在尘世的真实面前屈膝。近代人是青年，他们受摆脱事物羁绊的精神的引导，力求洞悉非真理背后的状况，达到解放了的、彼岸的、自由的精神，世界是需要排除的障碍物，他的任务在于拯救世界或改善世界，使之精神化。青年受到精神王国、幽灵、怪想、理想、固定观念的控制，无法摆脱真理、君王、道德的束缚，比如一个安逸的市民想象自己的使命是成为一个善良的基督教徒、一个忠诚的市民、一个有德行的人等。施蒂纳说："当我把执著于崇高东西的人们，看成是十足的疯子、疯人院的疯子，并且由于人类中的绝大多数均属于此类型，而几乎把整个人类世界都包括进去的时候，不要以为我是在开玩笑或认为这是一种比喻的说法。"③ 在政治自由主义、社会自由主义、人道自由主义的讨论中，施蒂纳分别批判了专制主义、共产主义和抽象人道主义的观点，他反对自我的前提设定，强调要摆脱国家、宗教、社会、良心、人的专制和奴役，公开主张利己主义的行事原则。成人就是利己主义者。

我是唯一者，是独一无二的我自己，是不受约束的自由存在，具有独自性。唯一者反对基督教的道德，反对神的和其他的戒律，反对传统的压制和服从，强调自我占有。他说："利己主义者毫不容情地进行最

---

①　［德］施蒂纳：《唯一者及其所有物》，商务印书馆1989年版，第5页。

②　同上书，第14页。

③　同上书，第46页。

无节制的亵渎，这是通过他反对当前的各种要求和概念而得以实现的。对他来说，没有什么东西是神圣的！"① 任何概念、观念或原则以权利或公正的名义试图支配我们，然而我不要求权利，我也不承认任何权利，我是权力的拥有者，它以我能给自己夺取的东西为限。施蒂纳反对费尔巴哈的普遍的爱和蒲鲁东的财产思想，强调所有者是个人，而不是神或者人（人的社会）。他反对真理的客观性。在他看来，"真理是虚套、空话和言词，它被放在联系或系列、联结之中，真理就成为逻辑学、科学与哲学。……真理是用言词记载下来的人的思想，它因此如同其它事物那样存在着，只不过，它仅仅是对于精神或思维来说，是存在着的而已。真理是人的规范和人的创造物。"②

施蒂纳的重要之处在于，他看到了施特劳斯、鲍威尔、费尔巴哈等青年黑格尔分子的不彻底性，试图把反对一切普遍、崇高、神圣、理想的暴力统治的原则贯彻到底。青年黑格尔派反对抽象观念对人们的统治，他们要把人们从他们自己创造的虚假观念中解救出来。费尔巴哈认为，宗教是人对自身的关系，或者说，是人把自己的本质当作一个另外的本质来对待，因而属神的本质不是别的，就是属人的本质之规定。据此，他要人们放弃对传统神学的信仰，转而按照人的爱的本质思考和行动。施蒂纳认为，这不过是基督教的变形而已，就其本质而言，依然是用一种抽象的普遍本质压抑和否定个体和自我，因而是应该抛弃的对象。国内有学者准确指出了施蒂纳的思想逻辑：第一步，真正的主体是上帝，人还没有主体的品格，这是现代思想反对的起始点；第二步，神圣维度渗入主体自我之中，主体本身成为一种自主自为的神圣性存在，比如绝对精神等；第三步，拒斥神圣性存在，把神圣性存在的主体还原为依然具有神圣维度和普遍维度的某种理想型存在，如"人""类""自我意识"等，代表是青年黑格尔派；第四步，把主体身上的神圣性、普遍性维度完全剥离掉，使每一个个体自我完全自由地存在和发展自己，这在施蒂纳看来就是笛卡尔开始的主体自我沿着现代演变路线最

① ［德］施蒂纳：《唯一者及其所有物》，商务印书馆1989年版，第198页。
② 同上书，第386页。

后的逻辑演化结果。①

唯一者的关键之点在于，必须从头脑里抛弃这些普遍性神话的臆想。在我们赞叹尼采敏锐的洞察力，开始注意到西方传统价值的塌陷之时，我们不应忽视施蒂纳早在19世纪上半叶就已经自觉地意识到的问题，即对普遍性的摈弃，对思想圣物的攻击，对真理的怀疑，对自我的张扬。当然，施蒂纳的唯一者更为接近尼采的积极的虚无主义，唯一者与超人，超善恶和尼采的善恶之彼岸，共同的对基督教道德的否弃，对上帝的超验王国的彻底摧毁，这些说明，施蒂纳早在尼采之前就已经觉察并表达了虚无主义。可以毫不夸张地说，施蒂纳是一个完完全全的虚无主义者。

施蒂纳的问题在于，一是彻底割裂普遍和特殊的对立。在施蒂纳那里，他否定一切普遍的存在对唯一者的我的压制，仅仅强调特殊和个别，强调独特性和个性，忽视共性和一般、普遍的价值和意义，因而是一种形而上学的思维方式，而不懂辩证法；二是依然停留在精神层面，或者说，局限在唯心主义的圈子里，从而没有摆脱黑格尔的影响，它的实质仅是体现了德国市民的观念，宣扬了社会达尔文主义而已。施蒂纳的自我解放不是现实的解放，不是从物质关系方面的解放，而是精神的解放，也就是说，只要抛弃普遍性的观念，回归绝对的自我，按照利己主义行事，唯一者就获得了解放。马克思讽刺说："有一个好汉忽然想到，人们之所以溺死，是因为他们被重力思想迷住了。如果他们从头脑中抛掉这个观念，比方说，宣称它是迷信观念，是宗教观念，他们就会避免任何溺死的危险。"②

二　马克思视域中的虚无主义问题

在马克思看来，对脱离现实根基的超验世界的批判，并不能否定普遍本身的合法意义，否则，就会陷入轻视理论、放弃超越性的经验主义和唯实践主义，走向另一个极端化的误区。基于此，他不能接受施蒂纳的做法。马克思在对传统形而上学的破除中坚持了形而上的追求，因而

---

① 刘森林：《物与无》，江苏人民出版社2013年版，第162页。
② 《马克思恩格斯文集》第1卷，人民出版社2009年版，第510页。

表现了不同于施蒂纳的虚无主义观。

首先，马克思重视现实性和超越性的统一，避免了陷入彻底否定超越性维度导致的意义之虚无化。

形上的追求是人的本性。它的原初命意在于，超越人自身的有限性，回答世界的统一性问题，追寻现象世界之所以如此这般存在的最终根据、理论基础和终极原因。它是求"道"的学问。马克思和黑格尔之后的现当代西方哲学家们一样，对建构传统形而上学体系没有兴趣。在他看来，传统形而上学应该终结了。然而，这并不意味着马克思没有形而上的追求。换句话说，马克思哲学不是传统意义上的"形而上学"。

传统形而上学用超验的精神性存在主宰、压制、贬低经验性存在，不可避免地走向了神秘主义，必然招致人们的摒弃。马克思反对抽象思辨的传统形而上学，具有完全不同的提问方式和问题域，甚至不再限于传统形而上学的术语和范畴。他从社会性和历史性的角度出发考察人的生存状况及其命运，放弃一劳永逸地解决人类一切问题的想法，采用描述的而不仅仅是逻辑的研究方法，追求对感性经验世界的超越但却不再迷恋通过抽象思辨理性建造一个逻辑世界，这些构成马克思形上之思的基本特征。对于马克思来说，人的自我创造和自然界对人来说作为人的存在，这有直观的无可辩驳的证明，所以"关于某种异己的存在物、关于凌驾于自然界和人之上的存在物的问题，即包含着对自然界的和人的非实在性的承认的问题，实际上已经成为不可能的了"①。马克思哲学的超越性仅仅意味着在事物的过去存在和将来存在之中探求当下生命的恰当存在方式、价值和意义。也就是说，当下的感性存在是一种关系之中的存在，形上超越的主要意图在于超出感性经验的当下存在并探讨它的根据、前提和内在逻辑演变过程。马克思批评青年黑格尔分子只是"用词句来反对词句"，"没有一个想到要提出关于德国哲学和德国现实之间的联系问题，关于他们所作的批判和他们自身的物质环境之间的联系问题。"② 他遗憾地称费尔巴哈"还是

---

① 《马克思恩格斯全集》第 3 卷，人民出版社 2002 年版，第 310—311 页。
② 《马克思恩格斯选集》第 1 卷，人民出版社 1995 年版，第 66 页。

一位理论家和哲学家"①。在马克思看来，实践是人的存在方式，构成人的自我超越的基础和生活世界的生成根基，具有形上的存在论意义。马克思指出："凡是把理论引向神秘主义的神秘东西，都能在人的实践中以及对这个实践的理解中得到合理的解决。"② 这种观点决定了马克思哲学追求的不是彼岸的救赎，而是此岸的解放和自由的实现。如果说，传统形而上学最终导致理念世界对感性世界的贬低和压制的话，马克思哲学并不是反其道而行之，而是强调现实性和理想性的内在统一。换句话说，马克思哲学在重视感性意识和"感性活动"的同时，并没有放弃形而上的超越性一维，并没有陷入先验主义之对立面的经验主义泥坑。经验主义沉迷于感性经验材料，并以之为前提和基础，没有对感性经验本身的批判性反思，因而难免陷入独断论或者怀疑主义。当然，此一超越性和传统形而上学的超越性存在根本差别。

形上追求的本性在于敞开和澄明具体的存在，但是传统形而上学的二元模式导致了对具体存在的遮蔽。马克思哲学的转向在于，放弃柏拉图以来的传统形而上学模式，重新恢复哲学的"思"的本性，重建形上追求的范式。就此而言，如果说马克思否弃传统形而上学是一种虚无主义的话，他并没有走向施蒂纳的另一种虚无主义，没有在抽掉传统意义世界之支撑物的时候走向相对主义和主观主义，而是开辟了意义世界的新地基。

其次，马克思的超越性和形而上追求具有不同于传统形而上学的特征，它是审视虚无主义的新视角。

理想性。马克思站在社会历史的辩证立场，反对绝对的永恒的超感性世界对感性世界的统治和支配，这绝不意味着马克思放弃了形而上的终极关怀和追求。说的更明白些，马克思反对虚构的乌托邦和上帝的天国，要对非历史性的超验存在进行祛魅，追求超越现存世界又具有实现可能性的理想性。立足于现代资本主义社会的人类最高理想性的表达就是共产主义。它是"人与自然界之间、人和人之间的矛盾的真正解决，是存在和本质、对象化和自我确证、自由和必然、个体和类之间的斗争

---

① 《马克思恩格斯选集》第 1 卷，人民出版社 1995 年版，第 97 页。
② 同上书，第 56 页。

的真正解决"①"消灭私有制"②、建立"每个人的自由发展是一切人的自由发展的条件"的"联合体"③。这种理想性绝不是对现存世界的比附，而是根源于人的创造性和超越性，要求摆脱自然必然性对人的强制，不断从必然王国走向自由王国，实现对当下生命存在的精神提升。

人文性。人文关怀是马克思的基本精神气质，这已经是学界的共识。从自喻为愿为人类盗取火种的普罗米修斯到异化劳动批判，从对穷人的关注到无产阶级的解放，从对资本的无情批判到追求人的个性自由，无不体现着马克思的一种深沉的人文情怀。因此，把历史唯物主义误解为经济决定论之类的冷冰冰的历史客观主义，无视人的主体性和目的性，漠视马克思创立唯物史观的初衷，割裂科学性与人文性的内在联系，这是有违实情的做法。当然，马克思的人文关怀不是抽象人道主义，二者的根本区别在于，抽象人道主义止步于道德呐喊和文化批判，比如费尔巴哈，他无法找到从自己憎恶的抽象王国通向活生生的现实生活世界的道路，马克思的人文性要求通过现实的社会关系变革加以体现。

批判性。批判性是哲学之为哲学的本性，它是哲学的超越性和反思性的体现。马克思的批判意识从他多处使用的文章标题就可以看出来，如《黑格尔法哲学批判》《对黑格尔的辩证法和整个哲学的批判》《政治经济学批判》等。这些批判主要表现在三个层面：传统形而上学批判；政治经济学批判；资本主义制度批判。批判的结果是历史唯物主义的创立、完善、深化。马克思没有停留于在理论上强调实践性，他积极地投身于变革现存世界的革命运动。在他看来，"批判的武器当然不能代替武器的批判，物质力量只能用物质力量来摧毁"④。这也体现了马克思哲学区别于传统形而上学的"改变世界"的根本旨趣。值得指出的是，历史境遇不同，批判的对象和性质也就有所区别。在中国目前的特定历史境况下，执政者是马克思主义的追随者，社会主义制度的建立决定了批判的主要对象不是马克思所处时代和历史背景之下的资本、主

---

① 《马克思恩格斯全集》第 3 卷，人民出版社 2002 年版，第 297 页。
② 《马克思恩格斯选集》第 1 卷，人民出版社 1995 年版，第 286 页。
③ 同上书，第 294 页。
④ 同上书，第 9 页。

体性及其二者的内在关联机制，而是社会各个领域和角落残留的小农生产方式和封建思想意识的种种变形表现，比如官本位意识和行为、专制主义传统的余孽等。

总体性。马克思尽管否定传统形而上学对世界整体的逻辑构造，比如，马克思和整个现代西方哲学的现当代哲学转向表现出来的理论倾向一样，不同意黑格尔对世界的逻辑构造，但他继承了黑格尔的总体性方法。卢卡奇把总体性看作马克思主义的核心："不是经济动机在历史解释中的首要地位，而是总体的观点，使马克思主义同资产阶级科学有决定性的区别"[①]。在对社会历史的唯物主义解释中，马克思坚持的社会有机体观点和辩证观点，无不是一种总体性的体现。当然，这种总体性是从历史经验本身中通过"抽象力"生发出来的总体性，不是思辨的抽象的总体性，也不是经验主义的局限于具象的有限经验的总结和归纳。它是一种具有终极关怀维度的总体性。

最后，马克思的超越性追求具有遏制虚无主义及其与之相关的经验主义、资本逻辑的积极作用。

德里达说，马克思是徘徊在这个时代上空的幽灵。之所以如此的关键在于，马克思的人类解放的理想是我们这个时代无法摆脱和不能超越的，构成无产阶级行动的指南。

克服经验主义的困扰。实践不是脱离理论的动物式的纯感性活动，而是本身已经包含着理论（实践理念）的活动，因而它并不是滑向经验主义的必然环节。割裂理论和实践的关系，似乎二者可以并肩而立，这种二元对立中的实践是抽象的实践，其逻辑结果是返还到传统形而上学和经验主义。海德格尔批评马克思在最极端的意义上构成形而上学的对立面，把马克思理解为一个形而上学家，他的失误之处就在于，从二元对立的角度误解了马克思的理论与实践的关系。漠视理论的唯实践主义和经验主义内在相通。近期国内的一个热点话题是关于马克思主义哲学如何切入现实的问题。这表达了马克思主义哲学研究者反对抽象思辨、力图介入并变革现实的愿望。但是，哲学意义上的现实决不能等同于现存的东西，这是黑格尔就已经明确表达了的哲学观点。另外，哲学

---

① ［匈］卢卡奇：《历史与阶级意识》，商务印书馆1992年版，第76页。

切入现实的底线在于，不能以取消自身的批判性、反思性、超越性为代价。换句话说，哲学切入现实意味着从"天上"降落"地上"，实现"对尘世的批判""对法的批判""对政治的批判"，而不是蜕变为经验主义。

抗击虚无主义的肆虐。虚无主义是贯穿近代欧洲数百年并且还在规定着现在这个世纪的基本历史运动。传统形而上学建造的超感性世界崩塌之后，上帝退隐了，意义丧失了，人们崇尚感性至上主义、享乐主义，遵循功利主义的行为原则，生活平面化了。然而，马克思哲学的超越性和理想性提供了对抗虚无主义的锁钥。这种超越性和理想性不是根源于先验的原则或者超验的存在，而是根源于每一民族所处时代的历史和文化境况，根源于人与他人的共在，即人的"在世之在"，它意味着没有了上帝之后的人并不是"想怎么样就怎么样"。同时，追求个性自由和解放的共产主义理想重建了人的言说和行为的道德根基和价值基础。换句话说，马克思哲学并不是忽视人的价值和意义的历史宏大叙事，而是从实践的观点给出了一种新的回答。海德格尔说"马克思达到了虚无主义的极至"①，这是把马克思误读为一个经济决定论者的错误结论。

破解资本逻辑的难题，为社会主义现代化建设提供理论支持。资本逻辑占据当今社会的统治和支配地位，它的哲学辩护是主体性形而上学。马克思哲学变革的关键之点在于，从现实的个人出发，解除了观念层面的形而上学强制和现实层面的资本强制。从而，资本逻辑导致的全球性金融危机等现实困境造成的迷茫就完全不是消费主义的倡导可以完全解决，而是需要转变思路，颠覆人与物的颠倒的关系，按照生活逻辑的内在发展理路，准确理解资本出现的历史意义和局限性，从技术和制度层面加以超越。马克思从人的发展角度对历史进程的考察，提出人对人的依赖—人对物的依赖—人的自由个性的三阶段学说，提供了超越资本逻辑的框架和方向。从这个角度看，当今中国的社会主义和谐社会和科学发展观倡导以人为本，重建人与自然、人与人、人与自身的关系，

———————————

① ［法］F. 费迪耶等：《晚期海德格尔的三天讨论班纪要》，《哲学译丛》2001年第3期。

无疑是符合历史趋势的选择和举措。马克思哲学是这种中国化马克思主义的思想基础，并给予了方法论的指导。

三　马克思与施蒂纳的关系及其新解读

马克思与施蒂纳的思想关系一向被人们忽视，似乎施蒂纳在马克思思想形成过程中仅仅是一个无关紧要的角色。我们在阅读马克思主义成熟标志的《德意志意识形态》的时候，反复咀嚼最重要的第一卷第一章《费尔巴哈　唯物主义观点和唯心主义观点的对立》，而很少去阅读占了全书十分之七的部分，也就是批判施蒂纳的部分。在马克思、恩格斯的这部清算从前的哲学信仰的著作中，我们如果忽视施蒂纳的重要性，或者说，如果没有意识到施蒂纳对马克思思想发展的重要影响，那无疑会是一个错误。就此而言，我们必须重新审视马克思与施蒂纳的关系，进行一种新解读。

确实，马克思受到黑格尔和费尔巴哈的深刻影响，这是他自己反复确认的事实。马克思曾经是一个青年黑格尔派成员，早年曾经钻研黑格尔的哲学并批判黑格尔辩证法的神秘方面，他详细分析了作为黑格尔哲学的真正诞生地和秘密的《精神现象学》，指出黑格尔的自我意识通过自己的外化设定的物性仅是抽象的物，而不是现实的物，因而对象始终是虚无的东西，冒充为感性、现实、生命的他物始终仅是意识自身和思维，黑格尔为历史的运动找到抽象的、逻辑的、思辨的表达。他汲取了黑格尔辩证法的合理内核，在他看来："黑格尔的《现象学》及其最后成果——辩证法，作为推动原则和创造原则的否定性——的伟大之处首先在于，黑格尔把人的自我产生看作一个过程，把对象化看作非对象化，看作外化和这种外化的扬弃；可见，他抓住了劳动的本质，把对象性的人、现实的因而是真正的人理解为他自己的劳动的结果。"① 在平庸的模仿者们把黑格尔当作一条死狗的时候，他在 1872 年第二版跋中公开承认自己是这位大思想家的学生。马克思也深受费尔巴哈的影响，他在《1844 年经济学哲学手稿》中甚至过分夸大地称赞费尔巴哈的理论贡献："费尔巴哈是惟一对黑格尔辩证法采

---

① 《马克思恩格斯全集》第 3 卷，人民出版社 2002 年版，第 320 页。

取严肃的、批判的态度的人；只有他在这个领域内作出了真正的发现，总之，他真正克服了旧哲学。"① 恩格斯在后来的回忆中说他和马克思一度成为费尔巴哈派了。当然，马克思从来没有完全地接受费尔巴哈的学说，即使在深受费尔巴哈思想影响的 1844 年，也就是赞赏他的唯物主义立场的时候，也不自觉地表现出不同于费尔巴哈的辩证态度。但是，马克思似乎从来没有肯定过施蒂纳的理论贡献，如果说鲍威尔作为马克思的老师和朋友影响过马克思的话，施蒂纳似乎总是马克思的批判对象，似乎他和其他的青年黑格尔分子没有多大差别，这恐怕也是我们忽视施蒂纳的原因所在。

　　青年黑格尔派是黑格尔之后的激进左翼，他们在黑格尔哲学的瓦解过程中各自抓住绝对精神分解后重新构成的新物质，或者说站在黑格尔哲学的基地上彼此混战，进行纯粹思想领域的斗争。鲍威尔强调自我意识和批判，强调精神和群众的对立，主张群众是历史上消极的、精神空虚的、物质的因素，精神是积极的因素，负有改造社会和历史的责任。鲍威尔的漫画式的思辨唯心主义被马克思和恩格斯视为危险的敌人。费尔巴哈哲学是思辨的直接反对物，他证明神学就是人本学，人本学是宗教的真正内容，上帝是人的自己的本质。他紧紧抓住自然和人，认定人的最高本质是人对人的爱。前面已经指出施蒂纳的看法，即鲍威尔和费尔巴哈等依然没有摆脱思想圣物对个体性的我的压迫和奴役。施蒂纳张扬唯一者的个别性和独特性，反对一切普遍和宏大叙事的支配。应该说，这是对黑格尔哲学用普遍压制个别的反对，或者说，它是从黑格尔走向了另一个极端。马克思和恩格斯在《神圣家族》的"思辨结构的秘密"部分，专门剖析思辨哲学家怎样从现实的苹果、梨、草莓中得出"果实"这个一般的观念，再把这个一般观念视为在我之外的一种本质，进而是苹果、梨、草莓的真正的本质，从而颠倒了一般和特殊的辩证关系。马克思和恩格斯揭露说："作为它们的本质的并不是它们那种可以感触得到的实际的定在，而是我从它们中抽象出来又硬给它们塞进去的本质，即我的观念中的本质——'果实'。于是我就宣布：苹果、梨、扁桃等是'果实'的简单的存在形式，是它

---

① 《马克思恩格斯全集》第 3 卷，人民出版社 2002 年版，第 314 页。

的样态。"① 马克思显然反对思辨哲学家的这种做法，所以才有对费尔巴哈的唯物主义立场的坚持。1844 年，当施蒂纳撰写他的成名作并批判费尔巴哈的时候，马克思还在肯定费尔巴哈的贡献。但是，施蒂纳的极端化观点确实暴露了费尔巴哈学说中的黑格尔因素，而且是消极的因素。可以推断，马克思和恩格斯在《德意志意识形态》中对费尔巴哈的批评，除了黑格尔辩证法的作用外，也受到了施蒂纳批判费尔巴哈的刺激和影响。

无论如何，马克思和恩格斯没有接受施蒂纳的极端化做法，而是把他作为一个反面教材，或者说，作为青年黑格尔派的代表人物详加分析。施蒂纳对马克思的意义也许在于，如何在反对黑格尔的时候，又不要走向另一个极端，而是保持普遍与特殊的辩证关系。不仅如此，马克思早已在进行对整个哲学的批判，甚至远远超出理论的范围，从理论与现实的关系角度思考理论自身的本质，从而把理论视为一种意识形态，阐发了唯物主义历史观，这已经是施蒂纳的理论视野远不能达到的了。马克思在综合辩证法和唯物主义的关系之时，并不是把二者简单地叠加在一起，而是从实践出发，从对法的批判、经济的批判、政治的批判开始，实现把黑格尔的革命化的辩证法从观念世界向现实世界的转移。就此而言，施蒂纳作为一个青年黑格尔派的成员，始终囿于观念的范围，从而只能是马克思和恩格斯大踏步前进的时候清算的理论对象。

第四节　后现代性的问题与虚无主义

后现代性是利奥塔、福柯、德里达、鲍德里亚等推动的 20 世纪 60 年代以来的社会思潮。作为一种思想观念和行为方式，它与历史时间意义上的后现代概念、与文化艺术意义上的后现代主义既有联系又有区别。它激进地批判形而上学、本质主义的范畴和总体性的理念，比如真理、主体、理性、历史等等，形成当今时代的主要思想景观。它的出现是伴随后工业、信息化、消费社会的必然现象，它曾与结构主义联系在

---

① 马克思、恩格斯：《神圣家族，或对批判的批判所做的批判》，人民出版社 1958 年版，第 72 页。

一起，它的症结所在造成虚无主义的蔓延和加剧。无视后现代性与虚无主义的内在关联，就无法回答当今时代的诸多重大问题。

一 尼采与后现代主义

尼采是后现代话语的思想渊源。原因在于，尼采批判了现代性的价值体系和理性主义这两个根本性的支柱。哈贝马斯指出，黑格尔左派和黑格尔右派在西方理性主义的框架内争论不休，而尼采试图打破这个框架，质疑近代的理性基础，因而是后现代的开端。

尼采面对理性替代宗教的社会整合功能，面对以主体为中心的理性，面对启蒙辩证法纲领的失败，试图打破现代性自身的理性外壳，抛弃历史理性，转向神话即理性的他者。哈贝马斯说："尼采只有两种选择：要么对以主体为中心的理性再作一次内在批判，要么彻底放弃启蒙辩证法纲领。尼采选择了后者——他放弃对理性概念再作修正，并且告别了启蒙辩证法。"① 值得指出的是，哈贝马斯自己最终选择了前者，也就是说，他是通过对理性的内在批判，即用交往理性取代以主体为中心的理性，从而重建了启蒙的现代性纲领。

酒神和权力意志是尼采的理论基石。日神是美、适度、理性、同一性、规范、个体化的象征；酒神是多元、失范、狂欢、忘我的象征。尼采批评瓦格纳和浪漫派对日神的赞赏，歌颂具有酒神精神的超人及其创造，把审美视为权力意志或表象意志的体现，否定本体和道德现象的存在，趣味成为真假善恶的认识工具。尼采的价值取向有别于浪漫的弥赛亚主义，他给出的拯救方案不再坚持解放的内涵，失去了神话的现代人处身在虚无主义之中。哈贝马斯说："世界表现为既无目的也无文本作为其基础的想像和解释的拼合。和各种不同的感性刺激一起，创造意义的潜能构成了'权力意志'的核心。"② 权力意志是理性的他者，它是尼采超越理性视界的理性批判之立足点。价值和意义不是超验的神圣存在，而是权力的表现，并无客观性和真理性可言。虚无主义是众神退隐之后的黑夜，它是权力意志的反常表达。

---

① ［德］哈贝马斯：《现代性的哲学话语》，译林出版社 2004 年版，第 99 页。
② 同上书，第 110 页。

　　在哈贝马斯看来，尼采的权力理论在两条线路上被继承和发扬光大，一是怀疑主义科学家如巴塔耶、拉康、福柯等；二是形而上学批判者如海德格尔、德里达等。巴塔耶通过人类学研究探讨反个体化原则的酒神力量，强调丧失自我的临界经验（比如宗教献身行为），关注表现为游戏、迷狂的权力意志的创造性。海德格尔看重作为哲学家的尼采，他通过把艺术和形而上学统一起来，把酒神力量的舞台从艺术转移到哲学，在形而上学批判的背景下审视酒神事件，真正实现了形而上学的内在批判，动摇了坚持自律的理性的自信。巴塔耶和海德格尔的共同之处在于，他们面对进行彻底的理性批判的共同任务，这里的理性是以主体为中心的理性，而且，他们同样试图通过返回前苏格拉底的方式找到酒神精神的线索。哈贝马斯评价说："海德格尔以主体哲学为主线，把理性解释为自我意识，把虚无主义理解为由于总体性而导致的对世界的技术统治的表达。……巴塔耶则以实践哲学为主线，把理性解释成劳动，认为虚无主义是完全独立的积累所强迫的结果。"[1] 海氏克服形而上学的努力，包括对基础主义的摧毁，固然具有积极的意义，但最终依然囿于被他自己否定的思想之中而不能说取得了成功。巴塔耶坚持酒神的基本审美经验，但最终因其权力理论无法满足科学客观性的要求而陷入两难的困境。哈贝马斯说："尼采打开了后现代的大门，海德格尔和巴塔耶则在尼采的基础上开辟了两条通往后现代的路线。"[2]

　　在身体和灵魂的二元论构架中，柏拉图主义一直贬低、轻视、压制身体，它把人的本质理解为智慧、信仰、理性、知识、精神、文化、观念等等，而不是身体和物质性欲望。苏格拉底从容赴死的关键在于，他把死亡看作灵魂对身体束缚的摆脱。笛卡尔以来的近代哲学和科学摧毁了神学，但身体并没有得到解放，而是被漠视了。尼采颠覆了西方形而上学的理性史，他批评哲学家们对身体和感性世界的成见，这些哲学家们相信"1. 绝对的认识；2. 以认识为目的的知识；3. 美德和幸福联姻；4. 人的行为是可以认识的"。[3] 尼采要求重视身体，在他看来，理

---

① ［德］哈贝马斯：《现代性的哲学话语》，译林出版社 2004 年版，第 119—120 页。

② 同上书，第 121 页。

③ ［德］尼采：《权力意志——重估一切价值的尝试》，商务印书馆 1991 年版，第 134 页。

性仅仅是身体、欲望和权力意志的工具，而不是最终的主宰。有学者说："如果说，长期以来，人们总是将自身分成两个部分，分成意识和身体，而且意识总是人的决定性要素，身体不过是意识和精神活动的一个令人烦恼的障碍的话，那么，从尼采开始，这种意识哲学，连同它的漫长传统，就崩溃了。"①

尼采为后现代性提供了思想资源。后现代性的代表人物对抗现代性，描绘了形形色色的后现代性图景。总体来讲，后现代性具有如下一些基本特征：

首先，反对宏大叙事，强调多元性和差异性。利奥塔的《后现代状态》第一次使后现代（即19世纪末以来在科学、文学和艺术诸多领域发生游戏规则根本改变的文化状况）流行并引起广泛关注。利奥塔指出，后现代就是对元叙事的怀疑。元叙事是一种大叙事，它强调单一性和绝对性的霸权，追求科学的真理、历史的进步、宇宙的安宁，启蒙叙事就是一种元叙事。后现代不承认普遍的永恒的事物，强调多元和开放，强调时间性和历史性。有学者指出："追求差异性、多元性的思想方法，体现的是后现代在知识、文化乃至社会规范在游戏规则上的变化，前者的游戏规则是一元的，后者的游戏规则是多元的。这就是利奥塔所认为的现代性与后现代性的根本差别。"②

其次，知识与权力是密不可分的。福柯接受尼采的视角主义认识方法，反对还原论的社会分析和历史分析。他通过对医院、监狱、性等的考古学和谱系学方法研究表明，现代社会具有规训和控制的性质，乃是权力的体现。权力不是狭义的政治权力和政治统治，而是泛指一切统治和被统治的关系，它普遍地存在于家庭、学校等一切人与人的关系场之中。不同于现代理论的知识观，即把知识视为客观中立的，福柯强调知识和权力的不可分割。在权力关系中产生的精神病学、犯罪学、社会学等学科，反过来促进了权力的技术统治。权力从外部和内部两个方面塑造了主体。福柯理解的主体不是笛卡尔意义上的普遍形式的主体，不是建立在人道主义虚构之上的主体，而是在权力的奴役和支配中建立起来

---

① 汪民安：《身体、空间与后现代性》，江苏人民出版社2006年版，第3页。
② 陈嘉明：《现代性与后现代性十五讲》，北京大学出版社2006年版，第121页。

的主体，它是知识话语和语言规则系统主宰的产物。人道主义的人（即主体）是抽象的、自足的、理性的存在，这是一种虚构的人，这样的人已经死了。

再次，解构在场形而上学的旨趣。德里达把西方传统称之为在场的形而上学，它坚持一种基础主义的立场，也就是说，强调本质、深度、基础、真理、逻辑、理性对表象、偶然、感性、欲望的操纵、支配、决定性地位，它们是一种臣属关系。德里达的任务在于解构这种控制性的霸权，他的核心概念是延异。解构不是盲目的摧毁和不负责任地破坏，而是具有解放的意蕴。他通过分析语言和书写之间的关系，在理性内部反抗启蒙运动之遗产，也就是质疑知性基础之不稳固性，实现了他的解构。在研究了柏拉图和胡塞尔的文本之后，他解构了传统的真理观，认为有限的人类认知能力不可能把握真理本身。德里达批评福柯，认为他对整体理性之他者的奢望具有乌托邦性质，福柯诋毁德里达依然是"理性的走狗"[①]。无论如何，他们关于他者的论争具有互补的性质。

最后，超真实、拟真和内爆。鲍德里亚被追随者们誉为后现代世界的"守护神"、超级理论家、高级牧师。[②] 不过，国内有学者反对把鲍德里亚视为一个后现代主义者："我必须指出，鲍德里亚并不是'后现代主义'者，他只是在自己的草根浪漫主义逻辑批判中兀自固执前行，达及了某一个连后现代思想都未曾触到的人类生存的深刻维度。事实上，鲍德里亚也对自己被误读为'后现代主义'的'参考权威'感到可笑。……我以为，一旦我们将鲍德里亚只是当作后现代思想家来正面歌颂，我们就错过了鲍德里亚。"[③] 鲍德里亚把后现代看作一个由模型、符码和符号支配的时代，而不是由生产主义主宰的时代。按照模型生产出来的真实或人为之物取代了现成之物，模型是真实的决定因素，超真实和日常生活之间的界限夷平了。[④] 超真实的世界根源于符码的拟真。

---

① ［英］罗伊·博伊恩：《福柯与德里达》，北京大学出版社 2010 年版，第 166 页。

② ［美］道格拉斯·凯尔纳等：《后现代理论——批判性的质疑》，中央编译出版社 2004 年版，第 143 页。

③ 张一兵：《文本的深度耕犁——后马克思思潮哲学文本解读》，中国人民大学出版社 2008 年版，第 150 页。

④ ［美］道格拉斯·凯尔纳等：《后现代理论——批判性的质疑》，中央编译出版社 2004 年版，第 155 页。

在信息和符号充斥的世界里，政治与娱乐、雅与俗等各种对立的事物之间的界限模糊了，它不同于工业世界的扩张和外爆，而是一种内爆。在消费世界里的符号从以所指为中心转向以能指为中心，控制了人们的消费和交换行为，象征交换变得流行。

总之，后现代性的主要之点在于反对现代性。有学者说："后现代性的使命，它的伟大的历史实践，就是要让身体回归身体，让身体重享自身的肉体性，让身体栽植快感内容，让身体从各种各样的依附中解脱出来。"① 我们仅仅是草绘了后现代性的概略图，其间的多样性和彼此的争辩，乃至诸多遗漏的重要部分，这里不再列出。按照后现代的思路，我们放弃整体性的企图，捡拾了一些后现代的碎片，以便窥见其部分特征。值得指出的是，关于后现代性与现代性的关系，至今没有定论，有人认为后现代性是与现代性的彻底决裂，有人认为后现代性仅是现代性的一个新的阶段。

二　后现代的相对主义困境与虚无主义

后现代的思维范式不同于现代性范式。伊格尔顿说："从哲学上说，后现代思想的典型特征是小心避开绝对价值、坚实的认识论基础、总体政治眼光、关于历史的宏大理论和'封闭的'概念体系。它是怀疑论的，开放的，相对主义的和多元论的，赞美分裂而不是协调，破碎而不是整体，异质而不是单一。它把自我看作是多面的，流动的，临时的和没有任何实质性整一的。"② 也就是说，后现代质疑同一性、客观性、进步、解放、真理、启蒙等宏大叙事，关注的重心转向多元、异质性、微观、不确定性、无深度、游戏性、模糊性、折衷主义等方面，它取消中心与边缘、崇高与大众之间的界限。后现代批判现代理论的镜像反映，认为现代理论的认知性再现忽视了历史和语言的中介，具有盲目自大的特征，转向视角主义和相对主义的立场。后现代的解构、批判、反思等精神气质对于克服现代性的单一、乏味和平庸具有积极意义。但

① 汪民安等主编：《后现代性的哲学话语——从福柯到赛义德》，浙江人民出版社 2000年版，序言第 11 页。

② ［英］特里·伊格尔顿：《后现代主义的幻象》，商务印书馆 2000 年版，"致中国读者"第 1 页。

问题在于，它的自我背反和相对主义趋向成为自身的致命软肋。鲍德里亚的虚无主义认可是对后现代问题的基本写照。如果说，现代理论遭到批评是由于它试图寻找知识的基础和绝对真理，追求普遍化和总体性，坚持理性主义的虚妄，后现代理论遭到批评则是由于它的相对主义、非理性主义和虚无主义。

伊格尔顿在总体性问题上对后现代主义提出批评。后现代反对总体性，实质常常是这样两种可能：一种是出于某种斗争策略的需要，而不是理论上的原因；另一种是站在另一种总体性的立场上反对某种特定的总体性。伊格尔顿说："不寻求总体性正是不正视资本主义的代码。但是，一种对于总体性的怀疑，无论是左的还是右的，通常都是完全假冒的。它通常转化成为意味着对某些种类总体性的怀疑和对其他种类总体性的热情认可。"① 对极权主义和法西斯主义的恐惧和厌恶，人们反对总体性。确实，法西斯主义是一种总体性，但总体性不只是法西斯主义的一种形式，我们生活在同一个行星上，有互相对话和沟通的共同基础，不能因为法西斯主义而反对总体性本身。伊格尔顿认为，后现代反对同一性和普遍性，它假设多元性是好的、善的，倡导文化相对主义的立场，这是非历史的态度，也是无视现实的自我欺骗。他说："普遍性并不只是一种意识形态的幻象。相反，它是我们政治世界的一个最明显的特点。它不只是当一种理论幻想引起你的注意时，你能够加以选取或者拒绝的一种观念，而是全球性真实本身的结构。"② 另外，后现代的批判和否定是有力的，它对虚幻的道德理想及其问题的症结所在进行入木三分的揭露，但它没有给出可行性的解决办法，没有像马克思主义一样力求掌握自己的信条得以实现的历史条件。

泰勒认为，尼采、德里达、福柯代表滑向虚无主义的高雅文化运动，他们否定了所有重要意义的视野，与之相关的是滑向自我实现的自我中心模式。③ 人们的行为不再是出于上帝的感召或者历史、文化、传统、社会、自然的要求，英雄主义的道德理想成为过时的字眼，自我放

---

① ［英］特里·伊格尔顿：《后现代主义的幻象》，商务印书馆2000年版，第16页。
② 同上书，第145页。
③ ［加］查尔斯·泰勒：《现代性之隐忧》，中央编译出版社2001年版，第68页。

纵、利己主义成为时尚。尼采把价值视为自我创造的结果，这从一定意义上取消了价值的客观标准，具有人类中心论的嫌疑。这个时代的最高价值是自我实现，自我实现是以自我为中心，它的倾向是一种社会原子主义，他人和社会对我而言仅具有工具性的意义，这表现了一种自恋的倾向，它轻视、弱化外部道德要求，不愿兑现对他人的严肃承诺。泰勒思考的一个重要主题是个人主义的危险和意义的丧失。在他看来，人们彼此尊重彼此平等的价值立场有相对主义倾向。他说："这种相对主义本身是个人主义一种形式的衍生品，其原则大约如此：每个人都有发展他们自己的生活形式的权利，生活形式是基于他们自己对何为重要或有价值的理解。人民有责任真实地对待自己，寻求他们自己的自我实现。最后，每个人必须确定自我实现取决于什么。任何别的人都不能或都不应该试图规定其内容。"① 从泰勒的观点可以看出，他似乎是把后现代看作现代的一个新阶段，二者具有承续的关系。

　　鲍德里亚对意义的消解是他的后现代思想的重要部分。在他看来，意义离不开深度和稳固的基础，柏拉图以来的西方形而上学构造了一个超验的永恒世界，它是意义世界的保证，现代性的革命性在于，它以经济和欲望替代了传统的理性和逻辑，重塑了意义的基础，然而，就意义和基础的二层结构来讲，现代和它所批判的传统则有共同的预设和理论前提。后现代性反对同一性的逻辑和总体性，结果就是一地的碎片，全是支离破碎的东西，造成对意义的解构，准确地说，造成传统意义世界的瓦解，展现的是意义死亡的符号世界，因而后现代世界里没有意义，理论没有任何落脚之处。在鲍德里亚看来，随着电子技术的广泛应用，传统的不同于现存世界的真实世界消失了，不存在了，支配我们的是符号化的物，它也是我们消费的对象，我们在消费中的主体感受，乃是一种虚假的幻觉，原因在于这种感受是被媒体和广告等激发出来的欲望和需要。在人和世界关系中，传统的关系是主体支配和主宰客体，现在则颠倒了过来，世界成为一个拟真的超真实世界，它似乎变成了支配人的主动者，人成为单纯的受动者。

　　其实，鲍德里亚批判的意义世界，仅仅是传统的意义世界之丧失，

_____

① ［加］查尔斯·泰勒：《现代性之隐忧》，中央编译出版社 2001 年版，第 16 页。

而不是意义世界本身的丧失。理性是现代理论话语的核心，它是知识和真理的保证，是社会进步的源泉。传统的意义世界是理性之光按照本质主义、基础主义、还原主义思路建造起来的有深度的、不变的、永恒的、绝对的意义王国。伴随人们对本质主义、还原主义的质疑和瓦解，传统的意义世界之消失是顺理成章的事情，但这并不意味着人们的生活中再也无法建立起新的意义世界。从马克思主义视角看，精神王国是物质关系的能动反映和表达，意义世界总是一个特定时代的物质关系固化为规则和法令之后在道德价值领域和信仰方面的体现，脱离这样的物质关系，把特定时代特定物质关系基础之上的意识形态独立化和抽象化，进而把它视为一个独立的永恒的王国，这是以前的统治者们常干的事情，资产阶级也每天都在继续干这样的事情。事实上，永恒的意义王国是不存在的，存在的仅仅是特定时代的特定物质关系的特定人群的价值和意义世界。

虚无主义是意义的消解，鲍德里亚自己公然宣称自己就是虚无主义者。他在《论虚无主义》中说："假如做一名虚无主义者就是执着于消逝模式，而不再是生产模式，那么，我就是一名虚无主义者。消散、内爆、狂乱地挥霍。"① 并且，尽管他敏锐地看到时代的信息化、符号化的新特征，但他片面地夸大了这个时代和之前的时代的断裂，没有看到时代的延续性，因而走向了另一个极端。

总之，后现代的意义在于揭示了现代性的普遍性幻觉及其理论困难，就此而言，我们理应保存后现代的积极成果。它的不足在于强化不同文化之间、不同观点之间、不同制度之间、不同价值观之间的不可通约性，这固然表达了一种善良的愿望，即对边缘化和弱势群体的尊重，但却陷入相对主义的泥淖难以自拔，又给不出积极的建设性的出路，从而不可避免地滑入虚无主义的陷阱。

三 遏制虚无主义的后现代路向

面对当今时代的虚无主义，不同的学者有不同的思路。比如，哈贝

---

① 转引自［美］道格拉斯·凯尔纳等：《后现代理论——批判性的质疑》，中央编译出版社 2004 年版，第 163 页。

马斯不同意福柯、德里达等后现代的理性批判方案，他并没有放弃理性与启蒙的理想，而是要用启蒙的手段修正启蒙，在他看来，启蒙现代性内蕴着反话语的维度，因而现代性的反对者依然仅是现代性内部的事件，而且是狭隘的片面性的表现，他要做的是用交往理性取代以主体为中心的传统形而上学。交往理性不是要复活纯粹理性的纯粹主义，而是一种主体间的约束力量。对哈贝马斯来说，"既要走出主体哲学的老路，但又不能滑入虚无的后现代理论，恰当的方式是建构一种'交往理论'。"①

尼采遏制虚无主义的方略是凸显权力意志，否弃理性原则，重估一切价值。权力意志不是求生存的意志，而是追求权力的意志。权力意志是生命的原动力。尼采把权力意志按照等级制的方式分为三种表现：它在被压迫者和奴隶那里表现为要自由的意志；它在强大的即将掌权的种类那里表现为强权意志或者要正义的意志；它在最强者、最富有者、最勇敢者那里表现为爱、同情、自我牺牲、制胜、义务感、责任感等等。② 在尼采看来，传统的价值观是苏格拉底以来的道德观和基督教的价值观，它宣扬逆来顺受，表扬同情、怜悯和谦卑，褒扬善良和舒坦的幸福观，造就平庸的低贱的种类，造就怯懦的、顺从的、失去自己意志的末人，因而是弱者的道德法则，尼采斥之为群畜的道德，奴隶道德，反对把此种道德估价作为其他一切价值的绝对统治和评价标准，强调把名声不好的非道德性视为更高等、更原则的东西。他的目的在于祛除传统道德的理性和形而上学基础，造就理想中的具有权力意志的超人。

超人具有这样几个特点：其一，他不是生命意志的背叛，不是以诋毁生命为宗旨，而是肯定权力意志，颠倒了理性与意志的关系。这一点似可追溯到康德哲学。康德在强调实践理性和理论理性的关系中强调实践理性相对于理论理性的优先性，而实践理性的根本之点是自由意志和绝对命令，而不是知性和逻辑。就此而言，尼采是康德哲学的支脉及其极端化。其二，他是创造新价值的人，具有独立价值和个性追求的人。

---

① 汪民安等主编：《后现代性的哲学话语》，浙江人民出版社 2000 年版，第 366 页。
② ［德］尼采：《权力意志——重估一切价值的尝试》，商务印书馆 1991 年版，第 238 页。

新价值是生命之泉的涌现，而不是自我压抑和对本能的倦怠，它是旧道德体系的彻底打碎和翻转，而不是修修补补的改良。其三，在主人与奴隶的关系中，超人是主人，而不是奴隶；它是创造者，而不是服从者；它是征服和统治，而不是被征服和被统治的对象；它是进攻，而不是防守和退却；它是生命和火焰，而不是颓废和消沉。超人是积极的虚无主义的体现，这种虚无主义不是软弱的精神状态，而是精神权力提高的象征。

在尼采看来，艺术是生命的本来使命，它是遏制虚无主义的最好手段。他说："艺术，无非就是艺术！它乃是使生命成为可能的壮举，是生命的诱惑者，是生命的伟大兴奋剂。艺术是对抗一切要否定生命的意志的唯一最佳对抗力，是反基督教的、反佛教的、尤其是反虚无主义的。"① 不同于黑格尔，尼采认为艺术高于哲学，形而上学、道德、宗教、科学仅仅是禁锢生命的不同形式，艺术是生命的感官体现和拯救。哈贝马斯说："尼采寄希望于经过审美革新的酒神神话，想用它来克服虚无主义。"②

尼采反对理性主义和基督宗教的虚无主义，强调生命本能和个体的创造力，他的观点和态度影响了后现代的诸多学者。他克服虚无主义的方式，固然有强调生物学意义上的个体且忽视人的社会性维度的嫌疑，有社会达尔文主义和贵贱等级之弊，但就反对本质主义和强调被长期忽视和压抑的生命力，他的学说颇具穿透力和影响力。

海德格尔不同于尼采的虚无主义遏制方案，他把尼采的倒转和注重感性生命的思路归之于依然是忘在的范围之内。他要重新从哲学方面而不是艺术的角度克服虚无主义。在海氏看来，虚无主义是对存在的遗忘，即不关心人的本质和意义，陷入无家可归的境地。无家可归是现代人的命运，人的本真性的存在没有了，现代技术的应用造成人的工具化和沦落，人的自主性丧失了，变成身不由己地被摆布的对象，这是历史的天命。也就是说，西方形而上学把目光聚焦于存在者，而把存在者的

---

① ［德］尼采：《权力意志——重估一切价值的尝试》，商务印书馆 1991 年版，第443 页。

② ［德］哈贝马斯：《现代性的哲学话语》，译林出版社 2004 年版，第 115 页。

存在遗漏了。据此，他认为克服虚无主义的主要任务在于重新追问存在的意义。人是特殊的存在，即唯一能够追问存在意义的存在者，这就是此在，即特定环境和历史境遇中的存在。人与世界的关系不同于主体和客体的关系，在主体和客体的关系中，主体的存在是被抽象地设定出来的精神性存在，它始终无法进入外部的物的世界，从而造成无法克服的内在困难。人与世界的关系的本然的关系，不是表象和被表象的关系，人是在外的存在，不是纯粹理性的存在，它与世界首先不是对象性的关系，而是一体性的关系，这种一体性的关系优先于人与世界的认知关系，人在世中的目的不是占有和征服，不是充当其他存在者的主人，而是存在的看护者和邻居。人诗意地栖居于大地，他的任务在于以"思"的方式摆脱忘在，安命于天道，克服无家可归的虚无主义命运。海氏感叹"只还有一个上帝能救渡我们"，乃是一种无奈的表现。

总体来讲，海氏克服虚无主义的方式是诗与思，且把理性视为最冥顽的敌人。他批判形而上学对存在的遗忘，追问存在的意义，最后把意义和生存等同。国内有学者颇为中肯地批评说："海德格尔把存在的意义简单归结为生存，这就非但没有克服虚无主义，反倒埋下了更深的虚无主义的种子，因为虚泛的生存就是意义，等于生存没有意义，这样的生存哲学没有找到生存的真正意义、人生的真正价值，这是海德格尔的存在哲学未能振拔于尘世的根子所在。"①

利奥塔通过提供知识合法性的基础遏制虚无主义。虚无主义是总体性、元叙事、目的性、普遍性的破产，它是传统意义基础的坍塌，也意味着知识的合法性危机。自由和人类解放的元叙事赋予现代社会以合法化的功能，它是一种意识形态和价值规范系统，然而伴随元叙事的失效，现代性的合法性丧失了。后现代的知识包括叙事知识和科学知识。叙事知识具有自我合法化的性质，它是由传统加以保证的。在这里，后期维特根斯坦的语言游戏说是利奥塔的重要理论资源，语言游戏说的语用学规则是叙事合法性和话语权的基础。科学知识的合法性标准是命题的真值，即命题与它所指谓的实际对象的符合。叙事知识和科学知识的合法性标准是平行的关系，不能互相替代。在利奥塔看来，多元性、异

---

① 陈嘉明：《现代性与后现代性十五讲》，北京大学出版社 2006 年版，第 183 页。

质、差异、平等是语言游戏的本质，故而他反对普遍本质、客观性、共识、决定论等说法。利奥塔的积极意义在于，他试图摧毁传统意义世界的总体性基础，重建多元时代的不同群体与不同个人的平等话语权，重构知识的合法性基础。他的问题在于，过分地强调异质性和差异性，造成共识的匮乏，陷入难以自拔的自我悖论，从而没有从根本上摆脱虚无主义的困扰。

后现代遏制虚无主义尚没有多少建设性的论断，这也符合后现代的特征。换句话说，后现代的意义主要在于揭露问题，而不是解决问题。但这没有否定从他们的理路中找到遏制虚无主义的蛛丝马迹。福柯拒绝总体性和普遍性的宏大叙事，但并没有彻底否定启蒙，他对理性也是坚持一种辩证的批判态度，反对彻底否定理性的极端化做法，反对非此即彼的思维方式，追寻自由的新基础，揭露社会中存在的种种权力和控制现象。这些可以看作他对意义基础的重新探求。德里达的解构策略仅仅证明他反对传统的形而上学及其专断性和霸权，并不表明他反对一切建设性因素，他对马克思的尊崇，对理想性和未来的希望，证明他的克服虚无主义的愿望。鲍德里亚这个尚有争议的人物，力求回溯远古的浪漫主义以克服虚无主义的弊端，表现出一种保守主义的倾向。

第二章　意义、信仰与虚无

近代以来，人的工具化运用日益严重，由之加剧了人生的迷茫和困惑，伴随诸神的隐退，传统信仰的意义王国丧失了，人们纷纷陷入虚无的深渊而不能自拔。在科学、宗教、哲学、传统、经验的不同层面上，意义的世界有不同的多样的面相。迄今为止，为什么活着的问题是引起人类理论纷争最多的问题之一。

第一节　"意义"的追问

人不同于其他动物的地方在于，他不满于肉体生命的存活，而要进一步追问生命的意义。长期以来，面对不可避免的死亡和永恒的黑暗，上帝提供了人们生存的意义，在对千年王国和耶稣再临的期盼中，人们知道自己的人生的目的和使命。这种信心在上帝已死的宣告中遭到毁灭性打击。人们重新开始追问人生的意义，反思异质性文化中的人们的精神依托和道德标尺，思考美德与幸福、生命的永恒、生活的目的和价值等等。

一　意义的内涵

意义、价值是同一层面的术语，我们在这里不去区分二者的不同。行为的意义在于它是目的性的活动，即使没有目的地的散步也是一种休闲或者放松身心的目的行为。目的性是行为意义的不可缺少的要件，除非精神病患者的行为才是没有目的和意义的行为。科廷汉说："行为意义意味着自我意识或自我透明性：对我来说，参与有意义的活动，我必须了解我在做什么，我对我的行为作出的解释必须透彻地反映做事的意图。……生命的意义可以始于主体有意识地宣称他已经开始追求他有意识选择的目标。"① 但是，并非一切个人的目的性的活动都是有意义的，进而不能说他的人生有意义。大屠杀中的法西斯主义者的行为有目的性，但不能认定这是他们人生的意义。当然，有一种看法认为，把目的性看作生活意义的要件，就把生活看作手段而不是目的，从而有否定生活本身意义的嫌疑。

我们谈论的意义本身的意义在于，它是人生的终极目标，是从整体的角度而言的根本意义，而不是日常琐碎事件的堆积。有学者说："当一个人的人生富有、多样、创新和深度都具备了，他就是有价值的；他就不缺乏意义，不管该'意义'指的是什么。从这种视角来看，追问人生的意义就是考虑人生作为一个整体应该达成什么。"② 日常生活中的琐碎事情总是人们有目的的行为，但不是每一件事情都是有意义的事情。换句话说，日常事情仅仅是具体的目标，并不一定担负着人生的意义。恰恰相反，我们把太多的时间精力浪费在没有意义的功利主义事情上面，所以才有人生虚度的说法。当然，人们事实上很少真正地思考人生的意义这类让人头痛的问题，而是忙于日常事务，逃避这类没有标准答案的问题，除非在某些重大的临界时刻。简言之，人生的意义不在于吃饭睡觉的生存活动或谋生，而在于更高层面的东西。

担负生活意义的事情，有三个层次。从个人角度看，意义的承载者通常是事业、爱情、权力、金钱、成功、快乐，等等。但不可否认的是，有些人有事业的成功、爱情的甜蜜、身体的健康、家庭的幸福、人际关系的和谐等等，但他依然不认为自己的人生就是有意义的人生。从共同体的角度看，意义的承载者是国家、社会、人民，这就是我们宣扬的爱国主义、民族主义等等。从超验的角度看，意义的承载者是上帝和神等等。也就是说，他们从人类之外的更高存在和终极存在确定生活的

---

① ［英］约翰·科廷汉：《生活有意义吗》，广西师范大学出版社 2007 年版，第 37—38 页。

② 陶黎宝华、甄景德主编：《生活的意义》，中国人民大学出版社 2009 年版，第 4 页。

意义。目的论者预设宇宙的目的，在目的论看来，宇宙的存在不是偶然的、荒谬的、无法解释的存在，而是根据上帝或神秘的意志的存在和过程，它有确定的目标和方向，人的价值和意义就在于符合它的方向，遵循它的原则。存在主义等现代哲学流派纷纷放弃宇宙目的论，宇宙成为一个冷漠的物质聚合物，人的存在是完全偶然的原因，没有最终的目的和意义，它的肉体和善恶观念都将消失在浩渺的宇宙空间。切不可认为这种哲学必走向消极颓废，《局外人》中的主人公固然对爱情、亲情、友情、事业、生命都持一种似乎冷漠的无所谓的态度，但他真诚地面对自己的欲望和想法，乃是对支配我们的外在荒谬世界的抗议。

　　换个角度看，就意义的支撑和保证来讲，有外在的意义和内在的意义。外在的意义指的是从生活之外的超自然领域寻找生活的意义，比如上帝和来世。上帝的存在与否无法证明，当然也无法否证，所以就成为一个存疑的事情。来世有同样的问题，有没有脱离肉体的灵魂和来世至今无法给予肯定回答，因而让来世保证今世的意义似乎欠妥。外在的意义无法从理性给予确证，只能从信仰保证它的存在，进而保证道德和法律的合法性，这就动摇了意义的根基。内在的意义指的是从此生此世出发寻找生活的意义，它可以是传统、习俗、文化、礼仪，甚至是个人纯粹的主观感受。生活本身提供意义的基础，而不是从生活之外寻找生活的意义。在此意义上，科学的真、道德的善、艺术的审美、正义、平等、自由、进步等等都能成为生活的意义之承担者。

　　梁漱溟从中国文化的角度认为，人生的意义在于创造。没有花费心思去创造，就辜负了一生。创造有"成物"和"成己"之别。成物是事功，是表现在外面事物的成就；成己是本身的内在生命的修炼，是德性的提高和成就。成物是向外的，成己是向内的。成物和成己是相辅相成的关系。梁漱溟说："细讲起来，成物者，同时亦成己。……反之成己者同时亦成物。如一德性涵养好的人是成己，而其待人接物行事亦莫非成物。又一开明通达的人是成己，而其一句话说出来，无不明白透亮，正是成物了。"①

　　否定人生的意义是对人为什么活着的另类回答。活着没有意义，生

---

　　①　梁漱溟：《朝话：人生的省悟》，世界图书出版公司北京公司 2010 年版，第 173 页。

活就是荒谬和苦难。古希腊神话中的西西弗斯的生活就是无意义的生活。加缪说："诸神惩罚西西弗不断地把巨石滚上山顶，而石头因为它自身的重量又会滚下去。他们完全有理由相信没有比这徒劳而无望的工作更可怕的惩罚了。"① 在加缪看来，西西弗斯的悲剧在于他是有意识的存在，他知道自己没有尽头的痛苦这一悲惨状况的程度；同时，加缪肯定西西弗斯对荒谬的反抗和对生命的热爱。所罗门评价说："加缪的哲学基于他的如下观点：生活本质上是'荒谬'的，宇宙永远也不会满足我们对于意义和正义的期盼。然而，这样回答并不是说生活就不值得过了，而是我们必须通过反抗这种荒谬性，通过拒绝参与世界的这种不公，尽情地享受生活来使生活值得过。"② 换句话说，当我们把虚无主义即认为生活毫无意义的命题加以贯彻，并以之作为我们的思想和行为准则时，它同样赋予我们一种生活的意义。

自杀这种极端行为是分析生活意义问题的最佳入手处。加缪说："仅有的一个真正严肃的哲学问题就是自杀。要判断人生值不值得延续就得回答哲学的基本问题。"③ 在加缪看来，判断这一问题的标准是通过人的行为，而不是理论争论，比如伽利略在科学真理危及自己的生命之时，毫不犹豫地抛弃了真理，表达了他对自己生命价值的态度。不过，加缪强调荒谬和自杀的关联，认为自杀等于否定活着的意义，这种看法值得商榷。生活中确实有大量在绝望中自杀的案例，但这仅仅是一种自杀的理由。自杀的情况非常复杂，有时候的自杀行为，虽然是否定自我的生命，但恰是在主观上试图实现更宏大的某种抽象原则和意义的行为，比如战争中为了胜利的自我牺牲行为、自杀式袭击等。

依据对生活意义的理解，有不同的人生态度。中国有出世和入世的说法。梁漱溟先生区分了三种人生态度：逐求、厌离、郑重。逐求是人对物的问题，它是在现实生活中受趣味和问题牵引，着迷于功名、物质享受和苦乐，代表人物是近代西洋人，代表学说是杜威的实验主义；厌离是人对自身的问题，它是人摆脱饮食男女和欲望纠缠的努力，它是回

---

① ［法］加缪：《西西弗的神话》，光明日报出版社 2009 年版，第 113 页。

② ［美］罗伯特·所罗门：《大问题——简明哲学导论》，广西师范大学出版社 2004 年版，第 59 页。

③ ［法］加缪：《西西弗的神话》，光明日报出版社 2009 年版，第 4 页。

头看的无意义感受，代表学说是佛家；郑重是人对人的问题，它是人在不反观自己时刻的生命之自然流行，如儿童之天真，或者人在反观自己时刻强调尽力于当下的生活，反对依赖于外力之催逼，代表学说是儒家。梁漱溟说："逐求是世俗的路，郑重是道德的路，而厌离则为宗教的路。将此三者排列而为比较，当以逐求态度为较浅；以郑重与厌离二种态度相较，则郑重较难；从逐求态度进步转变到郑重态度自然也可能，但我觉得很不容易。"①

意义是希望。没有意义的人生就是灰暗的没有希望的人生。换句话说，我们总是在生活中有所追求和向往，如果没有外在的目标制定者，我们就自己给自己确立目标和意义。现代人越来越多地相信意义是人自己赋予自己的东西，而不是上帝的恩赐。

生活有没有意义的评价标准有不同的角度和层次。第一种，自我标准。每个人对自己的人生有没有意义当然有发言权，有人认为意义就是一种主观感受，比如把快乐与幸福视为人生意义的时候，它的主观性就很强，不快乐的人生似乎对其本人而言就是没有意义的人生，然而，从另外一个评价角度看，事情可能是不同的结果。追求事业成功的人可能一生忙于养家糊口，最终并没有出人头地，他的自我评价可能是人生目标没有实现因而没有意义，但从进步史观的角度看，他已经为推动历史进步贡献了自己的力量，因而是有意义的。第二种，他人或者社会标准。舍己救人和为国捐躯就常被视为人生的意义。第三种，宗教标准。比如，基督教把教徒按照《圣经》进行的思想和行为视为有意义的。第四种，历史标准。每一个人甚至每一代人的生活和事件的历史意义，当事者本身并不一定是完全清楚的，它们在历史的大跨度内逐渐清晰，往往在事后的百千年后得到重新认识和评价。

二　意识形态与意义的超越性

意识形态现象由来已久，然而意识形态概念的出现却是近代的事情。学界普遍同意，法国启蒙思想家特拉西首次提出"意识形态"这一术语。但在提出的时间上，学术界的说法略有差异，有学者认为是

---

① 梁漱溟：《朝话：人生的省悟》，世界图书出版公司北京公司2010年版，第74页。

1797 年，有学者认为是 1796—1798 年间。① 另有一些学者认为是 19 世纪初。②

特拉西是一位启蒙思想家，他主张自由、革命和共和政治，拒绝天赋观念和超自然的形而上学。在他那里，意识形态的含义是"关于理念的科学"，它研究的是理念的起源和形成过程。在特拉西看来，感觉经验是知识的基础，意识形态是一切经验科学的基础。思想的形成离不开物理过程，因而绝不是纯粹的精神现象。从某种意义上讲，特拉西具有唯物主义倾向。拿破仑发动政变后，强化中央集权制，反对和贬低主张共和的意识形态家们，指责他们破坏社会秩序和宗教，蔑称他们为空想家。从此，意识形态就和空想家、虚幻的意识画上了等号。

马克思和恩格斯受到拿破仑对意识形态批判的影响，把意识形态视为"虚假的意识"。马克思说："迄今为止人们总是为自己造出关于自己本身、关于自己是何物或应当成为何物的种种虚假观念。他们按照自己关于神、关于标准人等等观念来建立自己的关系。他们头脑的产物不受他们支配。他们这些创造者屈从于自己的创造物。"③ 也就是说，意识形态造成观念的统治，但它实际不过是现实的统治关系的颠倒反映而已。在马克思的视域中，意识形态具有阶级性，它是一定社会占统治地位的统治阶级的利益的反映，表现为政治法律思想、道德观念、宗教、哲学等等。俞吾金教授认为："马克思的意识形态概念可以定义为：在阶级社会中，适合一定的经济基础以及竖立在这一基础之上的法律的和政治的上层建筑而形成起来的，代表统治阶级根本利益的情感、表象和观念的总和，其根本的特征是自觉地或不自觉地用幻想的联系来取代并掩蔽现实的联系。"④ 这里有两点要注意：一是意识形态和人类意识的关系。意识形态是人类意识，但人类社会意识并不一定是意识形态，也就是说，人类意识的外延比意识形态的外延要大得多。人类意识总是社

---

① 侯惠勤：《马克思的意识形态批判与当代中国》，中国社会科学出版社 2010 年版，第 13 页。

② ［美］利昂·P. 巴拉达特：《意识形态起源和影响》，世界图书出版公司 2010 年版，第 7 页。

③ 《马克思恩格斯文集》第 1 卷，人民出版社 2009 年版，第 509 页。

④ 俞吾金：《意识形态论》，上海人民出版社 1993 年版，第 129 页。

会意识，它包括阶级社会的意识和非阶级社会的意识，自然科学、逻辑、语言等也是人类社会意识的组成部分，但非阶级社会的意识、自然科学、逻辑等并不是意识形态；二是如何评价意识形态的地位和作用。马克思通过意识形态批判，创立了唯物史观学说。意识形态在阶级社会中具有维护社会稳定和凝聚共识的作用，当然，在反动统治时期也会成为阻滞历史发展的力量，因而具有两面性。

马克思之后的马克思主义者推进了马克思的意识形态批判理论。列宁关注的是如何使得无产阶级在思想上摆脱依附于资产阶级的局面，他提出了灌输论的理论，把具有贬义色彩的意识形态转换为中性的概念。葛兰西批判第二国际的经济决定论和实证主义倾向，反对他们忽视意识形态积极作用的看法，提倡意识形态领域的斗争，主张夺取这一领域的领导权。哈贝马斯沿着马尔库塞的思路，结合科学技术的发展，研究晚期资本主义中的意识形态的新形式和新特征。在他看来，科学技术已经成为政治统治的意识形态工具。

曼海姆是德国著名意识形态专家。他面对的问题是，意识形态是特殊利益集团的虚假意识还是普遍真理。他试图通过区分"特殊的意识形态"和"总体的意识形态"并实现二者的统一来解决这一难题。由于深受马克思的影响，曼海姆力图从社会存在出发对意识形态进行分析。有学者指出："马克思关于意识形态的判断，最大的特色不在于其揭示了意识形态的虚假性，而在于阐明这种虚假性并非来源于个人的主观故意，而是来自其客观的社会存在；不在于其揭示了意识形态的矛盾本性，而在于这一矛盾在历史中的趋势及其出路；不在于其揭示了意识形态的党派性，而在于揭示了不能通过超党派性的方式克服党派性。正是在这一基本点上，曼海姆继承了马克思的传统。"[1]

在马克思的传统之外，尚有许多关于意识形态的不同论点。比如，巴拉达特就有关于哲学与意识形态的关系的不同看法。在他看来，每一种意识形态都建立在一套哲学信仰上，但哲学不同于意识形态，这主要表现在三个方面：第一，哲学通常是深奥的，它试图穿透人类存在的表

---

[1]　侯惠勤：《马克思的意识形态批判与当代中国》，中国社会科学出版社2010年版，第38页。

层，探究生命本身的底蕴。它要处理的是人类的总体经验，寻找某种普遍规则，以作为未来有利行动的指南和评估行动的依据。意识形态是简单的、浅薄的，它通常以非常简单的话语解释这个世界，且无意于尝试处理人类所面对的众多而繁复的可能变因。第二，哲学可能是整个社会的行动所仰赖的一套原则，也可能是单一个体所信服的主张。意识形态则以广大的人群而非个体作为诉求的对象。第三，哲学倾向于引发自省，它要求持续的沉思，审视关于人类处境的深奥问题，目的在于解释宇宙的法则，帮助读者找到他在宇宙中的坐标。意识形态要求人们采取明确的行动来改善他们的生活。①

意识形态能不能完全承载生命的意义，如何看待意义的超越性，这是一个值得探讨的重要问题。确实，每一种生命意义的类型和形式，都是时代的产物，离不开生命个体的文化传统和社会环境，生命意义的内容也是社会生活的反思和提升。不论是永恒的天国抑或超验的原则，都仅仅是人们想象的理想状态，它的根源亦在现实生活当中。当它反过来成为人们的价值支撑和意义的根据，成为某个时代的人们信奉的教义和行为的依据时，在阶级社会就变成某种意识形态，即维护统治阶级地位和利益的统治工具。那些被统治阶级，尽管有自己的利益诉求，但常常接受和认同统治者的价值观念和伦理规范。然而问题在于，超出阶级时代的人类生活，同样存在生活意义的问题。而且，这是一个极其广阔的领域。原始人类的图腾崇拜、巫术和神话，担负着他们对生命的理解和期盼。对永恒生命的留恋和对死亡的恐惧，这些远远超出了意识形态的范围。阶级性仅仅是一个历史现象，阶级消亡之后的人类社会的生命个体，绝不能说就没有了意义的追求，这种意义的确立不是意识形态所能覆盖。即使在阶级社会，人们的复杂社会关系也不能简单化地全部归之为阶级关系，超出阶级性之外的关系及其衍生出的价值形式，比如负载生命意义的家庭伦理亲情，尽管也有历史文化和意识形态的影响和痕迹，但毕竟不能完全重合。因之，生命的意义和意识形态绝不能画等号。

意义的超越性在于，它不受功利主义的局限。功利主义常受个人或

---

① ［美］利昂·P. 巴拉达特：《意识形态起源和影响》，世界图书出版公司 2010 年版，第 11 页。

集团的利益的左右，从实用性和效率的角度出发，对事物作出取舍和评价。功利主义的目的性总是消灭了事物本身的价值，使其蜕变为达成目的的手段。当生命本身或集体本身的存在被虚无化，为了一个外在的目的之时，它就会陷入自相矛盾的境地。比如，现代人在物的世界之中，被资本的力量裹挟，物质财富的增长成为主要的目标，其喜怒哀乐的情感、全部的心思和精力、日常的活动和行为等被一种不可遏制的占有欲支配，生命意义的衡量标准似乎就是占有物质财富的多寡，这种浮躁和外在的评价在面对死亡的临界体验中，就是虚无的深渊。换句话说，我们只有在超出功利主义的世俗名利之时，才能有真正意义的回答。意识形态鼓励的牺牲、真诚、平等、公正、友爱等等，常是永恒道德甚至信仰的绝对真理，也是民众之生命意义的寄托，但它的实质内容和形式具有历史的局限，摆脱不了为统治者服务的功利主义色彩。因而，从一个更大历史的跨度衡量的时候，就有了不同的结论。

总之，人的精神生活和生命的意义是人类的永恒现象。意识形态是阶级社会的特有现象，它是人类特定历史时期的产物。意识形态具有特殊性，它固然也会给某个时代的人们传播和灌输生命意义的教义，但这种生命意义的接受者常常是未加反思地被动接受了主流的道德价值和行为规范，并不是在自由状态下的自觉选择。

三　自由与意义的生成

自由问题颇为复杂。按照苏联教科书的理解，自由是对必然的认识和对外在世界的改造。苏联哲学家罗森塔尔和尤金主编的《简明哲学辞典》这样解释："自由并不在于想象中的脱离自然规律，而在于认识这些规律，并能够把它们用到实践活动中去……自然界的必然性、规律性是第一性的，而人的意志和意识是第二性的。在人没有认识必然性以前，他是盲目地、不自觉地行动的。一旦人认识到必然性，他就能学会掌握它，利用它为社会谋福利。因此，只有在认识必然性的基础上才能有自由的活动。自由是被认识了的必然性。"[1] 苏联学者的理解源自恩

①　［苏］罗森塔尔、尤金编：《简明哲学辞典》，生活·读书·新知三联书店1973年版，第171—172页。

格斯的说法。恩格斯认为，"自由不在于幻想中摆脱自然规律而独立，而在于认识这些规律，从而能够有计划地使自然规律为一定的目的服务。这无论对于外部自然的规律，或对于支配人本身的肉体存在和精神存在的规律来说，都是一样的。……意志自由只是借助于对事物的认识来作出决定的能力。因此，人对一定问题的判断越是自由，这个判断的内容所具有的必然性就越大；而犹豫不决是以无知为基础的，它看起来好像是在许多不同的和相互矛盾的可能的决定中任意进行选择，但恰好由此证明它的不自由，证明它被正好应该由它支配的对象所支配。因此，自由就在于根据对自然界的必然性的认识来支配我们自己和外部自然。"① 这是从因果性的角度理解的自由。并且，它偏向于康德所谓的经验层面的自由。就其渊源来说，黑格尔已经有这方面的思想，为了反对把自由理解为主观任意，黑格尔认为自由是对必然性的认识。

应该说，黑格尔—恩格斯—苏联学者—教科书的线索，乃是国内普遍接受的自由概念。这种自由概念在解释人与自然的关系方面颇有说服力。比如，只有掌握了游泳的规律和技巧，才能不要保护性措施而下水游泳。只有掌握了四季更替的规律，按时播种，才能保证种好庄稼。但是在解释人与人的关系方面，这种自由观就有所不足了。俞吾金教授举例说，面对敌人的枪口，革命者在背叛和信仰之间的选择，不是有没有认识社会规律的问题，而是关乎尊严、情感和价值的问题。就自由的本质而言，它不是他律，而是自律。面对罪犯的威逼，主动地拿出钱包，避免遭到进一步的伤害，这不是一个自由的行为，而是一个明智的行为，但拒绝拿出钱包却是一个自由的选择，然而这里的自由选择要冒生命的风险。当然，萨特可能不同意这样的说法，在他看来，人总是自由的，我在交出钱包和生命冒险之间选择了前者。这里的自由是政治自由和伦理自由，而不是面对自然的自由。康德认为，实践法则是内在的法则，它是绝对命令，任何经验的外在的欲求对象都不能成为道德选择的依据，实践法则直接导致自由概念。他举例说："倘若问他说，如果他的君主以立刻将他处死相威胁，要他提出伪证以控告一位这个君主想以堂皇的口实处死的正人君子，那么在这种情形下他是否认为有可能克服

---

① 《马克思恩格斯选集》第 3 卷，人民出版社 1995 年版，第 455—456 页。

他的贪生之念，而不论这个念头是多么强烈呢?"① 如果这个人克服了贪生之念，他就获得了自由。在康德那里，自由是"应当"，而不是利害算计，不是功利主义的考虑。总之，自由是自主性，它不能是自然性的因果链条中的一环，否则，就无疑是取消了自由本身。

自由是生命具有自我目的性意义的必要条件。没有自由的个体生命，并不是说完全没有价值和意义，但可能仅具有工具性的价值和意义。比如失去自由的奴隶，他的劳动对于整个文明社会的存在和人类的发展进步当然具有积极的意义，但这种劳动不是体现他的生命本质的自由自觉的活动，而是在皮鞭和棍棒下的被迫性劳动，对于奴隶本人来讲，这是他要活着的条件，因而完全不是自我目的的活动，而是工具性的活动，从而也是他一旦可能就力求摆脱的命运。不再考虑生活资料问题的奴隶主，拥有充分的闲暇和自由，他们按照自己的喜好和意愿，从事科学、艺术、政治活动，探索宇宙的奥秘，思考人生的真理，这些是自我目的性的活动。他们在这样的活动中发现和实现自身的意义。

有些人是自由的，他们自觉地思考并且努力地实现自身的意义。不论这种追求是否获得世俗的成功，他的追求本身就是最有意义的事情。恰如一位思想者所说："在精神领域的追求中，不必说世俗的成功，社会和历史所承认的成功，即便是精神追求本身的成功，也不是主要的目标。在这里，目标即寓于过程之中，对精神价值的追求本身成了生存方式，这种追求愈执著，就愈是超越于所谓成败。一个默默无闻的贤哲也许更是贤哲，一个身败名裂的圣徒也许更是圣徒。"② 自由的追求本身比自由追求的目标更加具有意义。因之，呵护这种自由的权利，就比自由地追求某一个具体的目标更有意义。

无论如何，自由追求的目标本身并不一定真有意义。不论是善意的还是恶意的，不论是故意的抑或是无意的，作为目标的意义本身在自由的前提下也许仅是虚假的闪光。生命意义有无的标准并不是自我的主观意见，而是具有历史和社会的客观性。生命的社会历史意义和个体的价值判断大致有两种关系：一种是统一的关系；另一种则是二者常会出现

---

① ［德］康德：《实践理性批判》，商务印书馆 1999 年版，第 31 页。
② 周国平：《精神家园》，上海辞书出版社 2012 年版，第 11 页。

的背离情况。背离的种类多种多样：且不说没有底线的企业不法行为，制造贩卖毒品的行为，侵犯他人财产和尊严的犯罪行为等等，即便是在法律允许范围内的活动，若仅以自己欲求的满足为目的性行为的标准，不惜破坏他人的合法权益和自由，比如鼓动一场非正义的战争，尽管这样的行为可能会侥幸地给主动施为者带来暂时的好处，但它不是值得肯定的真正对人类社会有价值和意义的行为，它与一个人的知识能力和受教育程度没有直接关系，而与一个人的情感能力和道德情操密切相关；有些个体的目的性行为也不能给个体本身带来真正的好处，比如抽烟，它给个体的短暂放松和快乐是以他的身体健康的损耗为代价的，因而综合来看也是弊大于利的行为；另外，拥有自由的个体具有高远的理想和宏大的目标，也具有高尚的品格，但他的目的性行为违背历史规律或者不符合客观实际，仅凭借主观判断和善良愿望行动，造成事与愿违的结果。当然，这种失败并不是完全没有意义，原因在于失败本身就为以后的成功积累了经验。

意义的生成是拥有自由的主体的目的性活动。主体的自由有身体的自由和心灵的自由。一个有身体自由的人，也有可能处于心灵的枷锁之中。反过来，一个有心灵自由的人，也有可能处于身体的枷锁之中。身心自由的个体是我们的理想和愿望，只有这样的个体才有完整的意义生活。心灵自由当然不能被个体的局部的利益支配，甚至不能被团体的民族的国家的现实利益所左右，它不是功利主义的思维方式，也不是说它就是一片白纸般的空白，毕竟人的思维活动要受到教育、习俗、文化传统、社会环境的影响，但拥有自由心灵的人，他能够超越他的出身和民族局限，从而他不属于他的地方性的民众，比如，耶稣不属于他出生的那个村庄。而且，心灵自由的人常常面临被误解的危险，主要由于他的考虑问题的思路不同于他周围的大多数人的想问题和做事情的方式。心灵自由的个体存在的方式是符合天道的存在方式，这种天道不是某种先验的原则，也不是世俗的物质利益，既不与它们同路，也不与它们对立，而是生生不息中的规律和必然性。现代人的问题在于，他们在贪欲和谋生的工具性活动中，陷入迷茫和困顿，丧失了意义本身。近代以来的政治解放并没有给予他们真实的心灵自由和生活的意义。庄子追求的逍遥境界是一种高远的精神生活，它不为物所羁，不为世俗功名所累，乃是纯粹自我目的性的自由状态。他的问题在于，这种自由状态的现实物质实现条件被忽视，从而成为缥缈难及的乌托邦。

　　从马克思主义的角度看，自由自觉的活动是人的本质性活动，它体现在人对自然的支配和人对自身社会关系的支配之中，通过自由个性的充分发展和各种潜力的激发，人的价值和意义得以实现。

第二节　意义与信仰

　　信仰是人对某种宗教或思想体系的高度认同和尊重，把它作为自身行为的准则。它担负生命的意义，有宗教的信仰和非宗教的信仰之分。有信仰的生活是生命自由和意义的保证。"有信仰的生活是指，人们的物质生活要求与精神生活的自足之间形成了某种平衡，并且精神有自身的终极指向性。这一指向性，决定了主体的自我认同，也决定了主体对所在类群及其文化传统的认同，基于这一指向性，可以有效地制约人们有可能膨胀的物欲，甚至于制定规则以实现社会的基本公正。精神自身的终极指向性，就是信仰。"① 长期以来，西方人的一个偏见在于，似乎只有基督宗教信仰才能提供生命意义的支撑，而非基督宗教信仰则是无法想象的事情。这是漠视他者文化价值模式和西方中心主义的表现。随着近代科学的昌盛和基督宗教信仰的式微，西方传统的意义基础开始崩塌，西方人在惶恐和摇晃中挺直腰杆，发现世俗社会并不是他们想象的道德衰败的混乱景象，人们也有高尚的精神追求和生活，不仅如此，他们对无限的超越性思考和对普遍性的追求同样充满智慧。

一　宗教信仰的式微与意义危机

　　宗教信仰的基本特征在于，它有一套学说和教义，这些教义具有教条性，也就是说，信徒不需要理性的判断和逻辑的分析，但是必须接受，比如基督徒信仰上帝、死而复生、灵魂不朽、三位一体，佛教徒相信生死轮回、因果报应等等。如果一个信徒虽然参加种种宗教仪式活动而居然不信仰它的教义，那他是不配称为该宗教真正的信徒的。传统社

---

① 邹诗鹏：《现时代精神生活的物化处境及其批判》，《中国社会科学》2007 年第 5 期。

会的信徒非常虔诚地信仰他们的教主和教义，并从那里获得生活方式的指导和心灵的慰藉。欧洲中世纪的世俗权力需要教权的批准和认可，这是宗教信仰极盛时期的表现。随着工业文明和自然主义的崛起，人们排斥宗教传统，抛弃神和上帝，丧失存在的深度，人蜕变为他所在的世界的工具和机器，没有了真正意义上的终极关切，出现了生存意义的危机。具体表现为政教分离，宗教的社会整合功能的减弱，教权日益屈服于王权之下，人们的宗教信仰逐渐地被世俗的利益侵蚀，教徒的相对比例逐渐地减少，人们对信仰的虔诚程度相较于以前也大大地弱化，当代进一步表现为价值多元化和世俗化的趋势。

尼采曾经在《快乐的科学》中提出"上帝死了"这一重大命题。上帝是超感性世界和理想领域的名称。上帝之死意味着柏拉图以来的形而上学传统的终结，意味着人们不再信仰上帝了，意味着超感性领域（观念、上帝、道德法则、理性权威、进步、最大多数人的幸福、文化、文明等等）丧失其构造力量而没有作用力了，意味着虚无主义的来临。海德格尔解释说："上帝和教会圣职的权威消失了，代之而起的是良知的权威，突兀而起的是理性的权威。反抗这种权威而兴起的是社会的本能。向着超感性领域的遁世为历史的进步所取代。一种永恒的幸福的彼岸目标转变为多数人的尘世幸福。对宗教文化的维护被那种对于文化的创造或对于文明的扩张的热情所代替。创造在以前是《圣经》的上帝的事情，而现在则成了人类行为的特性。人类行为的创造最终转变为交易。"[1]

在韦伯看来，世界的祛魅是近代的根本特征，也是意义危机的主要根源。他说："我们这个时代，因为它所独有的理性化和理智化，最主要的是因为世界已被除魅，它的命运便是，那些终极的、最高贵的价值，已从公共生活中销声匿迹，它们或者遁入神秘生活的超验领域，或者走进了个人之间直接的私人交往的友爱之中。"[2]"除魅"意味着西方国家从宗教型社会向世俗型社会的转变，意味着宗教的一体化统治的解

---

① ［德］马丁·海德格尔：《林中路》，上海译文出版社1997年版，第227页。
② ［德］马克斯·韦伯：《学术与政治》，生活·读书·新知三联书店1998年版，第48页。

体，意味着政教分离的过程，意味着诸神纷争时代的到来，意味着从信仰到理性的转向，意味着人的主体地位的确立。这个时代的人们不像野蛮人那样了解他的生存条件，不再相信神秘力量的存在，把一切寄托在技术和计算的基础之上，他们拥有这样的信念："只要人们想知道，他任何时候都能够知道；从原则上说，再也没有什么神秘莫测、无法计算的力量在起作用，人们可以通过计算掌握一切。而这就意味着为世界除魅。"① 除魅一事特别与科学技术的发展进步相关。科学与技术原是探索自然的奥秘，彰显神的荣耀的宗教事业，现在谁也不会在内心深处怀疑自然科学的非宗教性。它不关心宇宙的目的、崇高、神圣、价值，不探讨"世界的意义"诸如此类的话题，不涉及终极价值的事情。韦伯认为，"所有的自然科学给我们提供的回答，只针对这样的问题：假定我们希望从技术上控制生活，我们该如何做？至于我们是否应当从技术上控制生活，或是否应当有这样的愿望，这样做是否有终极意义，都不是科学所要涉足的问题，或它只有些出于自身目的的偏见。"② 也就是说，科学是价值中立的。这种看法显然和后来的马尔库塞、哈贝马斯等学者把科学技术和意识形态联系起来的看法相反。

海德格尔用"弃神"一词表达宗教信仰的式微。在海德格尔看来，现代的根本现象有五个：科学；机械技术；艺术进入了美学的视界内；人类活动被当作文化来理解和贯彻；弃神。海氏认为，弃神不是彻底把神消除，不是粗暴的无神论。他说："弃神乃是一个双重的过程。一方面，世界图像基督教化了，因为世界根据被设定为无限、无条件、绝对的东西；另一方面，基督教把它的教义重新解释为一种世界观（基督教的世界观），从而使之符合于现代。弃神乃是对于上帝和诸神的无决断状态。"③ 所谓"无决断状态"，就是上帝和诸神的权威地位和话语权的丧失。也就是说，他们不再握有神圣的执掌人们命运的权杖。维系人们和神圣之间的绳索断裂了，超验的神圣的世界幻灭了，人们转向现象的感性的经验的世界。

---

① ［德］马克斯·韦伯：《学术与政治》，生活·读书·新知三联书店1998年版，第29页。

② 同上书，第35页。

③ 孙周兴选编：《海德格尔选集》（下），上海三联书店1996年版，第886页。

弃神是现代精神生活之本质，它的根由在于两点：世界成为图像和人成为主体。海氏说："对于现代之本质具有决定性意义的两大进程——亦即世界成为图象和人成为主体——的相互交叉，同时也照亮了初看起来近乎荒谬的现代历史的基本进程。这也就是说，对世界作为被征服的世界的支配越是广泛和深入，客体之显现越是客观，则主体也就越主观地，亦即越迫切地突现出来，世界观和世界学说也就越无保留地变成一种关于人的学说，变成人类学。"① 主体概念在古希腊的亚里士多德那里泛指一切实体性存在，并不是特指具有能动性的人的存在。笛卡尔以来，人不再是和其他存在者并置的存在，而是成为一切存在者存在的根据，人的主体地位得以凸显。这个主体在不同的哲学家那里的含义是不同的，笛卡尔的主体是"我思"，即非肉体性的理性存在，黑格尔的主体是绝对精神，尼采的主体是强力意志。与人的主体性对应的是世界的自在性和神秘性的消失，它不再是上帝的创造物，而是被主体把握为世界图像，也就是说，它成为主体的表象和被支配被摆弄的对象。18 世纪末，世界观概念的出现乃是世界成为图像的标志。按照海德格尔的说法，"'人类学'这个名称并不是指某种关于人的自然科学研究。它也不是指在基督教神学中被确定下来的关于受造的、堕落的和被拯救的人的学说。它标志着那种对人的哲学解释，这种哲学解释从人出发并且以人为归趋来说明和评估存在者整体。"② 海氏这里的"人类学"，接近于狭义的人类中心主义概念。另外，海氏对尼采、虚无主义和现代意义危机的反思和批判，远非泛泛之谈，而是直达本质的深刻洞见。

施特劳斯认为，现代性的特点就在于，信仰世俗化和此岸化了，人们不再想在彼岸托付理想，而是想在此岸凭借纯粹人类的手段建立天堂。问题在于，随着宗教信仰的式微，现代的西方人无法确定自己的好坏对错的标准，从而出现了意义危机。他说："西方的危机在于西方渐渐不再确信自己的目标。西方过去一直确信自己的目标，确信可以实现所有人的团结。因此，西方十分清楚地看见自己的未来就是人类的未

---

① 孙周兴选编：《海德格尔选集》（下），上海三联书店 1996 年版，第 902 页。
② 同上书，第 903 页。

来。如今，我们不再有那种确信和清明。我们有些人甚至对未来感到绝望。这种绝望说明了当今许多西方的堕落形式。"① 伴随目标的模糊和西方的没落，自由民主也就蜕变为放纵平等主义，尽职尽责的个体（即甘愿为他们认为正确的东西而付出生命的人）蜕变为欲望的个体（即绝不会有丝毫牺牲自己生命的想法，因而也不会为了自己的欲望而牺牲欲望本身的人）。"是"与"应当"分道扬镳，人们强化了对"是"的研究，部分人甚至用自然科学的标准要求社会科学，从而试图用取消"应当"的方式解决问题。

总之，宗教信仰在古代世界安顿人们的灵魂，人们虔诚地匍匐在神灵的脚下，祈求天国或来世的永恒幸福。在似乎亘古不变的世界里，人们的精神生活是充实的，灵魂是安静平和的。伴随着诸神的退隐和主体的勃兴，科技及其理性主义造就并支配这个充满物欲的世界。传教士们哀叹传统宗教信仰的衰退，悲叹由此带来的意义危机。确实，意义的危机构成这个时代的精神本质。人们在技术统治和物质财富方面的成就，弥补不了无家可归的失落和内在的焦虑。问题的关键在于，在宗教信仰式微之后，如何重新为生活的意义奠基。

二　非宗教的信仰如何可能

宗教信仰和非宗教的信仰的区分在于，宗教信仰总以某种特定的方式实现人与世界整体的沟通，不论是佛教、基督教、伊斯兰教或者其他的任何一种宗教，它总有某种特定的仪式、教义、戒律等等；非宗教的信仰没有某种特定的宗教仪式，但它也是人对世界整体的一种觉悟，有对内心生活和精神价值的尊重，有对真善美的追求。它们的共同之处在于，都是一种信仰，即都是对人与整体世界关系的领悟，只不过途径不同罢了。国内有学者指出，"所谓'信仰'是指对某种超乎人可直接把握的观念或理想的信奉、持守和追求。信仰包括宗教信仰、政治信仰、群体（或社团）信仰、以及文化信仰等。"② 信仰是人的灵魂面对他者

---

① 刘小枫主编：《苏格拉底问题与现代性——施特劳斯讲演与论文集》，华夏出版社2008 年版，第 4 页。

② 卓新平：《神圣与世俗之间》，黑龙江人民出版社 2004 年版，第 17 页。

的一种状态，它是我们摆脱经验性和相对性的一种情绪。西美尔指出：
"我们信仰上帝或他者，意味着，我们因普遍命运必定会感觉到的不宁
和不安沿着这种存在方向得到了稳定：其观念是要使惴惴不安的灵魂保
持平静，而且个别情况下我们'信任这种观念'，反映的正是我们的灵
魂状态在其幻象影响下所获得的安全感。"①

　　信仰是一种信念，但并不是任何信念都是信仰，日常生活中的
"相信明天太阳照样升起"是一种信念，但却不能称之为信仰。信仰是
一种超越性的精神追求，信念包括对某些具体的人或事件的相信。信念
的依据有真理和意见，我们追求对真理的信念，而不是对意见的信念。
黑格尔说："个人的信念，事实上就是理性或理性的哲学从主观性出发
在知识方面所要求的最后的、绝对本质的东西。但是，我们必须区别
开：什么是基于感情、愿望和直观的根据，一般地说，即基于主体之特
殊性的信念，与什么是基于思想的信念，即由于洞见事物的概念和性质
而产生的思想的信念。前一种形态的信念，只是意见。"②

　　人们常常怀有这样的成见，仅有真正的宗教信徒才有道德。换句话
说，没有宗教信仰的人会陷入"什么都会被允许"的可怕境地，进而
放纵自己的恶念，造成整个社会的混乱。宗教信徒相信美好的世界的实
现需要天堂和地狱的赏罚。他们似乎完全忽视了一个事实，历史上的大
量战争和血腥的杀戮都是以宗教信仰的名义进行的。罗素说："历史上
无论什么时期，宗教信仰越狂热，对教条越迷信，残忍的行为就越泛
滥，社会环境就越混乱。……环顾今日的世界，你会发现人类的情感一
旦稍微有所进展，刑法有所改进，战争有所缓和，有色人种的待遇有所
改善，奴隶有所解放，道德有所进步，世界上的各种有组织的教会就会
竭力加以反对。我可以公开地讲：基督教，作为有组织的教会，过去
是，现在也依然是世界道德进步的主要敌人。"③ 罗素的观点有些偏激，
但也从一个侧面反映了宗教与道德并不是完全的正比例关系。在圣战的
狂热中，无数的人们妄送性命。中世纪的宗教裁判所以异端的名义烧死

① ［德］西美尔：《现代人与宗教》，中国人民大学出版社 2003 年版，第 113 页。
② ［德］黑格尔：《哲学史讲演录》第一卷，商务印书馆 1959 年版，第 19 页。
③ ［英］罗素：《宗教能否解除我们的困惑》，北京出版社 2010 年版，第 59 页。

了布鲁诺，也烧死了无数被称为女巫的无辜的妇女。即使在今天，原教旨主义还以某种宗教信仰的狭隘之见肆意伤害无辜。

反对宗教信仰的人常常提出这样一个合乎情理的问题：完美的上帝为什么创造出一个不完美的世界，或者说，为什么世界上有恶的现象？如果上帝允许恶的存在，那就说明上帝或者不是全能的，或者不是全善的，这与上帝的全能全善的属性互相抵触。基督徒的解释是，世界的苦难是件好事，它的目的是洗涤罪恶。问题在于，我们无法接受各种儿童的苦难是由于他们道德堕落。罗素认为，基督教徒的观点只是使虐待狂合法化的说教。

罗素提出反对宗教的理由。他说："反对宗教的理由有两种——知识方面的和道德方面的。知识方面的反对理由是：没有充分的根据说宗教是真实的；道德方面的反对理由是：人们是在比现在凶残得多的时候创造了宗教戒律的，因而这些戒律往往倾向于维护各种残忍行为，否则，它们早已被时代的道德良心抛弃殆尽了。"① 罗素立足于科学与理性，反驳目的论的论证、始因论的论证、道德论的论证等，反对上帝存在的论调；立足于历史与事实上的道德迫害，比如对女性的贬低、对性的抵制、对真实的掩盖、不同教派之间彼此的杀戮等等，反对宗教保证道德的说教。

信仰指向的是人与世界的整体性关系。人与世界的整体性关系有多种，艺术、哲学、宗教、神话通过不同的方式表达人与世界的整体联系，艺术通过某种主观的情绪体验和直观的方式建立这种联系，哲学通过理性的方式建立这种联系，宗教通过信仰建立这种联系，神话通过想象建立这种联系。一个人之所以通过宗教的方式把握世界整体，这与他的文化传统、教育、个人经历有关。没有这种背景和经历，一个人可能完全不能懂得上帝、真主、佛究竟是什么，也不会对它们心存敬畏，但这并不影响他会成为一个高尚的人，一个心地善良的人，一个具有丰富内心生活的人。周国平先生说："所谓信仰生活，未必要皈依某一种宗教，或信奉某一位神灵。一个人不甘心被世俗生活的浪潮推着走，而总是想为自己的生命确定一个具有恒久价值的目标，他便是一个有信仰生

---

① ［英］罗素：《自由之路》，西苑出版社 2004 年版，第 194 页。

活的人。"① 信仰的关键在于超越，即超越肉体性的束缚，超越感性的束缚，超越世俗利益的束缚，能够追寻普遍性和永恒的生命。宗教是超越的一种方式，但不是唯一的方式，那些有信仰的人，完全可能是一个无神论者。

有信仰的人和无信仰的人的区分在于，是否有真正的内心世界。有信仰的人，不论他是否是某种宗教的信徒，他都有善恶是非的标准和道德底线，有宽容、大爱和慈悲怜悯之心，绝不拿原则做交易，不屈服于任何压力和诱惑；无信仰的人，也许会做出有信仰的样子，甚至是某种宗教的信徒，但在重大的利益和私欲面前常常露出马脚，他们会抛弃原则，突破底线，看重感性经验世界的欲望满足，轻视精神性的东西。罗素区分了本能的生活和智慧生活，本能的生活大致对应于无信仰的人，智慧生活大致对应于有信仰的人。在罗素看来，"本能的生活把世界视为达到本能目的的手段，所以它认为世界不比自己重要。它使知识仅限于有用的东西，使爱局限于敌对的本能冲突中的盟友，使服务局限于那些在本能上有联系的人。……智慧生活所追求的是一个无私的目的，其中没有竞争，更没有仇恨。它所追求的结合是无限的，它想知道一切，爱一切，愿服务一切。它四海为家，任何墙垣也阻止不了它前进。在知识方面，它不分有用和无用；在爱方面，它不分敌友；在服务方面，它不分什么应得和不应得。"②

现实生活当中，大多数人介于有信仰的人和无信仰的人之间，他们不一定有强大的理性和情感，也不费神思考神圣的存在，仅仅是盲从或随大溜而已。他们可能也会义正词严地谴责道德堕落和人的贪婪私欲，但在与他们自己的利害攸关的关键时刻，常会进行功利主义的考量和明智选择。有学者指出："有信仰的人同时也选择了人生观、价值观和世界观，人生行为有了原则的指导，不至于全凭功利的考量，随波逐流、附膻逐腥、无法无天、无所不为。一个缺乏信仰的社会，不是因为缺乏某一种信仰，而是什么信仰也没有，这时候，由于普遍存在的焦虑、不安，特别容易出现对信仰饥不择食和病急乱投医的情况。各种打扮成信

---

① 周国平：《精神家园》，上海辞书出版社 2012 年版，第 23 页。
② ［英］罗素：《宗教能否解除我们的困惑》，北京出版社 2010 年版，第 38 页。

仰的宣传、蛊惑、迷信、崇拜也就特别容易乘虚而入，随时有可能出现'神道设教'的伪信仰。"①

非宗教的信仰得以可能的条件在于，自由、真诚、善良和勇气。依靠宗教的教条或业已消亡的过去禁锢自由的思想，不能真诚地面对自己和这个世界，把狭隘的宗教道德视为绝对不容侵犯的神圣准则，这些都有悖于非宗教的信仰的形成。理性时代的人们并不是没有信仰，只不过要把信仰建立在理性的基础之上，而不是把理性变为信仰的奴仆。当然，理性和信仰不是重合的，所以，理性的边界恰是信仰的开始，但它不应是与理性抵触的，只是理性无能为力罢了。康德的绝对命令和至善的说教，按照当时的传统，依附在上帝的身上。然而，换一种完全不同的文化背景，它就是无宗教的信仰之缘起。自由意志是承担无宗教的信仰之基本前提。自由是现代信仰的灵魂，真正的信仰不依赖于外在的事功证明自身，不依赖于某种仪式或购买赎罪券的表面行为，而在于抵抗强权和压迫的自由意识。真诚是绝不自欺，绝不视而不见，绝不沉沦于日常的琐碎而躲避真正重大的意义问题。它在信仰丧失的年代反对游戏化的态度，反对嘲弄精神生活的追寻者。善良是信仰的基本品质，健康的信仰是有益于个体的人格完善和社会的和谐进步。缺乏善良品性的信仰将不可避免地陷入褊狭和邪恶。历史上的诸多执左道者和现实中的诸多邪教的根本问题在于，他们打着宗教的旗帜和善的名义，实际上却没有基本的社会公德，成为危害社会的组织。勇气是在理论和情感上的探险和在实践上坚持信仰的保证。

非宗教的信仰内容并不是不可移易的，但它绝不以任何利益的交换为杠杆。非宗教的信仰者创造自己的真善美的信仰内容，但并不是偏执地固守教条，而是满怀激情地坚守精神高地，避免它被外在的物欲和利益轻易俘获。但随着历史的推移和时代的变迁，从大历史的角度看，它的内容毕竟也是历史的产物。

三 中国人的意义世界与信仰问题

文化是人民的精神家园。不同的文化造成不同民族的不同精神家

---

① 徐贲：《怀疑的时代需要怎样的信仰》，东方出版社 2013 年版，"序"第 4 页。

园。中国传统文化主要是儒家、道家和佛教，它们构成中国人的文化基因，成为他们信仰的对象和行为准则，构成他们的意义世界。

有一种颇为流行的观点认为，中国人没有真正的信仰。这不仅是西方人的想法，也是国内一些人的想法。比如，中国人不信上帝。这并不是说中国没有基督徒，而是讲就其主流文化和传统而言，儒道传统中没有唯一的、终极的、超越的、绝对的、永恒的、至善至美的神的概念。上帝是一个无限的存在，它和有限的人类之间有着不可跨越的距离，所以，人的理性的有限性根本无法认识上帝，只能靠上帝的启示接近上帝，或者说，唯有上帝可以跨越无限的距离，通过启示的方式让人了解和信仰。这里的关键问题在于，信仰被视为宗教信仰，那种非宗教的信仰被视为无法理喻的事情而屏蔽和否弃了。对于戴着宗教信仰这种有色眼镜的人来说，无神论是不可思议的学说，无神论者似乎就是一些没有信仰和道德的人，一些追求低级趣味和单纯物质利益的人。这种明显有违历史事实的谬误表明，他们的基本判断出现问题。

黑格尔站在西方中心主义的立场，贬低东方哲学与文化。在他看来，哲学以普遍性为内容，它以超出外在条件的限制为前提，而东方人的存在方式是精神与自然意欲的直接合一，他们没有认识到意志的普遍性，没有自由与平等意识，仅有专制阶段的主奴关系，没有思维的自由，因而哲学从希腊开始。黑格尔说："东方人的意识诚然超出自然的内容，提高它自身到一无限的对象。但它的主要的特性就是对于一个大力之畏惧，个人自知其在这大力面前只是一偶然无力的东西。这种个人对于无限大力的依赖可采取两个不同的形式，而且必然从一个极端过渡到另一个极端。……这种东方人的境界，诚然并不是没有品格的高尚、伟大、崇高，但仅表现为自然的特性或主观的任性——而没有伦理和法律的客观规定：为全体所尊重，通行有效于全体，并且为全体所承认。"① 在黑格尔眼里，东方人只有对僵化的自然秩序的遵守，没有良心和内心道德的客观原则。

黑格尔认为，不同于西方的哲学与宗教的二分关系，东方哲学是宗教哲学，宗教和哲学是合一的关系。他说："罗马的宗教、希腊的宗教

---

① ［德］黑格尔：《哲学史讲演录》第一卷，商务印书馆 1959 年版，第 96—97 页。

和基督教，我们并不把它们当作哲学，它们与哲学没有什么相似的地方。……在东方的宗教里，却正好相反，我们非常直接地感觉到哲学的概念，它是与哲学很接近的。其不同的理由是在于：个体性自由的原则进入了希腊人心中，尤其是进入了基督教徒心中。因此希腊的神灵立刻个体化而表现为人格的形态。反之，在东方那种主观性精神的因素并没有得到充分发挥，宗教的观念并没有个体（即人格——译者）化，而是具有着普遍观念的性格，因而这种普遍的观念，就表现为哲学的观念、哲学的思想。"① 在黑格尔看来，孔子不过是一位实际的世间智者，他的学说仅是一种道德哲学，缺少思辨的成分；易经哲学注意到抽象的思想和纯粹的范畴，但只停留在浅薄的思想里面，没有概念化和思辨的推演，按照直观的形式表现；老子的道德经是关于理性和道德的书。总的来看，黑格尔说："中国是停留在抽象里面的；当他们过渡到具体者时，他们所谓具体者在理论方面乃是感性对象的外在联结；那是没有（逻辑的、必然的）秩序的，也没有根本的直观在内的。再进一步的具体者就是道德。"②

　　韦伯指出，儒家没有任何伦理的先验寄托，没有超验世界和现实世界之间的紧张关系，没有原罪观念。他把儒家的信仰归之为一种巫术，一种泛灵论。他对儒教伦理的看法是："这种伦理中根本没有自然与神、伦理的要求与人类的不完备、今世的作为与来世的报应、宗教义务与政治社会现实之间的任何一种紧张关系，因此也没有任何一种不通过单纯受传统与习惯约束的精神势力来影响生活方式的理由。影响生活方式的最强大的力量是以鬼神（祖灵）信仰为基础的家孝。"③ 这是韦伯站在西方学者的立场对儒家的贬低性描述，当然不乏对我们反省自身文化缺陷的启迪。韦伯认为，儒家制约资本主义的产生，新教伦理构成资本主义产生的精神动力。在他看来，新教伦理要求做入世的工作以追求超验的目标，儒家没有这种要求。他说："由此，可见两种'理性主义'的根本区别：儒教理性主义意味着理性的适应世界；清教理性主

①　［德］黑格尔：《哲学史讲演录》第一卷，商务印书馆 1959 年版，第 115—116 页。
②　同上书，第 132 页。
③　［德］马克斯·韦伯：《儒教与道教》，商务印书馆 1995 年版，第 288 页。

义则意味着理性地把握世界。清教徒和儒家都'恬淡'，但是，清教徒的'恬淡'建立在一种强烈的激情的基础之上，正是这种儒家根本没有的激情鼓舞了西方的修士。"① 韦伯的分析随着"亚洲四小龙"的崛起受到质疑，人们开始关注和讨论儒家文化和资本主义的正面关系。

国内有学者认为，中国人没有真正的信仰，即没有对超越性东西的追求。在这位学者看来，中国传统知识分子的信仰和理想具有实用倾向和世俗性，张载所言的"为天地立心，为生民立命，为往圣继绝学，为万事开太平"具有历史的局限性，杀身成仁、舍生取义的壮举，也不是超越性的表现，大多仅是忠君思想的献身，玄而又玄的形而上之道不离百姓日用之间，依然以日常生活和现实的人生为旨归，从而体现为不停的变易。一言以蔽之，中国人没有超越世俗政治经济利益的对永恒的精神性的东西的信仰，所谓内在超越，不过是没有超越性的遁词。借用黑格尔的思想，他把宗教区分为三种不同的类型：最低级层次的自然宗教，即迷信、巫术等等；高一点的实用宗教，即神道设教，要求大家信一个神，但自己不信；最高层次的自由宗教或天启宗教，它摆脱了世俗利害的纠缠与束缚，乃是真正纯粹的精神性的信仰。中国的宗教停留在前两个层次，孔子具有政治实用主义倾向的教化应该算是实用宗教，它从来没有达到最高层次。所谓的天道、天理，尚不是人格神的概念，而是自然神的概念，它就是人道，就是人之常情，因而也没有达到西方的超越性和无限性。究其根源，中国人没有真正信仰的实质在于没有独立的人格，没有个体意识，只有群体意识，强调血缘情感，从而没有这个需要，没有内心独立的精神生活和精神需要。出路在于，从迷信和实用宗教中走出来，但并不是引进基督教或伊斯兰教，而是建立对真善美这些具有普遍性和永恒性的精神信仰。前提在于，自我意识的觉醒和保障思想自由的体制。② 这位学者对中国文化和人格的分析，颇有深度。问题在于，他似乎受了西方中心主义的影响，对绝对、永恒、信仰本身没有进一步的分析而无批判地接受了它们，没有意识到马克思对道德的绝对性的批判，没有辨析真善美的历史性和时代性，没有从经济动因去

---

① ［德］马克斯·韦伯：《儒教与道教》，商务印书馆1995年版，第299—300页。

② 邓晓芒：《中国人为什么没有信仰》（http：//www.douban.com/group/topic/23856904/）。

分析精神问题，因而对精神追求的强调似有片面和绝对化之嫌。

中西文化的差异在于，它们有不同的意义世界和信仰。站在某一特定的立场评价优劣，似有不公之嫌。我们不能站在中国文化的立场讥讽西方文化及其信仰，恰如不能站在西方文化的立场讥讽中国文化及其信仰一样。彼此的平等、互敬、借鉴才是恰当的态度。西方目前的强盛和优势地位不能成为他们鄙视其他文化的理由，更不能成为消灭和取代其他文化的借口。文化的多元化和丰富性是这个世界的常态，也是它保持活力的源泉。中国人的意义世界和信仰具有世俗化的特征，这是它的民族性和特色，而不是不发达的征兆。我们不能从西方的超越性和超验性的角度贬低中国的信仰和意义系统，无视中国的"天人合一"和"民胞物与"等观念对当代西方病症的积极意义。

树立对马克思主义的信仰，重构当代中国人的意义世界，这是当代中国知识分子的使命。这一使命的完成不能依靠政治命令，而要首先依靠学者们打破学科壁垒，面向问题，以开放的心胸实现中西马的会通。也就是说，以马克思主义为指导，吸收西方的优秀文化，实现中国传统优秀文化的现代转化，在包容与融合中建构新的文化样式，使之成为当代中国人的意义载体。关键之点在于，推进马克思主义的时代化中国化大众化，突破西方对信仰的窄化，坚持无神论的立场，走出功利主义的褊狭，在理性与自由的基础上实现多元价值的对话和整合。近代以来的中西文化之争，不论是中体西用，还是全盘西化，抑或用放大镜看传统的阴暗面借以表达的反传统反儒家，不论是激进的革命者抑或极端的保守派，都是爱国主义和民族主义的体现。但事实上，全盘西化是不可能的，原因在于栖息在我们心灵之中的传统是无法消除的；复古主义也是不可能的，原因在于世界政治经济的变迁已经没有了传统赖以生存的土壤。

第三节　信仰的虚无化与虚无的信仰

从传统到现代的转向不仅仅是经济政治层面的变革，而且是思想文化层面的变革。这种变革造成传统信仰的虚无化和整个意义世界的崩塌，它对于人们的精神生活固然具有解放的意义，但问题在于，被解放的人们并不必然地走向更加健全的精神生活，而是陷入对虚无的信仰，也就是说，没有信仰本身成为人们的普遍信仰。

一 信仰的虚无化

信仰的虚无化有两个含义：其一，人们曾经有信仰，有支撑其思想和行为的价值体系，不论这种信仰是宗教性的还是非宗教性的，是先进的还是落后的；其二，不论人们原来的信仰体系的普遍性和接受度究竟如何，它现在已经不存在或走向消亡。而且，如果说原始部落和民族的巫术或图腾文化是被一种新的异域文化信仰取代的话，今天信仰的虚无化则意味着信仰本身的消亡，也就是说，不是某一种信仰的丧失，而是信仰本身没有了。这一由尼采从哲学上率先阐发的精神状况，乃是一个历史现象，而不是单纯的学术问题。它在西方肇始于实现由外而内转向的宗教改革，经过启蒙运动的主体性和理性之勃兴，进而出现了世界观之改变；在中国肇始于鸦片战争以来之现代化运动。

马丁·路德发起的宗教改革运动是基督教史上具有里程碑意义的事件，它破除了外在的信仰形式，而把信仰的标准建立在人们的内心，人的主观性和精神性得到空前的强调，人们直接面对自己的上帝。路德说："只有信可使人称义，这一个里面的人就显然不能因什么外表的行为或其他方法得称为义，得自由，得救。行为，不论其性质如何，与里面的人没有关系。反之，只有心里的不敬虔与不信才叫人有罪，叫人成为可咒可诅的罪的奴仆；并不关系外表的行为。"① 之前，人们通过教会、僧侣这些中介环节才能和上帝沟通，人的精神被禁锢在种种外在的形式化要求之中。面对教会的普遍腐败和社会不公，绝大多数人默默忍受，他们惧怕担负背叛上帝的罪名而无法得到救赎。现在，"人从'彼岸'被召回到精神面前；大地和它的物体，人的美德和伦常，他自己的心灵和自己的良知，开始成为对他有价值的东西。"② 自由取代盲目的服从，成为神圣的事物。人的得救与否依靠的是良心，而不是是否购

---

① 马丁·路德著作翻译小组：《马丁·路德文选》，中国社会科学出版社 2003 年版，第 5 页。

② ［德］黑格尔：《哲学史讲演录》第三卷，商务印书馆 1959 年版，第 376 页。

买赎罪券。因信称义的关键之点在于，人的主观性、自由是礼拜的核心要素，没有精神性在场的礼拜是没有意义的。黑格尔说："这就是路德的宗教信仰，按照这个信仰，人与上帝发生了关系，在这种关系中，人必须作为这个人出现、生存着：即是说，他的虔诚和他的得救的希望以及一切诸如此类的东西都要求他的心、他的灵魂在场。……这就是那个伟大的原则，即：在和上帝发生绝对关系的地方，一切外在性都消失了；一切奴役服从也随同这种外在性、这种自我异化消失干净了。"① 人直接面对上帝的动机不在于放弃信仰，而在于抛弃有限性、外在性、无精神性的形式主义。黑格尔深刻地总结说："成为宗教改革的原则的，是精神深入自身这个环节、自由这个环节、回归于自己这个环节；自由正意味着：在某一特定的内容中自己对自己发生关系，——精神的生命，就在于在显得是他物的东西里面回归于自身中。那种在精神中作为他物而继续存在的东西，或者是未被消化，或者是死物；如果精神让这种东西作为外物存在于自身里面，那末精神就是不自由的。"②

宗教改革引发的后果在于，教会的力量衰落，它的整合社会功能大不如前，个人权利大大扩张，政教分离，民族国家权力增加。它预示着现代的世俗化进程的开始，精神生活不仅成为纯粹内在的生活，甚至边缘化或退出人们的生活，或为功利主义和物欲主义所侵蚀。这一切恐怕有违于路德的初衷。

从文艺复兴开始，人们从对超验世界的沉思和向往转向对感性生活的肯定，从以神为中心转向以人为中心。启蒙运动进一步使得理性、科学、民主取代信仰和专制，人们的自我主体意识空前地强化了。康德说："启蒙运动就是人类脱离自己所加之于自己的不成熟状态。不成熟状态就是不经别人的引导，就对运用自己的理智无能为力。"③ 这里有三层意思：其一，人类原来是不成熟的状态，即依赖于他人的引导，而不是自觉地运用自己的理智；其二，人类原来的不成熟状态是自己加之于自己的，也就是说，人们是有理智的，只是自己没有自由和自信，从

① ［德］黑格尔：《哲学史讲演录》第三卷，商务印书馆 1959 年版，第 378—379 页。
② 同上书，第 384 页。
③ ［德］康德：《历史理性批判文集》，何兆武译，商务印书馆 1990 年版，第 22 页。

而没有运用它；其三，启蒙就是人们运用自己的理智进行思考和判断，脱离蒙昧的状态。有学者说："很概括地说，但并非不准确，对'启蒙'的各种描述归结起来就是试图使人类摆脱对宗教和传统哲学的迷信，或者说摆脱形而上学，同时也摆脱君主或贵族的政治和社会制度，宗教和传统哲学为君主或贵族的政治和社会制度提供了基础。就此而言，'启蒙'是现代科学家和哲学家在 16 和 17 世纪反叛古代思想的一种激进化。"① 启蒙是开启欧洲现代性的重大思想事件，它的遗产和意义迄今得到人们的热烈回应。它的后果在于，造成了一个平庸的世界，一个逐利的资产阶级，一个祛魅的自然，一个贪图安逸和精神舒适的群体。尼采批评这是一个虚无主义的时代，发出人们杀死上帝的断言，这不是精神错乱的呓语，而是面对衰落的欧洲精神的深刻洞见。

　　媚俗是信仰之虚无化的表现。米兰·昆德拉反对媚俗，反对虚幻的意义。他面对仅此一次而且不能重复的有限生命，面对必然的死亡，深入思考生命的价值。他说："永恒轮回之说从反面肯定了生命一旦永远消逝，便不再回复，似影子一般，了无分量，未灭先亡，即使它是残酷，美丽，或是绚烂的，这份残酷、美丽和绚烂也都没有任何意义。"② 也就是说，面对没有永恒的世界，也就无所谓意义和价值，不论是卑鄙抑或高尚，平凡抑或伟大，贫乏抑或丰富，都将淹没于无尽的黑暗之中。如果永恒轮回是不能承受之重，那么没有信仰和轮回的世界就是不能承受之轻。昆德拉说："最沉重的负担压迫着我们，让我们屈服于它，把我们压到地上。但在历代的爱情诗中，女人总渴望承受一个男性身体的重量。于是，最沉重的负担同时也成了最强盛的生命力的影像。负担越重，我们的生命越贴近大地，它就越真切实在。相反，当负担完全缺失，人就会变得比空气还轻，就会飘起来，就会远离大地和地上的生命，人也就只是一个半真的存在，其运动也会变得自由而没有意义。那么，到底选择什么？是重还是轻？"③ 昆德拉的问题是一个没有答案的永恒难题，面对这一难题的人们有不同的态度，维特根斯坦干脆采取

---

① ［美］斯坦利·罗森：《启蒙的面具》，辽宁人民出版社 2003 年版，第 1 页。
② ［捷克］米兰·昆德拉：《不能承受的生命之轻》，上海译文出版社 2010 年版，第 3 页。
③ 同上书，第 5 页。

放弃问题本身的方式解决问题，在他看来，无法证实或者证伪的命题是伪命题，它的根源是修辞学的毛病，投身于这样的问题研究是一种思想方面的疾病。

中国传统文化的失落是中国式信仰的虚无化。不论人们对传统文化有怎样的不同看法，现代以来的问题不是哪一种价值观的取舍，而是传统文化本身的生存出现问题。也就是说，不论好坏，传统文化本身作为一种与农业文明适应的精神样式，伴随着中国的工业化和市场化的进程，它的整体性的衰竭似已不可避免。如果说，传统文化毕竟是中国人的精神家园，因而无论如何可以看作中国人的信仰的话，这种信仰的危机在于，它已经面临要么灭亡要么实现现代转化的紧要关头。面对"二千年未有之大变局"，面对历史的不可逆转的趋势和潮流，士大夫和旧知识分子们组成的悲观主义者对传统文化唱出挽歌，排出长长的送葬队伍，绝望而无助地面对仿佛突然之间变得喧哗的历史景象；接受过西方教育的乐观主义者了解西方文化的痼疾，怀着对传统文化的偏爱，主张东方是西方的出路和救星，戴着保守主义的帽子坚持，力求传承中国文化的礼乐诗书，这以辜鸿铭为代表；另有革命者和西化派，主张放弃传统文化的鄙陋和裹脚布，热情地拥抱西方的先进文化，如以胡适为代表的西化派引进自由主义，以陈独秀和李大钊为代表的共产主义者引进马克思主义；还有改良派，他们既看到传统的不足和缺陷，又不愿彻底放弃传统文化，认为中国人也根本不可能完全放弃自身的文化传统，虽看到西方的进步，也以开放的心胸吸纳和借鉴，但反对食古不化和食洋不化，要求根据历史实践的变化实现传统文化的更新。这种更新不是小打小闹的修补，也不是换血，而是更换造血功能，乃是文化基因的转化。

二 信仰虚无化之双重后果

信仰虚无化是传统信仰的失落和信仰体系的崩溃。就西方而言，它造成独立幻想之破除。在柏拉图以来的传统和历史中，人们相信一个超验的永恒世界，相信非经验的超时空的理念世界才是真实的真理王国，把感性现象世界视为不真实的、暂时的、虚假的世界。人们信仰的上帝是超验的存在，他是感性世界的支撑和根据，人们力求摒弃感性世界，追求永恒真理王国的存在。从传统向现代的转向就是这一信仰的崩塌，人们不再相信超验世界的存在，更不把它视为自身感性存在的依据。尼采的意义就在于，他第一个明确地宣布了这一世界的虚假性，认为这是一个形而上学的虚构。所谓形而上学的终结，根本之点在于宣布这一超验独立王国的信仰之终结，即哲学之一种独特历史形态的终结，而不是哲学本身的终结。马克思的伟大之处在于，他揭示精神世界的依据在于现实生活世界，从而坚决反对把精神王国看作独立王国的唯心主义，认为独立精神王国的幻象是历代的统治阶级维护自身阶级利益或者集团利益的意识形态编造，另外，当然也离不开人们追求普遍性的本性。马克思的这一说法，绝不可理解为物质主义或者经济决定论，他仅是在归根到底的意义上强调物质利益对精神生活的决定作用，并没有否定精神生活的相对独立性，没有否定人的积极的能动性。也就是说，信仰对人的现实生活具有重要意义和作用。20 世纪以来，固然依然有虔诚的基督徒信仰上帝的存在和神迹，但总体上的西方社会已经是一个宗教冲动衰竭的世俗化社会，一个经济冲动力主宰一切的社会，一个渎神的社会，一个没有终极意义的社会，一个脱节的社会，信仰的虚无化是一个普遍的事实，而不仅是理论层面的探讨。

　　信仰虚无化的双重后果在于，它导致精神解放和精神失重。精神失重现象是传统的陨落和价值支撑的坍塌。人们惊慌失措地发现，他们赖以思想和行为的道德基础原来是虚假的存在，根本是靠不住的谎言，而且这是一个你愿意抑或不愿意都要面对的事实。人们认识到，那些被认为永恒的道德原则，不过是统治者编造的维护自身利益的意识形态而已的时候，就毫不犹豫地把它们抛弃了。"天不变，道亦不变"的说教，这是人为地牵强附会，不过是一种特定时代的把握世界的方式而已，不过是人们为自身的行为方式寻找的借口而已。尼采说："道德乃是骗术。"① 道德这一传统社会最为看重的维度，它如今的存在合法性成为问题。悲观主义者在此陷入绝望，他们无法看到所有道德价值陨落之后的人们如何摆脱动物式生存的希望，平庸者在丧失善恶标准的时代成为走失的羔羊，他们不知道到哪里去，变成流浪者和

① ［德］尼采：《权力意志》，商务印书馆 1991 年版，第 246 页。

迷惘的一代。伟大者寻找自身的道路，这是一场艰难的跋涉，他们并不知道自身的道路和方向是否正确，仅仅是在探索前行。无论如何，传统道德和价值是潘多拉盒子的锁，当这把锁被打开之后，原来藏在潘多拉盒子里的各种人的欲望和令人不快的东西全部飞了出来，它们四散传播，人们内心深处的隐藏的想法再也不用被压抑了，它们在现代有了赖以滋生的土壤和繁衍的可能。换句话说，本能和生命的活力得到伸张，道德和理性被看作暴力的凶手而挤到后面去了。尼采认为，逆来顺受、贞洁、忘我和绝对服从是奴隶道德，它们排斥统治的天性，它们是软弱的表现，所谓的美德是节制，它导致节欲主义和自我强制，这是"反幸福论的道德"①。

　　精神解放是压制人们的外在强制力量的消除。传统的信仰给了人们生活的寄托和灵魂的安慰，但也给了他们沉重的心理负担。当这种压制他们的精神力量消失之后，那种束缚他们思想的力量被取消了，人们的思想获得了空前的解放。这种解放表现在，他们不再遵循传统的道德规范的约束，不再遵循传统的行为方式和礼俗要求，而是按照新的道德标准和以新的行为方式表达他们的思想和情感，从完全不同的角度思考世界的整体性和人生的意义，比如在对婚姻爱情的理解方面，不再羞于提起他们的快乐和隐藏的自然欲望，不再压抑他们的情感，而是公然倡导表达和倾诉，鼓励现世的幸福。这种对现世和感性生活的肯定并不表明他们仅有肉欲和庸俗的追求，而是表明他们弃旧图新，拥有完全不同的把握世界的视角和全新的价值观，表明传统的把握世界的方式具有历史的局限性，我们需要重新出发，重新建造把握世界整体性的范式。这种新范式的建造，离不开现代科技的进步造成的自然观变革，离不开我们对世界的理解和挥之不去的历史传统。解放和自由是这个时代的伟大字眼，人们不再需要外在的指引和带领，而是依靠自己的判断决定是非和自身的行为。他们不再是需要呵护的无法自我管理的儿童，而是成长为自由的具有自我决断能力的独立个体，因而力求摆脱外在的道德控制和管理。超人不顾世俗的善恶道德标准，依靠自身的强力意志实现自我的价值，重建价值标准和体系，它是生命的张扬和肯定，这是尼采对虚无

———————

① ［德］尼采：《权力意志》，商务印书馆1991年版，第119页。

主义的积极评价。

价值虚无化的后果在于，人们没有了统一的道德标准，因而不可避免地出现价值多元化的局面。一元的、独断的、专制的、控制色彩的价值取向往往不够宽容，它排斥异己的价值观和世界观，彼此不同的价值观之间爆发了太多的争执，这些争执常常激化之后就以战争的方式解决。当然，运用概念和范畴来简化丰富的现象，寻找规律和客观性，这是人类思维能力进步的表现。但抽象概念的专制反过来又束缚人们的想象力，规制人们的生活方式，面对变化的实践和生活，它的过时和废除就是迟早的事情。多元的价值之间彼此存在张力，他们在宽容中彼此吸收和接纳，改革和创新，从而具有了更加现代的形象。在思想和行为原则方面，一些人遵从良心，一些人遵从本能和欲望，一些人遵从外来的教条，一些人遵从时髦的潮流，他们较少去反省自身思想和行为的基础，而如果这种欲望的满足和外来的原则等不能兼顾他人的利益和感受，就会不可避免地导致道德和行为失范现象。

海德格尔言说中的无家可归者是信仰虚无化的现代人之形象。海德格尔不是把技术简单地看作工具和中介。在他看来，技术把人从地球上连根拔起，地球不再是我们的家园，而是我们作为地球的主人和主宰而随意取用的材料，人和自然的关系变成纯粹的技术关系，也就是说，变成支配和被支配的关系，而不是一体化的依存关系。人不再是自然的看护者，而是自然的主人这一看法，这是造成无家可归的思想根源。人与自然的田园诗般的关系，现在变成冷冰冰的利益关系和利用关系。海德格尔说："这个世界之成为今天这个样子以及它如何成为今天这个样子，不能是通过人做到的，但也不能是没有人就做到的。"[①] 海氏试图揭示技术的本质和座架的关系，把当代人的命运归之为存在的必然和绽放，避免人们对当今状况简单化的道德批判。

总之，信仰的虚无化之后果不是单纯消极的意义，也有精神解放的积极意义。尼采早就看到了这一点，而且自觉地宣扬酒神精神。我们的任务不是道德批判或者实证主义的认定这一历史事实，而是面对历史的重要转折，在纷繁的世界洞察历史的本质趋向，在精神层面重

---

① 孙周兴选编：《海德格尔选集》（下），上海三联书店 1996 年版，第 1306—1307 页。

构信仰和意义世界。重构的可能性和合法性不是自然而言地敞开的世界，而是需要我们艰苦的探索和努力。迷失于现象世界和感性世界的人们的最大问题在于，他们放弃了寻找意义的努力，放弃超越性的追求，嘲笑理想和崇高，把宏大叙事视为陈旧的思维框架而抛弃了。他们沉湎于小叙事，注视着琐碎的微观世界，关心小历史和身边的小事。这样的风向转变成为这个时代的潮流，尤其在微信流行的娱乐化时代，谈论历史规律和命运似乎是不合时宜的事情，或者这些的问题本身也已经被娱乐化了。这就不仅仅是信仰的虚无，而已经是对虚无的信仰了。

三　虚无的信仰：信仰虚无化的深渊

　　虚无的信仰是对虚无的接受和认可。也就是说，它已经不是客观的不带价值判断的中立性陈述，而是主观的改造和认同。这种认同是把虚无本身视为一种唯一的世界状态，这种状态意味着虚无信仰者接受世界的无意义。从存在论的角度看，它不是否定感性世界的存在，而是再也不相信彼岸的理念世界及其对感性世界的奠基作用，也不相信感性世界是一个能够自我给予意义的世界。感性世界的终将毁灭给予他们深深的荒谬感，从而虚无似乎成为本真状况。如果说，信仰虚无化是破坏和解放，孕育着希望和未来，虚无的信仰则是它的消极面的极端化，它是价值本身的跌落。

　　施特劳斯承认，现代方案在物质技术层面取得很大成功，创造了一个史无前例的社会。人们不再希望在天堂生活，而是希望凭借纯粹人类的手段在尘世建立天堂，这是世俗化的圣经信仰，是圣经信仰的此岸化。问题在于，现代方案的弊端被我们忽视，我们过于盲目乐观地相信它的完美，相信理性的权力，以至于现在品尝它的苦果。这个苦果是两次世界大战。它意味着现代性的危机，亦即西方的没落和危机。这一危机的实质在于，目标的丧失。在施特劳斯看来，西方曾经预设的完全正义的美好社会是民族平等、科技进步、普遍富裕、和平民主的社会。他说："从《共产党宣言》来看，似乎可以说，共产主义的胜利将是西方的彻底胜利，是英国工业、法国革命、德国哲学三者综合的胜利，这种综合超越了诸民族界限，或者还包括东方。"① 但是，施特劳斯看到人们现在对未来的普遍目标感到绝望，乃至于出现了许多堕落的行为。

虚无的信仰之要害在于，它预设意义的虚无而放弃意义的寻找。维特根斯坦曾经也放弃对意义的解答，但他的动机在于否定这一无法给出答案的问题。在维特根斯坦看来，哲学的任务就是从逻辑上澄清命题，把可以说的东西说清楚，对于不能说的东西，必须保持沉默，诸多伪命题的根源在于语言的误用。人生的意义这类问题就是必须保持沉默的问题，原因在于它是不可说的东西。他说："我们觉得，即使一切可能的科学问题都已经得到解答，也还完全没有触及到人生问题。当然那时不再有问题留下来，而这也就正是答案。人生问题的解答在于这个问题的消除。"② 针对那些苦思冥想而不得要领的研究者，他的做法不是指出问题的答案，而是询问他们的研究方式和表述是否恰当，进而为他们指出走出问题困境的出路所在。

海德格尔面对信仰的虚无之状况，力求克服人们对虚无的信仰。他吟诵荷尔德林的诗篇，赞颂他对上帝和未来的期待。在海氏看来，技术统治的现代世界之出路最终在于自我超越。他一度从俄国和中国的前现代文化中寻找资源，但后来否定了这一浪漫主义的想法。他说："我深信，现代技术世界是在世界上什么地方出现的，一种转变也只能从这个地方准备出来。我深信，这个转变不能通过接受禅宗佛教或其他东方世界观来发生。思想的转变需要求助于欧洲传统及其革新。思想只有通过具有同一渊源和使命的思想来改变。"③

丹尼尔·贝尔面对信仰的虚无，没有走向对虚无的信仰，而是采取另一种克服虚无的方式。他说："现代主义的真正问题是信仰问题。用不时兴的语言来说，它就是一种精神危机，因为这种新生的稳定意识本身充满了空幻，而旧的信念又不复存在了。如此局势将我们带回到虚无。由于既无过去又无将来，我们正面临着一片空白。虚无主义曾经是思想性很强的哲学，就像巴扎洛夫那一类人的思想，它的任务是要摧毁

---

① 刘小枫编：《苏格拉底问题与现代性——施特劳斯讲演与论文集：卷二》，华夏出版社2008年版，第4页。

② ［奥］维特根斯坦：《逻辑哲学论》，商务印书馆1996年版，第104页。

③ 孙周兴选编：《海德格尔选集》（下），上海三联书店1996年版，第1313页。

某些东西，并且用另一些东西来取而代之。可今天有什么旧的东西仍需要加以摧毁，而且谁又能寄希望于未来呢?"[1] 在贝尔看来，宗教信仰衰落之后的现代世界用世俗的理想乌托邦取代宗教，依赖技术、革命、进步、理性与科学加以实现，但现代主义的创造力几乎已经消耗殆尽了，它的出路依然在于某种新的宗教，否则无法建立赖以把握现实的意义系统。贝尔的洞见也表现在他对尼采的虚无主义之认同，但他给出的解决方案似有偏颇之处。

无政府主义是虚无之信仰的政治表现。无意义的行为是虚无之信仰的本质。它倾向否定宏大叙事，反对专制和压迫，不遵守社会规范和传统的习俗，甚至漠视生命本身，包括自身的生命和情感。在对政治的冷淡中，它有摧毁一切的倾向。在专制时期的无政府主义具有浪漫主义和道德主义的色彩，它会有恐怖主义的疯狂行动，具有打倒一切的冲动力。

虚无的信仰是人们走向感性化和娱乐化的深层根源。既然一切超验的领域已经被证明是虚妄和幻象，既然一切现世的存在才是真实存在的真理，我们没有理由放弃享乐和安逸，没有理由压抑和否定自我。或者说，一切都是偶然，不存在无法摆脱的责任和义务，我的行为仅仅受到担心受惩的约束。人与人之间的权利让渡是互利的行为，它是自我理性选择的利益最大化，不是上帝的指派或神圣的使命。人们耻于谈论理想与精神，他们试图把一切崇高的东西拉下宝座，使之俗化。国内一度用文学化的方式批判教条主义和虚伪，撕下一切伪装的假面具，暴露真实的庸俗和丑陋。问题在于，真实依然是历史的真实，而不是永恒的真实。现代的真实就是娱乐和时尚。时尚是个轻浮的字眼，它为变化而变化，没有深度，不是严肃的哲学家们看重的对象。史文德森说："实际上，所有的时尚理论家都强调'新'是时尚的基本特征，川流不息的'新'事物持续不断地取代那些曾经'新'而如今'旧'的事物。"[2]也就是说，时尚总是追求创新，它的本质是暂时性和多样性。时尚是现

---

① ［美］丹尼尔·贝尔:《资本主义文化矛盾》，生活·读书·新知三联书店1989年版，第74页。

② ［挪威］拉斯·史文德森:《时尚的哲学》，北京大学出版社2010年版，第20页。

代人们的趣味，似乎也是意义的寄托，但这是一个假象。史文德森说：
"它伪装成具有某些意义，但是实际上仅具有很少的意义。"①

　　总之，虚无的信仰是信仰虚无化的深渊，它是对虚无的认同和接
受。失去精神之乡的人们变成异乡人，但时间久了，反把他乡认故乡，
人们习惯于流浪者、漂泊者、异乡人的身份，习惯于孤独和失重的生活
方式。面对绝对的虚无，人们不再渴望不朽。哲学在这样的时代的意义
在于，摆脱虚无的困扰，寻找生存的恰当方式。罗素说："教导人们在
不能确定怎样生活下去而又不致为犹疑所困扰，也许这就是哲学在我们
的时代仍然能为学哲学的人所做出的主要事情了。"② 目前的虚无之信
仰颇为广泛，比如追求享受的消费主义，失去理想信念而堕落为资本附
庸的行政官员等。

---

① ［挪威］拉斯·史文德森：《时尚的哲学》，北京大学出版社 2010 年版，第 165 页。
② ［英］罗素：《西方哲学史》上卷，商务印书馆 1963 年版，第 13 页。

第三章　资本逻辑与物的问题

在思想史上，与现代社会相伴而行的资本逻辑研究已经有数百年的历史。亚当·斯密的《国富论》奠定资本逻辑在经济领域的支配地位；马克思肯定资本逻辑在创造物质财富和促进社会交往方面的巨大作用，同时批评它造成的物化、贫困、过度的疲劳、道德的败坏；凯恩斯的《就业、利息和货币通论》是对自由主义的纠偏，他力求通过强调政府的宏观调控解决市场失灵问题；法兰克福学派霍克海默和阿多诺等主要成员侧重揭露资本逻辑的泛化造成的精神阉割和文化的媚俗、平庸化、工业化；鲍德里亚认为，资本逻辑在当今时代已经从生产逻辑转向消费逻辑，从实物消费转向符号消费；哈维研究资本逻辑与空间生产的关系，把历史唯物主义深化为历史地理唯物主义；生态学马克思主义力求破解资本逻辑与生态危机关系的难题。处理好当今中国的市场/政府、经济发展/社会发展、效率/公平的诸般关系之前提在于重新理解资本逻辑，克服实证主义和浪漫主义的偏颇，更好地发挥它的积极作用并遏制其泛化趋势。资本逻辑是物的问题之根源。

第一节　何谓"资本逻辑"

在马克思看来，资本逻辑是物化的社会关系之抽象主体按照理性、自利和最大化原则进行自我生产的过程。它现已渗透到社会生活的一切领域而成为"普照的光"，乃是这个时代的隐秘本质。资本逻辑是一个我们深陷其中而又难以明了的事物。马克思的伟大之处在于，他第一个科学地揭示了资本主义的秘密，把资本逻辑的运作清晰地呈现出来。

一　资本逻辑的内涵

在马克思看来，资本不是物，而是一种关系。资本是对他人劳动产品的私有权。1844 年的马克思说："资本是对劳动及其产品的支配权力。资本家拥有这种权力并不是由于他的个人的或人的特性，而只是由于他是资本的所有者。他的权力就是他的资本的那种不可抗拒的购买的权力。"① 1848 年的马克思认为，"资本不是一种个人力量，而是一种社会力量。"② 资本是集体的共同活动的产物，它是一种垄断的社会力量，资本家在生产中的地位是一种社会地位，是一种奴役他人劳动的权力。在《雇佣劳动和资本》中，马克思明确地指出："资本也是一种社会生产关系。这是资产阶级的生产关系，是资产阶级社会的生产关系。"③ 在这里，马克思已经看到了资本主义生产关系的特殊性，认识到它区别于历史上其他历史阶段的社会关系，比如，它不同于前资本主义的社会关系。前资本主义的社会关系曾经把黑人变为制度上的奴隶，制造了等级差别，而资本主义的社会关系把人变为劳动的机器，把纺棉花的机器变为实现价值增殖的资本。资本的本质就是实现价值增殖，它造成人的目的和手段的颠倒，人和物的关系的颠倒。马克思说："资本的实质并不在于积累起来的劳动是替活劳动充当进行新生产的手段。它的实质在于活劳动是替积累起来的劳动充当保存并增加其交换价值的手段。"④ 1857—1858 年的马克思进一步说，资本是"通过占有他人劳动而使自己的价值增殖"。⑤ 工人的劳动的能力成为他人有权支配的对象。在《资本论》的鸿篇巨著中，马克思明确地说："资本不是物，而是一定的、社会的、属于一定历史社会形态的生产关系，它体现在一个物上，并赋予这个物以特有的社会性质。资本不是物质的和生产出来的生产资料的总和。资本是已经转化为资本的生产资料，这种生产资料本身

---

① 《马克思恩格斯全集》第 3 卷，人民出版社 2002 年版，第 238—239 页。
② 《马克思恩格斯选集》第 1 卷，人民出版社 1995 年版，第 287 页。
③ 同上书，第 345 页。
④ 同上书，第 346 页。
⑤ 《马克思恩格斯全集》第 30 卷，人民出版社 1995 年版，第 266 页。

不是资本，就像金和银本身不是货币一样。它是社会某一部分人所垄断的生产资料，是同活劳动力相对立而独立化的这种劳动力的产品和活动条件，通过这种对立在资本上被人格化了。"① 马克思系统论述了资本的运作过程，即资本主义的生产过程、资本主义的流通过程、资本主义生产的总过程。在总过程之中，剩余价值转化为利润，利润进而转化为平均利润。马克思认为，三位一体的公式（即资本—利润，土地—地租，劳动—工资）包含了社会生产过程的一切秘密。

资本逻辑就是资本运作的内在过程，它不仅是商品的生产过程，也是剩余价值的生产过程。由于资本的本质是一种关系，它注重的不是实体，而是抽象的价值，因而它在形式的表现中就忽而是商品、忽而是货币。在商品和货币的转换中，它实现自己增殖的目标。而且就商品的形式来说，它也在根据产业的状况进行不断地变换，从服饰到电器，从鞋子到房地产，这些商品形式没有高低贵贱之分，只要它能带来更大的利润，就是资本流入和青睐的对象。资本逻辑不是要实现简单再生产，而是要实现扩大再生产，它是资本家利用无偿占有他人劳动的权力实现资本积累的过程。资本家作为人格化的资本，驱迫人们为生产而生产，创造生产的物质条件，乃是资本逻辑这一社会机制的主动轮。资本逻辑在资本主义生产过程中不仅生产商品，也生产和再生产资本主义生产关系本身，也就是生产资本家和工人。

资本逻辑的基本特征在于，它要实现利润的最大化。每个交换主体都承认彼此的所有者地位，他们不是采取暴力的方式，而是按照自由和平等的原则进行交换。他们的最高法则是自身利益最大化，共同利益就是各自私人利益交换的顺利进行。绝对剩余价值的生产依靠延长工作日，增加剩余劳动时间；相对剩余价值的生产依靠缩短必要劳动时间。为了获得最大化的利益，分工协作、技术创新、垄断、竞争成为资本逻辑运行中的普遍现象。分工协作的优势在于，它不是单个劳动者的力量的机械总和，它创造了一种新的生产力，这是一种集体力。蒸汽机等机器的应用是相对剩余价值生产的重大变革，它是大工业的物质基础。机器生产造成劳动力的贬值和排挤，劳动强度的加大，劳动生产率的提高

① 《马克思恩格斯选集》第 2 卷，人民出版社 1995 年版，第 577 页。

等等。工人起初不了解机器背后的社会操控，总是以反对劳动资料本身的方式反对资本逻辑的强制。马克思在批判资本的食利本性时引用英国工会活动家和政论家托·约·邓宁的话："一旦有适当的利润，资本就胆大起来，有 10% 的利润，它就保证到处被使用；有 20% 的利润，它就活跃起来；有 50% 的利润，它就铤而走险；为了 100% 的利润，它就敢践踏一切人间法律；有 300% 的利润，它就敢犯任何罪行，甚至冒绞首的危险。如果动乱和纷争能带来利润，它就会鼓励动乱和纷争。走私和贩卖奴隶就是证明。"①

　　资本逻辑的最大秘密在于，劳动力成为商品。资本逻辑运行的目的在于榨取剩余价值，但这种剩余价值的产生让许多经济学家感到困惑。马克思发现，劳动者在市场上出卖的是自己的劳动力。劳动力或劳动能力是一个人在生产某种使用价值的时候运用的体力和智力的总和。劳动力的价值是一定量的生活资料的价值，它随着这些生活资料的价值的改变而改变。劳动力的使用就是劳动。资本家付给工人工资，购买的是工人的劳动力，他对工人的劳动力的消费就是让工人给他劳动，也就是商品和剩余价值的生产过程。劳动力这种商品的特殊性在于，它的价值和它所提供的劳动力的使用创造的价值不是同一个量。马克思说："包含在劳动力中的过去劳动和劳动力所能提供的活劳动，劳动力一天的维持费和劳动力一天的耗费，是两个完全不同的量。前者决定它的交换价值，后者构成它的使用价值。……因此，劳动力的价值和劳动力在劳动过程中的价值增殖，是两个不同的量。资本家购买劳动力时，正是看中了这个价值差额。"② 劳动力这一商品的独特的使用价值是价值的源泉，它对剩余价值的生产具有决定性的意义。活的劳动力的使用使得死劳动转化为"有灵性的怪物"，即自行增殖的价值。

　　资本逻辑顺利运行的前提在于，消灭前资本主义的生产方式，造成劳动和资本的对立。恩格斯曾在评价《资本论》时说："资本和劳动的关系，是我们全部现代社会体系所围绕旋转的轴心。"③ 前资本主义的

---

① 《马克思恩格斯文集》第 5 卷，人民出版社 2009 年版，第 871 页。
② 同上书，第 225 页。
③ 《马克思恩格斯选集》第 2 卷，人民出版社 1995 年版，第 589 页。

生产方式的特点在于，生产者是自己生产资料的占有者，他依靠劳动使自己变富，而不是使资本家变富。这种以自己的劳动为基础的生产方式和占有方式，使得工人对资本家的从属关系难以形成，因而严重阻碍了资本主义生产方式的推行，成为资本家罗织各种意识形态的借口清除的对象。马克思说："资本主义的生产方式和积累方式，从而资本主义的私有制，是以那种以自己的劳动为基础的私有制的消灭为前提的，也就是说，是以劳动者的被剥夺为前提的。"① 换句话说，它必须实现劳动者和劳动资料的分离，剥夺劳动者的生产资料和生活资料，迫使他们只能靠出卖劳动力谋生。英国的圈地运动就是在做这样的事情，大量的工人流落街头。但是，没有生产资料和生活资料的无产者并不自动地变成工人阶级。事实上，历史上曾经就出现过这样的现象，这些无产者宁愿当土匪和强盗，或者靠偷窃生活，也不愿去依靠劳动生存。基于此，英国政府制定严酷的法律，惩戒那些流浪而不愿工作的无产者，用皮鞭把他们驱赶到工厂里去，从而完成了野蛮的原始积累。

生产逻辑和资本逻辑的区别在于，生产逻辑是人类存在的必要活动的逻辑，人们在一定的历史条件之下从事实践活动，获得自身生存的生活资料。资本逻辑看上去是一种生产逻辑，也在生产人们的必要生活资料和生产资料，但实质上仅仅是特定历史阶段的产物，它不同于生产逻辑的地方在于，它在劳动产品的占有和分配上采取完全不同于历史上其他阶段的方式。生产逻辑是主体的对象化活动，而资本逻辑是社会关系结构的运作。国内有学者指出："对于资本逻辑，我们不仅要从经济层面来理解，把它看作一种经济学意义上的资本运行过程，而且要从哲学上将之理解为现代社会结构化的一种方式，以及人类自我认同的社会存在模式。……如果看不到资本逻辑的社会结构化意义，只是停留于经济层面的理解，就容易陷入经济决定论的框架。"② 混淆生产逻辑和资本逻辑的根本原因在于，人们往往仅从人类学的或物质生产的意义上理解资本逻辑，把资本看作人类生产的必要条件，仅仅关注资本的内容，抽

---

① 《马克思恩格斯文集》第 5 卷，人民出版社 2009 年版，第 887 页。

② 仰海峰：《从主体、结构到资本逻辑的结构化——反思关于马克思思想之研究模式的主导逻辑》，《哲学研究》2011 年第 10 期。

掉了资本的历史形式和特殊规定，从而把一切劳动过程中的手段都视为资本。这里的关键之点在于，资本被理解为物，而不是一种关系。

二　生产过剩与经济危机

资本逻辑的运作造成周期性的经济危机，表现为生产过剩，生产过程中断，工人失业，商品积压，这是历史证明的规律。原因在于，资本逻辑的目的是利润的最大化，而不是幸福的最大化，它的本性有肆意破坏环境和过度消耗资源的冲动，并且按照效益的原则压缩可变资本的支出，从而造成失业和人口过剩，当过度生产和消费不足的局面发展到一定程度，就会出现生产过剩，生产过剩进一步遏制生产和消费，从而出现经济危机。

生产过剩并不是生产的绝对过剩，而是相对过剩，也就是说，生产的商品卖不出去。这一点曾引起诸多经济学家的困惑，他们甚至否定生产过剩的可能性和必然性。李嘉图强调生产和供给，在他看来，资本在生产过程中实现的价值增殖就是资本的现实的价值增殖，这里固然需要交换的中介，但交换的限制具有偶然性，交换的实现是必然的。也许可以猜测，李嘉图时代是一个供给不足的时代，因而他还没有意识到资本生产的特殊性及其供给与需求的不平衡问题。西斯蒙第倒是看到资本的内在限制，强调通过习惯、法律等等的外部人为干预，保证生产的顺利进行，但这种强调消费限制和资本特殊性的经济学同样无法根本解决普遍的生产过剩。有一些经济学家甚至幼稚地断言，生产过剩是由于货币太少，从而产品不能转化为货币，不能转化为价值的生产，因而关键在于人为地创造更多的货币。马克思批评李嘉图的自行调节说，在他看来，自由竞争必然造成生产过剩，造成产业资本和借贷资本之间的矛盾，而不是生产资本之间的矛盾。

国民经济学家们认为，资本是生产力发展的绝对形式，是与生产力发展绝对一致的财富形式。他们把资本逻辑的历史性存在永恒化，忘记了以资本为基础的生产的条件和限制因素，因而面对资本遭遇的不断的崩溃而无法给出合理的解释。

生产过剩是交换出了问题。在以资本为基础的生产中，任何地点的消费都以交换为中介。它的关键在于作为交换价值和创造交换价值的劳动，也就是雇佣劳动。奴隶劳动和农业社会的劳动直接是社会性的劳动，他们的产品直接满足自身和家庭的需要，交换在狭窄的范围内发生，没有普遍性，更不是支配整个社会的基础性活动。资本主义社会的交换是整个社会经济活动的枢纽。工资和活劳动的交换，消费者和资本家的商品的交换，这些是整个经济活动顺利运转的前提。马克思说："关于自己的工人，每一个资本家都知道，他同他的工人的关系不是生产者同消费者的关系，并且希望尽可能地限制工人的消费，即限制工人的交换能力，限制工人的工资。每一个资本家自然希望其他资本家的工人成为自己的商品的尽可能大的消费者。但是每一个资本家同自己的工人的关系就是资本和劳动的关系本身，就是本质关系。"① 也就是说，每一个资本家都本能地压低工人的工资，从而遏制消费需求，而资本的本性又是增加生产供给，这种生产供给和消费需求之间的反向运动，发展到一定程度，就造成生产相对过剩。马克思说："供给的产品多于对这种产品的'需要'，这就是问题的关键。可见，生产过剩起因于使用价值，因而起因于交换本身。"② 蒲鲁东不理解剩余价值学说，因而错误地认为生产过剩是工人的工资不能买回自己的必要劳动的那部分产品。

　　生产过剩的实质是消费商品的份额相对于工人和资本家的消费份额相比生产过多。马克思说："普遍生产过剩所以会发生，并不是因为应由工人消费的商品相对地［消费］过少，或者说，不是因为应由资本家消费的商品相对地［消费］过少，而是因为这两种商品生产过多，不是对消费来说过多，而是对保持消费和价值增殖之间的正确比例来说过多；对价值增殖来说过多。"③

　　生产过剩是经济危机的基本表现形式。买和卖的分离，为交换而交换和为消费而交换的分离，商品的使用价值和价值的对立，私人劳动和社会劳动的对立，具体劳动和抽象劳动的对立，物的人格化和人格的物化的对立，这些矛盾包含着经济危机的可能性。为交换而交换的商人阶

---

　　① 《马克思恩格斯全集》第 30 卷，人民出版社 1995 年版，第 403 页。
　　② 同上书，第 407 页。
　　③ 同上书，第 432—433 页。

层是为卖而买，为谋取交换价值而进行交换活动，目的在于实现价值增殖，他仅仅受到买和卖之间的差额支配。国民经济学家看到了直接的物物交换和以货币为中介的交换之间的差别，但他们无法解释资本主义现象之时，又忽视了这种差别，让买和卖彼此保持表面上的独立。买和卖作为一个整体的两个本质因素，其独立形态在某种特殊时刻通过暴力的方式实现平衡和统一。马克思说："这样，在货币作为中介的规定中，在交换分成两种行为的分裂中，已经蕴藏着危机的萌芽，至少是危机的可能性，而这种可能性只有当取得典型发展的、与自身概念相符合的流通的各种基本条件已经存在的时候，才有可能成为现实。"①

经济危机是资本主义内在矛盾的产物，是现代工业无法避免的周期循环。这种循环在早期有比较鲜明的周期特点，后来在国家等干预下就有所变化。恩格斯在1886年的《资本论》英文版序言中说："1825年至1867年每十年反复一次的停滞、繁荣、生产过剩和危机的周期，看来确实已经结束，但这只是使我们陷入持续的和慢性的萧条的绝望泥潭。"② 周期性的经济危机的答案可从供求规律中寻求。马克思说："危机只是归结于供求规律，大家知道，这一规律在生活必需品领域内（从全国范围来看）所起的作用，比在其他一切领域内所起的作用，要强烈和有力得不可比拟。"③

自由市场和自由竞争曾是西方经济学家们的信条。1929年的"大萧条"和危机使得资产阶级经济学家们对斯密的理论产生动摇。凯恩斯理论及时出现了，它强调政府对经济的政策干预，对美国的经济复苏发生积极作用，一时成为世界范围内追捧的对象。但是后来的滞涨和政府失灵使得凯恩斯理论也似乎失效了。经济学家们在微观方面和实证方面的研究，固然对个体企业的发财致富具有指导作用，但他们总是以资本主义体制的合理性为前提，因而始终找不到解决危机的根本出路。我国在改革开放以来逐步确立社会主义市场经济体制，迄今取得举世瞩目的成绩，它与我国没有盲目照抄照搬西方的自由主义市场经济理论，坚

① 《马克思恩格斯全集》第30卷，人民出版社1995年版，第149页。
② 《马克思恩格斯文集》第5卷，人民出版社2009年版，第34—35页。
③ 《马克思恩格斯全集》第30卷，人民出版社1995年版，第78页。

持走中国特色社会主义道路密切相关。党的十八届三中全会以来，党中央提出"使市场在资源配置中起决定性作用"，力求处理好市场和政府的关系，避免政府的越位、错位、缺位现象。有人把这解读为向市场原教旨主义的原则性让步，这是一个误解。另外，有人主张国有企业私有化，走西方都已经放弃的自由化市场化道路，这恐怕是洋教条主义的当代体现。

随着国际分工和世界市场的形成，一国的危机常常蔓延到其他国家。2008 年，由美国的次贷危机引发的金融危机，波及美洲、欧洲、亚洲、非洲等几乎所有实行市场化的国家，我国的外贸出口和实体行业也大受影响，信用、货币、失业、通货膨胀等诸多问题迄今没有得到完全解决。由此的警示在于，要认识到资本逻辑的两面性，尤其认识到全球经济一体化带来的风险和机遇，探索适合中国国情的经济发展道路。另外，金融危机也让世界重新认识到马克思的危机理论的当代意义。在马克思看来，资本逻辑是经济危机的最终根源，通过习俗、道德、法律、政府的调节，固然可以延缓或者减弱危机的强度，但却不可能根本消除。

马克思的理论得到当代经济学家的呼应。2014 年 9 月，国内出版了法国著名经济学家托马斯·皮凯蒂的《21 世纪资本论》。皮凯蒂不满于美国经济学家们对数理模型的过度沉迷以及由此导致的与现实世界的脱节，转而从历史数据入手研究财富分配。他回顾了工业革命以来收入和财富分配的历史，考察了 20 多个国家的数据，基本结论是："从长期来看，资本收益率（特别是顶级资本的收益率）明显超过经济增长率。"[①] 在他看来，这一结论是一切不平等的根源。换句话说，现代社会的不平等根植于资本主义的结构性的体制。财富越来越聚集在少数人手里。这些和马克思的结论不谋而合。不过，皮凯蒂和马克思的差别是明显的，试举两例：一是对资本的理解不同，马克思把资本的本质看作一种人与人的关系，理解为能带来剩余价值的价值，而皮凯蒂把资本理解为厂房、生产工具、机器等，资本是能带来利润的投资；二是解决不

---

① ［法］托马斯·皮凯蒂：《21 世纪资本论》，中信出版社 2014 年版，"自序"第 XⅧ 页。

平等的方案不同，马克思要求改变资本主义生产关系，皮凯蒂依然在资本主义的框架下，强调全球范围内的政策协作，实施全球累进资本税，这显然有乌托邦的嫌疑。

三   "劳动的动物"：资本逻辑的辩证法

资本逻辑的意义在于，它摧毁了传统的生产方式和生活方式，解放了生产力，开拓了世界市场，改变了人们的世界观和价值观念，创造了一个奇迹般的世界。马克思说："资产阶级在它的不到一百年的阶级统治中所创造的生产力，比过去一切世代创造的全部生产力还要多，还要大。自然力的征服，机器的采用，化学在工业和农业中的应用，轮船的行驶，铁路的通行，电报的使用，整个整个大陆的开垦，河川的通航，仿佛用法术从地下呼唤出来的大量人口，——过去哪一个世纪料想到在社会劳动里蕴藏有这样的生产力呢？"① 资本的伟大的文明作用在于，它克服了把自然神化的现象，自然界真正成为人的对象，服从于人的需要，成为有用物；另外，它克服了民族界限和民族偏见，摧毁一切阻碍发展生产力和扩大需要的因素，创造出社会成员对社会联系的普遍占有。然而，一个不容忽视的悖论在于，物的世界的强大与人的世界的渺小形成强烈的对比，工业和科学的神奇力量造就的是贫困、疲劳和饥饿。马克思指出："我们的一切发现和进步，似乎结果是使物质力量成为有智慧的生命，而人的生命则化为愚钝的物质力量。"② 人和物的关系的颠倒，这是资本逻辑的辩证法。

"劳动的动物"之称谓的寓意在于，人的目的性活动的工具化。也就是说，劳动原是人的自由自觉的本质性活动，它体现人的价值和意义，乃是人的自我确证的活动，人们通过劳动实践直接获得自己和他人生命存活的生活资料和生产资料。但是，在资本逻辑的结构化操控中，工人的人的劳动变为非人化的存在，不属于劳动者本人的存在。它属于一个非劳动者，即资本家。劳动者和他的劳动活动是外在的关系，根本原因在于他已经出卖了他的劳动力，而这种劳动力的出卖又是他的迫不

---

① 《马克思恩格斯选集》第 1 卷，人民出版社 1995 年版，第 277 页。
② 同上书，第 775 页。

得已的为生存和养家糊口的唯一选择，否则就面临饿死的命运。饥饿强迫工人和生产资料结合，强迫工人从事他并非自由选择的劳动方式和劳动内容，强迫他按照机器的节奏和利润最大化的原则工作和休息，而不是按照自身的潜力和内在的自然节奏活动。换句话说，工人不再是劳动的人，而是劳动的动物，他在劳动中不是感觉到自己的人的存在，而是感觉到被压迫和被欺凌，劳动成为他谋生的工具性活动，因而是力求超越和逃避的活动。马克思说："劳动的异己性完全表现在：只要肉体的强制或其他强制一停止，人们会像逃避瘟疫那样逃避劳动。外在的劳动，人在其中使自己外化的劳动，是一种自我牺牲、自我折磨的劳动。最后，对工人来说，劳动的外在性表现在：这种劳动不是他自己的，而是别人的；劳动不属于他；他在劳动中也不属于他自己，而是属于别人。"① 这就是说，工人是为生活而劳动的，因而劳动是牺牲自己的生活，而不是生活的一部分。

在资本家眼里，工人的生命和尊严根本不是考虑的首要因素。人格化的资本具有灵性和主体性，它才是自在自为的最高的存在，它的使命在于把一切不符合价值增殖的人的个性和要求摒弃和过滤。在资产阶级社会里，工人仅仅是为增殖资本而活着，仅仅在统治阶级的利益需要他活着的时候才能活着，他仅是增殖已经积累起来的劳动的手段，而不是拥有个性和独立性的存在，工人阶级和劳动工具一样是资本的附属物。如果说，资本家支付工人一定的工资以维持工人的存活，那他的动机也仅仅在于要通过工人自身的再生产以维持资本主义生产的永久性。剩余价值的生产就是剩余劳动的吮吸，狼一般的贪求剩余劳动的资本突破工作日的道德极限和纯粹身体的极限，侵占人体的成长、发育和维持健康所需要的时间，包括休息、吃饭和睡眠时间。马克思说："资本是不管劳动力的寿命长短的。它唯一关心的是在一个工作日内最大限度地使用劳动力。它靠缩短劳动力的寿命来达到这一目的，正像贪得无厌的农场主靠掠夺土地肥力来提高收获量一样。"②

在国民经济学家看来，"生产的真正灵魂"是劳动，或者说，劳动

---

① 《马克思恩格斯全集》第 3 卷，人民出版社 2002 年版，第 270—271 页。
② 《马克思恩格斯文集》第 5 卷，人民出版社 2009 年版，第 306—307 页。

创造价值。但是，他们的这一认识"没有给劳动提供任何东西，而是给私有财产提供了一切"。① 工人在整个资本支出中获得的可变资本部分是最小的、没有就不行的部分，工人的工资不是为了维持人类的繁衍和生存质量的提高，而是为了维持工人这个奴隶阶级的存在；劳动促进资本的积累和社会福利的增长，但它却使得工人陷入贫困和日益剧烈的竞争，直到变成机器。国民经济学家考察的对象是工人，即全靠片面的、抽象劳动为生的人，而不是人本身，也就是说，他们不把工人作为人来看待和考察，因而不考察不劳动时候的工人。他们的错误在于，"国民经济学把工人只当作劳动的动物，当作仅仅有最必要的肉体需要的牲畜。"②

工人的不幸还在于，他的需要和自由是被生产出来的虚假需要和虚假自由。在生产方面，工人的自由的虚假性在于，他只有出卖劳动力给这个资本家或者那个资本家的自由，而没有不出卖劳动力给整个资本家阶级的自由。在消费方面，他的自由的虚假性在于，在他似乎完全自由地购买这个商品或者那个商品的时候，他没有意识到他的趣味和需要是被广告媒体等刺激出来的虚假需求，比如奢侈品、名牌服装或手机等，并不仅是它们的使用价值，而且更是它们的包装、品牌等满足了消费者的心理需要。消费者的趣味和心理需要是按照工业生产和资本利润最大化的规律和要求被生产出来的，乃是资本再生产过程的一个要素，而不是他们的自然需要，因而不是真正自由的实现，而是更深刻地陷入商品的物的社会的奴役之中。在这里，工人不仅仅是劳动的动物，也变成了消费的动物。马克思说："不仅消费的对象，而且消费的方式，不仅在客体方面，而且在主体方面，都是生产所生产的。所以，生产创造消费者。"③ 根据马克思的说法，我们完全可以进一步推断，异化的生产创造异化的消费。

工人陷入劳动的动物之命运不是工人的选择，而是现代资本主义工业和生产关系的选择。"羊吃人"的圈地运动不是农民的意愿，而是纺

---

① 《马克思恩格斯全集》第 3 卷，人民出版社 2002 年版，第 277 页。

② 同上书，第 233 页。

③ 《马克思恩格斯全集》第 30 卷，人民出版社 1995 年版，第 33 页。

织厂老板和资本家的意愿，政府和法律在此起到了推动的作用。陷入此种境遇的根源不仅仅在于人的贪欲，更在于资本结构化的体制和机制。1844 年，马克思已经看到私有财产和外化劳动的辩证关系，指出私有财产是外化劳动的产物，又是劳动外化的手段。1849 年，马克思在《雇佣劳动和资本》中说："黑人就是黑人。只有在一定的关系下，他才成为奴隶。纺纱机是纺棉花的机器。只有在一定的关系下，它才成为资本。脱离了这种关系，它也就不是资本了，就像黄金本身并不是货币，砂糖并不是砂糖的价格一样。"① 显然，马克思在这里已经明确地把资本主义生产关系视为劳动异化的根源。这种社会关系的特殊性在于，它使得社会财富的增加不是给人提供精神方面自由发展的空间和时间，而是造成资本片面追求抽象价值的无限制的自我增长。而且，随着分工和机器的使用，工人之间的竞争日益激烈，工作强度日益增加，工资却呈现下降趋势。

　　道德学家们同情工人的遭遇，要求提高工人的工资和待遇，或者像蒲鲁东那样提出激进的不切实际的工资平等的主张。这些说法迎合人们朴素的想法，但由于这些说法以承认资本逻辑的永恒性和合法性为前提，根本不懂它的历史性和局限性的根源所在，因而不能根本性地改变工人的命运。

　　黑格尔的奴隶和主人的辩证法对于我们理解劳动的动物之命运颇有启发。主人是独立的意识和自为的存在，奴隶是依赖的意识和为对方而存在。主人有权力和力量支配奴隶，他把奴隶放在自身和物之间，让奴隶对物予以加工改造，而他自己则对物予以纯粹否定，即尽情享受它。奴隶在对物的改造中克服对绝对主人的恐惧，克服对浸透进他的内在灵魂的死的恐惧，意识到他自身的自在自为的存在。黑格尔说："在主人面前，奴隶感觉到自为存在只是外在的东西或者与自己不相干的东西；在恐惧中他感觉到自为存在只是潜在的；在陶冶事物的劳动中则自为存在成为他自己固有的了，他并且开始意识到他本身是自在自为地存在着的。"② 资本家和工人的关系也是如此，资本家是绝对的主人和支配者，

---

① 《马克思恩格斯选集》第 1 卷，人民出版社 1995 年版，第 344 页。
② ［德］黑格尔：《精神现象学》（上），商务印书馆 1979 年版，第 131 页。

但工人在创造抽象价值的劳动过程中，成为新生产力的代表，认识到自身的力量，当他们的阶级意识觉醒并从自发的反抗变为自觉的联合的革命性反抗，劳动的动物之命运就会有根本性逆转和改变。

第二节　拜物教之"物"的解读

拜物教（Fetishism）的英文词又可译为恋物癖。从词源学的角度看，这一术语源自拉丁文，原初含义是"人工的、制造的"，亦有"化妆、伪装"之义，后来在人类学和宗教学的意义上使用，指对无生命的物或人工制品的崇拜。巫术或物恋中的物已经不是一般的物，而是具有特殊意义的符号之物，一种具有超自然特性的物。中世纪晚期的欧洲，物神崇拜是一种非基督教的宗教文化，区别于基督教的偶像崇拜。近代以来，拜物教在线性发展的宗教文化史叙事中成为原始宗教形态阶段。在马克思那里，拜物教是一种隐喻，它是商品社会的特有现象。破解拜物教之谜的关键之点在于，洞穿拜物教之"物"的表象，也就是说，按照历史现象学的原则，从物与物的关系掩盖的人与人的关系，揭示出物的本真面目。

一　物、物化与物象化

拜物教之"物"绝非简单地指自然之物，不是说人的物质性存在离不开生活资料的供给，而有更为复杂和深刻的社会内涵。探查这一内涵，就要考察物、物化与物象化这样几个内在相关的概念。

"物"是马克思的重要概念。马克思说："旧唯物主义的立脚点是市民社会，新唯物主义的立脚点则是人类社会或社会的人类。"[①] 在这里，"旧唯物主义"的"物"和"新唯物主义"的"物"的概念的含义是不一样的。旧唯物主义的代表人物或所指就是费尔巴哈，他的"物"指的是相对于内在的精神、情感、意志而言的人和自然的物质性、在外性。马克思曾经盛赞费尔巴哈实现对黑格尔唯心主义的唯物主义颠倒。然而，这样的"物"依然停留于旧的哲学问题域，也就是说，

---

① 《马克思恩格斯选集》第 1 卷，人民出版社 1995 年版，第 57 页。

它回答的问题是"世界是什么"。这样的旧唯物主义无法解释道德、情感、爱、信仰的现实根源，从而陷入道德浪漫主义的误区。"新唯物主义"的"物"绝不是意指物的自然性，否则就抹平了新唯物主义和旧唯物主义的差别。新唯物主义的革命性意义在于，它不再追问世界的本原，不是询问"世界何以可能"的问题，而是在宗教批判的基础上走向政治经济学批判，从宗教解放走向政治解放和人类解放，转而追问"人类的解放何以可能"。这是一种哲学范式的转变。在此视域中，"物"的根本之点不是它的在外性和客观性（当然不否认这一点），而是它的历史性和社会性。

马克思关注的重点是社会之物，历史之物，或者说是与人相关的物，是被人的实践活动中介的物。这种物不是抽象的存在，而是现实的存在，它就是我们在日常生活中到处碰见的事物，比如商品、货币、劳动工具等等。物的历史性指的是物总是处于一定的历史之中，处于一定的条件和背景之下，它绝不是无条件的无前提的纯粹存在，它总是受到历史发展水平和实践条件的限制。黑格尔是具有深厚历史感的哲学家，马克思是黑格尔的优秀学生，他是黑格尔之后最好地继承黑格尔学说的历史性的学者。物的社会性指的是它是社会的产物，它是人的社会关系中的存在，而不是脱离人的孤立的自然存在。社会关系中的"物"反映的不仅是它的自然属性，也反映着人与人的社会关系。

异化、物化、对象化是密切相关的几个概念。在这些概念上，马克思和黑格尔的不同在于：首先，马克思明确区分了异化和对象化，黑格尔把异化和对象化在同一意义上使用。在黑格尔那里，异化和对象化是不分的。异化就是否定的过程，它是自我意识的外化和对象化，当然，它也包括外在对象返回自身的过程。毋宁说，黑格尔的异化就是对象化。马克思认为，对象化就是主体的力量外化，凝结在物上的过程，它是主体客体化。对象化是人类的特有存在方式，贯穿于人类的整个历史过程，没有对象化，也就没有人类的存在。对象化是人类存在的前提和本质。异化是劳动者生产的产品不归生产者所有，而归另外一个人所有，不是人占有物和支配物，而是物支配人，客体对象反过来支配它的生产者。异化是人类特定历史阶段的现象，在马克思看来，这个特定的历史阶段就是资本主义。异化也是对象化，它是特殊的对象化；对象化不是异化，二者不能混淆。在马克思那里，异化具体表现为四种：劳动产品的异化；劳动的异化；人本身的异化；人与人的关系的异化。其次，黑格尔的异化是自我意识的异化，外在的事物的本质也总是停留于意识的范围之内，因而异化始终没有走出精神的领地。马克思的异化是现实的人的现实的活动，它有感性物质的体现，因而绝不是仅仅精神领域的事情。换句话说，黑格尔承认的劳动始终是抽象的精神的劳动，人的劳动本质就是精神和思维的过程，它是自我意识自身异化又克服异化的精神活动，而不是改变自然和社会关系的实践活动。

物化是卢卡奇和法兰克福学派成员使用的术语，接近马克思的异化概念。在马克思那里，物化有两种含义：一种是对象化和外化，在此意义上，它就是主体客体化的过程；另一种是异化，就是人的目的性活动工具化，它既是人的社会性的实现，也是人的主体性和自由意志的丧失。有学者指出："异化是指生产者的劳动在社会规定性上的物化，亦即社会关系的物化，而对象化则是指劳动在其自然规定上的物化。"①马克思并没有一味地进行道德批判，否定物化现象。在他看来，物化是一种历史现象，具有历史的必然性和合理性。相对于人对人的依赖性阶段，物化是人对物的依赖性阶段的现象，它超越了地方性和狭隘性，超越了人对人的隶属和等级关系，在形式上具有了人人平等的关系，因而是进步的标志；相对于人的自由个性阶段，物化才暴露出它的局限性。

在卢卡奇看来，物化即异化。物化这一历史现象造成在人之外的第二自然，它具有类似于第一自然的规律，这个规律不以个体的主观意志为转移，它具有客观性，支配和主宰人的思想和行为。卢卡奇的高明之处在于，一是强调实践的观点，反对抽象反思的观点，原因在于抽象反思仅仅涉及对象的形式。有学者指出："理论与实践的重大差别就在于单纯的理论只涉及到对象的形式方面，它是抽象反思的规定，把对象只当作可以从经验上加以直观的异己的存在物。社会生活不同于自然过程，它必然既能从形式方面又能从内容方面加以把握，而这样的把握方式只能是实践。因此，在卢卡奇看来，实践的把握高于理论的认识，认识论首先必须建立在实践的基础上。因为这个实践不仅创造了历史，而

————————

① 孙伯鍨：《卢卡奇与马克思》，南京大学出版社1999年版，第1页。

且改变着历史。"① 卢卡奇批判形式化、机械化和可算计性，反对把人性的东西镶嵌在生产效率的合理化结构之中，都与他的这种看法有关。二是强调总体性的观点。卢卡奇认为，"我们姑且假定新的研究完全驳倒了马克思的每一个个别的论点。即使这点得到证明，每个严肃的'正统'马克思主义者仍然可以毫无保留地接受所有这种新结论，放弃马克思的所有全部论点，而无须片刻放弃他的马克思主义正统。所以，正统马克思主义并不意味着无批判地接受马克思研究的结果。它不是对这个或那个论点的'信仰'，也不是对某本'圣'书的注解。恰恰相反，马克思主义问题中的正统仅仅是指方法。它是这样一种科学的信念，即辩证的马克思主义是正确的研究方法，这种方法只能按照其创始人奠定的方向发展、扩大和深化。而且，任何想要克服它或者'改善'它的企图已经而且必将只能导致肤浅化、平庸化和折中主义。"② 这里的方法，指的就是主客体辩证法，它反对自然科学的实证主义方法，强调历史性和总体性。卢卡奇说："只有在这种把社会生活中的孤立事实作为历史发展的环节并把它们归结为一个总体的情况下，对事实的认识才能成为对现实的认识。"③ 卢卡奇的问题在于，他侧重对物化现象的价值评判，没有认识到物化的历史必然性和积极意义，忽视对资本主义事实的科学分析，因而无意之中造成科学与价值的对立，从而偏离了马克思的本意。

　　物象化概念在国内引起重视是与对广松涉的引介和研究分不开的。当然，它也是国内对马克思的相关思想研究深化的表现。在国内以前的研究中，异化、物化、物象化是不太严格区分的，它们在几乎相同的语义上被使用。近年有学者指出，"Sache"和"Ding"是不同的，"Ding"是"物"，"Sache"可以译为"物象"。"'Ding'是感觉和直觉的认识对象，是指没有进入到自我意识即人的世界的纯粹的物；而'Sache'则是指进入到自我意识即人的世界的对象。"④ 广松涉认为，物化是人被当作物，或者人的身心能力的物化，类似于对象化；物象化

---

① 孙伯鍨：《卢卡奇与马克思》，南京大学出版社1999年版，第3页。
② ［匈］卢卡奇：《历史与阶级意识》，商务印书馆1992年版，第47—48页。
③ 同上书，第56页。
④ 韩立新：《异化、物象化、拜物教和物化》，《马克思主义与现实》2014年第2期。

是人与人的社会关系表现并被错认为物与物之间的关系。卢卡奇的物化概念包含了异化和广松涉的物象化之义。国内有学者明确区分了物化和物象化的差异：物化是人由物来表达，人与人的关系由物与物的关系呈现的事实；物象化是意识到物化的客观事实，也就是说，认识到物与物的关系背后的人与人的关系，认识到物的中介性和形式性。① 有趣的是，在物化与物象化的次序问题上，国内学者有截然相反的看法，一种借用平子友长的分析认为，"物化是一种比物象化更为深刻的对社会关系的遮蔽和神秘化"；另一种认为："物象化是个比物化还要进一步的概念，它意味着对作为表象层面的物、物化有了一个更进一步的观察分析。"②

二　拜物教之"物"的两重意蕴

马克思视域中的拜物教有商品拜物教、货币拜物教、资本拜物教。也就是说，拜物教之"物"就是商品、货币和资本。现在须要对这三者进行双重"解蔽"：一是从这些物的存在看到它们背后的人的存在；二是从人的存在进一步看到资本主义生产关系。

其一，物与物的关系掩盖着人与人的关系，人在观念和行为方面认同物的逻辑。

商品是拜物教之物的第一种形态。商品是社会财富的形式，它首先是满足人的需要的外界对象，具有某种使用价值。但是，商品的使用价值仅仅是社会财富的物质内容，它是交换价值的物质承担者。商品"充满形而上学的微妙和神学的怪诞"的秘密不在于它的使用价值，而在于它的交换价值。交换价值使得商品"转化为一个可感觉而又超感觉的物"。作为商品的桌子"不仅用它的脚站在地上，而且在对其他一切商品的关系上用头倒立着，从它的木脑袋里生出比它自动跳舞还奇怪得多的狂想"。③ 商品生产是人们为对方生产，对他人生产，而不是为自己生产。因而，生产出来的产品的社会实现就要依靠交换。商品交换

---

① 刘森林：《物与无》，江苏人民出版社 2013 年版，第 251—255 页。
② 参见韩立新：《异化、物象化、拜物教和物化》，《马克思主义与现实》2014 年第 2 期；刘森林：《物与无》，江苏人民出版社 2013 年版，第 253 页。
③ 《马克思恩格斯文集》第 5 卷，人民出版社 2009 年版，第 88 页。

的实质是人与人之间的劳动的交换，商品交换的价值量的关系是人与人之间的劳动力耗费的持续时间关系。这样，商品与商品之间的物的关系，实质不过是人与人之间的关系而已。马克思说："商品形式的奥秘不过在于：商品形式在人们面前把人们本身劳动的社会性质反映成劳动产品本身的物的性质，反映成这些物的天然的社会属性，从而把生产者同总劳动的社会关系反映成存在于生产者之外的物与物之间的社会关系。由于这种转换，劳动产品成了商品，成了可感觉而又超感觉的物或社会的物。……商品形式和它借以得到表现的劳动产品的价值关系，是同劳动产品的物理性质以及由此产生的物的关系完全无关的。这只是人们自己的一定的社会关系，但它在人们面前采取了物与物的关系的虚幻形式。因此，要找一个比喻，我们就得逃到宗教世界的幻境中去。在那里，人脑的产物表现为赋有生命的、彼此发生关系并同人发生关系的独立存在的东西。在商品世界里，人手的产物也是这样。我把这叫作拜物教。劳动产品一旦作为商品来生产，就带上拜物教性质，因此拜物教是同商品生产分不开的。"①

商品的拜物教性质之根源在于生产商品的劳动之社会性质。商品的生产不同于一般的社会生产，它是一种特殊的生产，生产活动是彼此独立进行的私人劳动。社会劳动是私人劳动的总和。私人劳动要成为社会劳动的一部分，必须通过商品即他们的劳动产品的交换。如果私人劳动的产品即商品不能成功地交换，私人劳动就不能得到社会的承认，从而它的价值就无法实现。马克思说："因此，在生产者面前，他们的私人劳动的社会关系就表现为现在这个样子，就是说，不是表现为人们在自己劳动中的直接的社会关系，而是表现为人们之间的物的关系和物之间的社会关系。"② 换句话说，马克思在这里分析了商品（物）与商品（物）的关系掩盖下的人与人之间的关系。

商品生产的独特性在于，人们不是为了生产而交换，而是为了交换而生产。生产的目的不是为了享受，而是为了获得价值增殖。商品这一物质外壳的使用价值是具体劳动生产的，它的价值是抽象劳动生产的。

---

① 《马克思恩格斯文集》第 5 卷，人民出版社 2009 年版，第 89—90 页。
② 同上书，第 90 页。

抽象劳动是抽象掉了具体内容的劳动，从而只有量的关系的劳动。正是由于抽象劳动之间仅仅有量的关系，它们的凝结即商品的价值量之间才是可比较和可交换的。商品交换的实质是人们之间按照平等原则体现出来的劳动的交换，商品的价格绝不是偶然因素决定的主观数字，而是隐含着客观的因素。

货币是拜物教之物的第二种形态。货币是一般等价物，它是一种特殊的商品，是商品世界的完成形式，它"用物的形式掩盖了私人劳动的社会性质以及私人劳动者的社会关系，而不是把它们揭示出来"①。商品的使用价值各不相同，商品占有者要用他所占有的商品的使用价值换取别的商品占有者的商品，但别的商品占有者的商品的使用价值一般不太可能恰好是他需要的商品的使用价值。在此情形之下，就需要商品交换中的一般等价物。马克思说："物的货币形式是物本身以外的东西，它只是隐藏在物后面的人的关系的表现形式。从这个意义上说，每个商品都是一个符号，因为它作为价值只是耗费在它上面的人类劳动的物质外壳。"② 在 "x 量商品 A = y 量商品 B" 的价值表现中，当商品 C、商品 D、商品 E……全都通过商品 A 表现自己的价值，商品 A 就成为货币。在历史的演进中，金和银的性质和属性使得它们成为一切人类劳动的直接化身。马克思说："人们在自己的社会生产过程中的单纯原子般的关系，从而，人们自己的生产关系的不受他们控制和不以他们有意识的个人活动为转移的物的形式，首先就是通过他们的劳动产品普遍采取商品形式这一点而表现出来。因此，货币拜物教的谜就是商品拜物教的谜，只不过变得明显了，耀眼了。"③

资本是拜物教之物的第三种形态。资本是为卖而买的货币流通，商品仅仅是货币流通的中介。它的流通形式是 "G—W—G"，而不是 "W—G—W"。资本流通的出发点和目的是交换价值本身，两者没有质的不同，只有量的不同，这一流通就是产生剩余价值实现价值增殖的过程。资本家是人格化的、有意志和有意识的资本，他的唯一动机是占有

---

① 《马克思恩格斯文集》第 5 卷，人民出版社 2009 年版，第 93 页。
② 同上书，第 110 页。
③ 同上书，第 113 页。

越来越多的抽象财富。这是一种绝对的致富欲。按照马克思的理解，资本的本质不是物，而是社会关系，它表达的是资本主义的生产关系。资本拜物教表现为对资本逻辑的遵循。

其二，物与物的关系背后是人与人的关系，人与人的关系不是泛泛之论，而是首先特指资本主义的生产关系。

物的世界是人的世界的表现。物与物的关系，即商品与商品之间的关系，实质上是人与人之间的关系，即资本家与资本家、资本家与工人、工人与工人之间的关系。它体现的是资本主义的生产关系。马克思说："因此，一旦我们逃到其他的生产形式中去，商品世界的全部神秘性，在商品生产的基础上笼罩着劳动产品的一切魔法妖术，就立刻消失了。"① 马克思在此举了两种情况的例子。一种是前资本主义社会；另一种是自由人联合体。在以人的依赖为特征的前资本主义社会，人们之间的社会生产关系不会采取物与物之间的关系的虚幻形式。劳动的自然形式（如劳役）、劳动的特殊性（不是劳动的一般性）是劳动的直接社会形式。马克思说："无论我们怎样判断中世纪人们在相互关系中所扮演的角色，人们在劳动中的社会关系始终表现为他们本身之间的个人的关系，而没有披上物之间即劳动产品之间的社会关系的外衣。"② 自给自足的家庭劳动直接是社会化的劳动，不同使用价值的劳动产品（衣服、粮食等）是家庭成员自然分工的劳动的产物，这些劳动产品不须要以物（商品）的方式表达家庭成员之间的关系。自由人联合体的社会，人们用公共的生产资料进行劳动，劳动产品直接是总产品的一部分。人们固然也会按照劳动时间等进行共同产品的分配，但人与人的关系绝不必要表现为物与物的关系。马克思说："在那里，人们同他们的劳动和劳动产品的社会关系，无论在生产上还是在分配上，都是简单明了的。"③ 商品生产的独特性就在于，劳动者的产品是有价值的商品，商品是劳动者的私人劳动的凝结，商品与商品之间的交换，实质是私人劳动与私人劳动之间的交换，从而它表现的是人与人之间的关系。揭掉

---

① 《马克思恩格斯文集》第 5 卷，人民出版社 2009 年版，第 93 页。
② 同上书，第 95 页。
③ 同上书，第 96—97 页。

物的神秘面纱的历史条件，就是物质生产成为自由联合的人的产物，处于人的有意识有计划的控制之下。

人对物的依赖是现代资本主义的根本特征。这里的物之本质就是现代资本主义的社会关系。它指的是普遍的社会物质交换、全面的关系、多方面的需要以及全面的能力体系，商业、奢侈、货币、交换价值随之发展起来。马克思说："这种与人的依赖关系相对立的物的依赖关系也表现出这样的情形（物的依赖关系无非是与外表上独立的个人相对立的独立的社会关系，也就是与这些个人本身相对立而独立化的、他们互相间的生产关系）：个人现在受抽象统治，而他们以前是互相依赖的。但是，抽象或观念，无非是那些统治个人的物质关系的理论表现。"①

卢卡奇说："商品拜物教问题是我们这个时代、即现代资本主义的一个特有的问题。"② 在卢卡奇看来，商品交换现象早已存在，但商品交换及其结构性后果影响整个外部和内部的社会生活，成为社会进行物质代谢的支配形式，这却是现代的事情。卢卡奇说："更确切地说，一个商品形式占支配地位、对所有生活形式都有决定性影响的社会和一个商品形式只是短暂出现的社会之间的区别是一种质的区别。因为有关社会的所有主观现象和客观现象都按照这种区别获得质上不同的对象性形式。"③

三　拜物教之"物"的社会表征

拜物教之物的社会表征主要有四个方面：人役于物；抽象化、形式化；合理化、算计和效率；流动性。

其一，人役于物。在私有制、分工、大工业的共同作用下，人和物之间的一体性关系逐渐瓦解，并日益处于尖锐对立之中，工人和自己的劳动产品是异己的关系，工人被自己的创造物支配。物原是人的活动的对象和客体，它是人的本质力量的现实和确认，人的活动就是人的对象化，人以全部感觉在对象世界中肯定自己。但在资本主义体系下，物不

---

① 《马克思恩格斯全集》第 30 卷，人民出版社 1995 年版，第 114 页。
② ［匈］卢卡奇：《历史与阶级意识》，商务印书馆 1992 年版，第 144 页。
③ 同上。

是人的享用对象，它远不是简单的使用价值，而是似乎具有自我的生命和灵魂；人反而从主体地位倒转为客体，似乎是物的自我增殖的手段和工具。人的主体地位在生产活动中不是得到实现和肯定，而是被贬低和否定，劳动不是人的本质的实现，而是工人的谋生手段，是工人力求逃避的异己性活动。马克思说："劳动为富人生产了奇迹般的东西，但是为工人生产了赤贫。劳动生产了宫殿，但是给工人生产了棚舍。劳动生产了美，但是使工人变成畸形。劳动用机器代替了手工劳动，但是使一部分工人回到野蛮的劳动，并使另一部分工人变成机器。劳动生产了智慧，但是给工人生产了愚钝和痴呆。"① 劳动产品的异化与劳动的异化仅仅是同一件事情的两个方面。死劳动支配活劳动，过去支配现在，人的目的性活动变为工具性活动这一客观现实，强烈地揭示了资本主义体系的荒谬性。工人的生命不是至高无上的存在，不是拥有自身价值和尊严的存在，而是为资本增殖而存在，他只有在统治阶级需要他存在的时候才存在。物支配人，不仅支配和占有人的肉体，也支配和占有人的精神。人的需要和欲望不是人的自然需要和欲望，而是被镶嵌在资本主义的结构化运作之中，成为其中的一个环节，被社会根据自身的要求生产出来。人的价值评价标准和生存法则是物的标准和法则，也就是说，一切以是否能够商品化及其价值的大小进行功利主义权衡，人的世界是渺小的，物的世界才是强大的。物甚至驱使和控制人的情感、意志乃至审美标准。人的一切感觉和特性异化为拥有的感觉，或者只有在自己的动物机能中才能感觉到自己的人的存在。马克思说："私有制使我们变得如此愚蠢而片面，以致一个对象，只有当它为我们拥有的时候，就是说，当它对我们来说作为资本而存在，或者它被我们直接占有，被我们吃、喝、穿、住等等的时候，简言之，在它被我们使用的时候，才是我们的。"② 人的智力、情感、道德和尊严都变为可以出售的商品，标着价格，受到竞争和市场波动的影响。万物商品化是物化社会的根本特征。

就实质而言，人与物的对立乃是人与人的对立，人与自身的对立，

① 《马克思恩格斯全集》第 3 卷，人民出版社 2002 年版，第 269—270 页。

② 同上书，第 303 页。

私人性和社会性的对立。人是社会存在物,但人的社会性现在独立出去,作为一个抽象的东西与个体相对立,个体需要通过努力争取才能得到社会承认。具体来说,资本主义的生产是私人生产,这种私人生产要成为社会生产,关键在于商品交换,用通俗的话说,就是要能够把商品卖出去。马克思把这称之为"惊险的一跃"。如果这种私人劳动产品不能顺利实现交换,就是没有价值的无效劳动。人的社会本质的实现依赖于商品交换,由此形成的人与物的关系的倒转,人对物的膜拜,不能不说是历史的吊诡。

其二,抽象化、形式化。商品之物的神秘性不在于它的内容,而在于它的形式。换句话说,商品的价值是关键。劳动的二重性在于,具体劳动创造使用价值,抽象劳动创造价值。抽象劳动是一般人类劳动,它是仅有量的差别而没有质的差别的劳动。商品交换的法则是平等公正,它不同于馈赠和丛林法则,它以承认彼此的所有权为前提。交换的关键在于商品的交换价值的可比较性。马克思对商品价值和抽象劳动的论述,为揭穿资本主义的秘密起了关键作用。交换价值的意义在于,它放弃事物的质的差别,关注量的不同并追求量的增长。商品价值的抽象化、形式化是它的根本特征。目前社会上过于追求 GDP 的倾向,甚至在人文社会科学的科研评价指标方面也片面追求学术 GDP 的增长,轻视科研规律和不同学科差别,这是过于形式化之不良表现。抽象化和形式化的恶果在于,人的丰富性没有了,仅有对物的占有和实现资本增殖的一种欲望。人的情感、信仰、趣味、个性等被物化,高尚的东西没有了,到处充斥着货币的量的关系。

鲍德里亚极其敏锐地把握了物的抽象化和形式化特征。他反对使用价值优先性的经验主义假设,认为"物远不仅是一种实用的东西,它具有一种符号的社会价值,正是这种符号的交换价值才是更为根本的——使用价值常常只不过是一种对物的操持的保证(或者甚至是纯粹的和简单的合理化)。以其充满悖论的形式,这才是唯一正确的社会学意义上的假设。"① 鲍德里亚在此提出象征性交换、拟像、符码等一系列不同于经典马克思主义的新概念,试图突破传统的理解方式。在他

① [法]让·鲍德里亚:《符号政治经济学批判》,南京大学出版社 2009 年版,第 2 页。

看来，物是显现社会意指的承载者，它是一种社会及其文化等级的承载者，物构建了符码。他说："简单说来，物从来都不存在于它们所发挥的功能之中，而是存在于它们的过剩之中，其中凸显了威望。它们不再'指认'这个世界，而是指认拥有者的存在以及他们的社会地位。"① 鲍德里亚区分了四重逻辑：使用价值的功能逻辑/操持运作的逻辑/实用的逻辑/器具；交换价值的经济逻辑/等价逻辑/市场的逻辑/商品；象征交换逻辑/不定性逻辑/礼物的逻辑/象征；价值的逻辑/地位的逻辑/差异性逻辑/符号。② 最后一个是消费的领域，即符号和差异的逻辑，物只是消费的符号。在鲍德里亚看来，消费是一场骗局，消费需求常是被建构起来的虚假需要，因而消费的神话学应被解构。就意识形态的拜物教而言，符码化、体系化的物控制了主体，物是象征性的符号，它消解、拒斥和驱散人们的差异性。鲍德里亚说："拜物教，其实是对于形式（即商品或者交换价值体系的逻辑）的一种（模糊的）迷恋，是一种在任何情况下，在一种限制性的抽象的逻辑体系中的攫取。"③ 他在误解马克思的拜物教思想的基础上反对商品拜物教，主张能指拜物教，认为符号和符号系统支配和统治着人和物，进而认为马克思的政治经济学已经过时，应该用更为形式化和抽象化的符号政治经济学进行现代资本主义批判，应该用功能性取代有用性作为批判的逻辑支点。无论如何，鲍德里亚把符号化的结构性统治变为脱离了产生它的物质生产结构的存在，这是把抽象化和形式化给绝对化了，从而走向违背历史唯物主义的资产阶级意识形态。

其三，合理化、算计和效率。拜物教之物的实质是一种社会关系结构，它是一种追求最大化的合理化结构，人人精于算计，为了实现利益最大化，追求效率就是它的基本特征。现代资本主义正是这样的一个社会。

合理化是机械化考量的标准。马克思没有从观念和思想的层面入手，从而把生产方式和交换方式的变革视为资本主义产生的根本动力。

---

① ［法］让·鲍德里亚：《符号政治经济学批判》，南京大学出版社 2009 年版，第 5 页。
② 同上书，第 47 页。
③ 同上书，第 79 页。

在他看来，资本主义的赤裸裸的利害关系破坏了封建的、宗法的和田园诗般的关系，斩断了形形色色的封建羁绊，把一切传统的情感淹没在利己主义的打算之中。工人在分工中失去独立的性质，成为机器的单纯的附属品。卢卡奇说："随着对劳动过程的现代'心理'分析（泰罗制），这种合理的机械化一直推行到工人的'灵魂'里：甚至他的心理特性也同他的整个人格相分离，同这种人格相对立地被客体化，以便能够被结合到合理的专门系统里去，并在这里归入计算的概念。"① 合理化不是按照事物的有机的质的内容决定的统一过程，而是按照生产的特殊需要和规律，按照机械化和劳动时间决定的过程，劳动对象在这种合理化过程中被切割和拼装。合理化还表现在人性的存在只有在它符合商品生产的利益和要求的时候才是有意义的，否则就是要被压抑和割舍的对象，就是要被批判和排斥的东西。卢卡奇说："由于劳动过程的合理化，工人的人的性质和特点与这些抽象的局部规律按照预先合理的估计起作用相对立，越来越表现为只是错误的源泉。"② 人成为原子式的孤立的个人，成为异己的系统中的环节，人与人的联系被机械过程的抽象规律所中介。

可计算性是现代社会的原则。从伽利略以来，人类的观念就发生了变化。传统的自然观念被祛魅了，自然变成一个均质的空间化存在，这是一个对自然的数学构想，一个现代的科学的世界观。数学成为这个时代的基础性科学，人们按照数学的量化原则切割世界，支配和控制世界。可计算性成为统治自然的原理。在伽利略、牛顿看来，他们根据数学原理"描述"的世界就是本体的真实世界，而不是一种假设。海德格尔说："存在之意义因而就是可计量性，其目标倒不全在于，确定那个'多少'，而最终只是有助于对作为对象的存在者进行控制和统治。"③ 商品的可计算性是它的直接表现形式，这种可计算性渗透到人的意识，人也按照可计算性考虑事物，从而导致工具理性和价值理性的分离，导致工具理性的过度膨胀。

---

① ［匈］卢卡奇：《历史与阶级意识》，商务印书馆 1992 年版，第 149 页。
② 同上书，第 150 页。
③ ［法］F. 费迪耶等辑录：《晚期海德格尔的三天讨论班纪要》，丁耘摘译，《哲学译丛》2001 年第 3 期。

效率是合理化和算计的目标。人不是目的，剩余价值的榨取才是最高原则。人们的生产和消费在资本主义的生产关系中是分裂的，人们为交换而生产，而不是为消费而生产。交换价值的心理需要不同于使用价值，它是一个无限的过程。因此，不断地通过技术创新和提高管理水平，通过竞争等方式以提高效率，就成为常态。

合理化、算计和效率的追求不仅是经济领域的法则，也是政治、文化、社会的原则，进而投射到人们的生活方式和思想方式。它改变了一个时代的面貌。

其四，流动性。拜物教之物不是静止的客观之物，而是一种不断变动的社会经济结构。它造成整个社会的不断变动，有学者用"流动"一词形象而准确地描述了现代社会的这一特征。马克思曾经说："生产的不断变革，一切社会状况不停的动荡，永远的不安定和变动，这就是资产阶级时代不同于过去一切时代的地方。一切固定的僵化的关系以及与之相适应的素被尊崇的观念和见解都被消除了，一切新形成的关系等不到固定下来就陈旧了。一切等级的和固定的东西都烟消云散了，一切神圣的东西都被亵渎了。"① 从主体方面看，资本家这一人格化的资本到处奔走，他们就像社会的发动机，逼迫所有人加快生活节奏，行走匆匆，熬夜加班。华勒斯坦说："资本家就像踏车上的白鼠，一直在快跑，为的是跑得更快。"②

流动性造成民族的交流，最野蛮的民族也被卷入现代文明的洪流之中。人们普遍地成为生产者和消费者，民族工业被不断地消灭，生产越来越成为世界性的了，过去那种地方的和民族的自给自足和闭关自守状态被民族之间的交往和相互依赖取代。马克思把这称之为世界历史的过程，它不仅造成经济的全球化，也造成政治和文化的全球化。

四　简要的结论

拜物教之物的解读结论在于，它是一种资本主义的社会经济关系。

---

① 《马克思恩格斯选集》第 1 卷，人民出版社 1995 年版，第 275 页。
② ［美］伊曼努尔·华勒斯坦：《历史资本主义》，社会科学文献出版社 1999 年版，第 20 页。

物的表象掩盖着人的物化事实。资产阶级意识形态的掩盖和遮蔽在马克思的犀利批判下已经暴露无遗。现在的问题仅仅在于，如何看待这种物的现象。一种简单化的结论似乎是，马克思揭露和批判这种物化现象，因而必然也是我们挞伐的对象。但问题恰恰在于，我们根本无法简单地通过理论的批判而根本性地实现物之社会的人的解放。而且，我们的批判本身如果仅仅简单地否定就可能是片面的。

其一，物之社会的根本之点在于，它认物不认人。这一点的缺陷在于，它反对人的自由的真正实现和尊严的权利。但是，当我们这样说的时候，我们已经预设了某种理想化的人的状态，预设了历史上从来没有存在过的完美状态。事实上，从历史的角度看，拜物教之物的关系结构确实不是自然的体系，而是一个明显荒谬的体系，但这一似乎荒谬的体系有其产生的历史必然性和合理性。它相对于人对人的依赖而言，乃是一种进步。前现代社会是一个熟人社会，关系型社会，官本位社会，它和现代社会格格不入。人的血缘、出身、门第观念制约人，等级观念被看作理所当然的天理，从而人与人的不平等是必然的。所谓的能力和个体性，乃是次要的东西。物的社会强调的是规则、秩序、法律、平等、权利，这样的社会是一个陌生人社会，法治社会，它固然还无法在自由、公正、民主等方面实现形式和实质的统一，但对前现代的社会来讲，无疑具有革命性的进步意义。无视这一点而批判物之弊端，很容易陷入洋教条主义和鹦鹉学舌的本本主义。对于我国的社会主义市场经济建设来讲，目前重要的任务是建立适应于市场经济的法治和现代治理体制，而不是去批判一个尚未得以建立的东西。

其二，物之根本批判不是观念的批判，而是现实的批判。观念的物化和沉沦离不开现实社会的物化结构。马克思说："人们的观念、观点和概念，一句话，人们的意识，随着人们的生活条件、人们的社会关系、人们的社会存在的改变而改变，这难道需要经过深思才能了解吗？"[①] 卢卡奇在谈到物化意识的时候也指出，物化意识并不会自动地反对物化结构，而是加强和坚持物化结构的规律性和永久性。他说："正像资本主义制度不断地在更高的阶段上从经济方面生产和再生产自

---

① 《马克思恩格斯选集》第 1 卷，人民出版社 1995 年版，第 291 页。

身一样，在资本主义发展过程中，物化结构越来越深入地、注定地、决定性地沉浸入人的意识里。"① "只有资本主义才随同实现整个社会的统一经济结构，产生出一种——正式的——包括整个社会的统一的意识结构。而这种意识结构正好表现在，雇佣劳动中产生的各种意识问题以精致的、超凡脱俗的、然而正因此而更强烈的方式反复出现在统治阶级那里。"②

第三节 物、意义与虚无：从马克思的视角看

伯曼说："马克思能够澄清现代主义文化与产生出它的资产阶级经济与社会——'现代化'的世界——两者之间的关系，我们将看到，这两者所具有的共同之处比现代主义者或资产阶级所愿意设想的要多得多。"③ 虚无主义是现代主义文化的精神实质，物的逻辑是资产阶级经济与社会的支配性原则。按照伯曼的看法，马克思没有把意义世界看作独立的王国，而是深入探查虚无主义的世俗根源，从物的逻辑解释精神文化价值现象，真正揭示了现代经济与现代灵魂之间的内在联系。对于深陷资产阶级意识形态迷雾的现代人来说，彰显马克思的这一理路是一个迫切的理论任务。

一 "物"的四重内涵

马克思思想中的"物"是一个非常重要而又非常复杂的概念。在不同的语境下，"物"具有不同的内涵。厘清"物"的不同含义以及它与费尔巴哈的物、海德格尔的物、鲍德里亚的物等等的联系与区别，有助于推进对马克思思想的理解。按照层层递进的关系，马克思的"物"有自然之物、社会之物、异化之物、拜物教之物四重意蕴。

首先，马克思的物是自然之物。自然之物是相对于精神之物而言，它是存在论层面的自在存在，而不是认识论层面的客体或表象。客体或

---

① ［匈］卢卡奇：《历史与阶级意识》，商务印书馆1992年版，第156页。
② 同上书，第163页。
③ ［美］马歇尔·伯曼：《一切坚固的东西都烟消云散了》，商务印书馆2003年版，第116页。

表象是笛卡尔以来的主体建造的产物，不是自立自足的自然而然的存在。海德格尔意识到了近代以来的物与传统意义上的物的重大区别，力图从认识论意义上的物向存在论意义上的物回归。他说："什么是物呢？迄今为止，对于物之为物，就如同对于切近一样，人们还极少作过思索。……作为一个独立之物的自立（Selbststand），壶区别于一个对象（Gegen-stand）。"① 在此，海德格尔把"自立"视为物的根本特征。马克思有大量的强调存在论意义上的物的论断。他在《1844 年经济学哲学手稿》中说："没有自然界，没有感性的外部世界，工人什么也不能创造。""人直接地是自然存在物。"② 针对黑格尔哲学把现实的自然界和现实的人抽象化和虚无化的做法，马克思肯定费尔巴哈强调感性直观的唯物主义性质和理论贡献，批评唯心主义的神秘性和思辨性。在《神圣家族》中，马克思说："人并没有创造物质本身。甚至人创造物质的这种或那种生产能力，也只是在物质本身预先存在的条件下才能进行。"③ 在《德意志意识形态》中，马克思肯定"外部自然界的优先地位"④，把人看作有血有肉的、可以通过经验观察到的人。列宁的物质定义，不是从本原或始基的角度理解世界，也就是说，不是探讨"世界从哪里来"和"构成世界的基本元素是什么"，而是从"世界的本质是什么"的角度给予物质概念"客观实在"的抽象规定，这一规定滞留、盘桓于自然之物的层面。

其次，马克思的物是社会之物。如果仅仅看到物的自然性而忽视它的社会性和历史性，就会混淆马克思和费尔巴哈的原则差别。社会之物和自然之物的主要不同在于，是否从主体的方面把物当作实践的对象去理解。纯粹的自然是与人无关的自然，现实的自然是人化的自然。在马克思看来，离开人的实践就无法理解物质生活本身的生产，无法理解历史的世俗基础，感性活动是"整个现存的感性世界的基础"⑤。人是对

① 孙周兴选编：《海德格尔选集》（下），上海三联书店 1996 年版，第 1167 页。

② 《马克思恩格斯全集》第 3 卷，人民出版社 2002 年版，第 269、324 页。

③ 马克思、恩格斯：《神圣家族，或对批判的批判所做的批判》，人民出版社 1958 年版，第 58 页。

④ 《马克思恩格斯选集》第 1 卷，人民出版社 1995 年版，第 77 页。

⑤ 同上。

象性的存在物，总是要把自己的本质力量对象化，并在对象性的存在中实现自己的价值，所以，对象化和外化是人的本质性活动，且是任何一个时代的人们不能摆脱的活动。马克思说："非对象性的存在物是非存在物。""非对象性的存在物，是一种非现实的、非感性的、只是思想上的即只是想象出来的存在物，是抽象的东西。"① 人在对象性的活动中体现自己的目的和意志，从而使得对象化的物不再是纯粹自然的物，而是人化的物，体现人的目的性的为我之物。劳动产品就是对象化的社会之物。施密特在《马克思的自然概念》中，站在社会之物的立场批判自然之物，特别强调马克思的人化自然思想，有其合理之处。

再次，马克思的物是异化之物。异化之物和社会之物的区别在于，异化之物是一种社会之物，但社会之物不一定是异化之物；异化之物是人类特定历史阶段的产物，社会之物是人类的永恒现象；异化之物的前提是私人劳动和社会劳动、劳动和资本的对立，社会之物没有这一要求。黑格尔混淆了异化和对象化的关系，从而把异化消融在外化和对象化的概念之中。马克思天才地看到了异化和对象化的区别，看到了造成异化的根源在于资本主义生产关系，从而进一步科学地揭示了资本主义的本质和规律。在马克思看来，异化之物的典型形态是商品。商品是"古怪的东西，充满形而上学的微妙和神学的怪诞"②。它是一种敌视人奴役人的异己力量。劳动在商品生产中不是自由自觉的目的性活动，而是谋生的手段。工人在商品生产中不是肯定自己，而是否定自己。在国民经济学家看来，工人不是有尊严和情感需求的人的存在，而是"劳动的动物"，工人存在的意义在于使得资本增殖，他只有在资本家的利益需要他活着的时候才能够活着。死劳动支配活劳动，过去支配现在，物支配人，这就是商品生产的荒谬图景。马克思说："我们的一切发现和进步，似乎结果是使物质力量成为有智慧的生命，而人的生命则化为愚钝的物质力量。"③ 卢卡奇的物化概念延续了马克思的异化思想。日本学者广松涉进一步区分了物化和物象化，推

---

① 《马克思恩格斯全集》第 3 卷，人民出版社 2002 年版，第 325 页。
② 《马克思恩格斯文集》第 5 卷，人民出版社 2009 年版，第 88 页。
③ 《马克思恩格斯选集》第 1 卷，人民出版社 1995 年版，第 775 页。

进了从异化角度对物的理解。国内有学者准确而简洁地揭示了物化与物象化的关系："在马克思那里，物化只是表示一种人由物来标识，人与人的关系由物与物的关系来标识的客观事实。而当人们发现这个事实隐含的奥秘，发现物背后隐藏着人，物的本质和奥秘是人；或者物与物的关系背后隐藏着人与人的关系，物物关系的本质与奥秘是人人关系的时候，就是物象化了。"①

最后，马克思的物是拜物教之物。拜物教之物区别于异化之物的地方在于，它已经不仅仅是社会关系的物化，而且是观念的物化、精神的物化。也就是说，它不仅是表明资本主义社会的一种客观状况，即物与物的关系支配人与人的关系的事实，也不仅仅是人们对这一事实的了解和认识，而且进一步表明人们在观念层面认同和接受这种异化。异化的观念认同和接受就是拜物教，它是物化的社会关系决定的意识形态，乃是一种"虚假意识"和商品生产的普遍性操控的表现。马克思说："劳动产品一旦作为商品来生产，就带上拜物教性质，因此拜物教是同商品生产分不开的。"② 拜物教的信徒坚信，物（商品、货币、资本）是人们全力以赴追求的对象，人的逻辑服从于物的逻辑。拜物教的典型表现形态是生产主义和消费主义，它们在人们貌似自由的思想和行为下巩固和掩盖着资本主义生产方式的剥削本质，因而是意识形态的欺骗。拜物教导致的后果在于，人的高贵的理想和追求平面化、世俗化和物欲化，人成为失去否定性思维能力的单向度的人（马尔库塞）。鲍德里亚试图推进马克思的拜物教理论，他的符号政治经济学强调应从商品拜物教转向能指拜物教，凸显了物的时代内涵的变化，不乏真知灼见，但却付出了背离历史唯物主义基本立场的代价。

马克思重点关注的是异化之物和拜物教之物。由于对物的内涵的不同理解，学界有对马克思的哲学变革和精神实质的迥异看法，引发诸多重大问题的争论。毫无疑问，意义问题也离不开马克思对物的特定理解。

---

① 刘森林：《物、物化、物象化：马克思物论的新认识》，《高校理论战线》2012 年第7 期。

② 《马克思恩格斯文集》第 5 卷，人民出版社 2009 年版，第 90 页。

二 物的统治与意义世界之基础的嬗变

按照马克思的看法，历史上有两种私有制，一种是以自己的劳动为基础的私有制；另一种是以剥削他人的劳动为基础的私有制。资本主义私有制是第二种私有制，它以第一种私有制的消灭为前提。资本主义私有制造成人与物的对立，最终形成物对人的支配和统治。也就是说，人对物的依赖是现代世界的本质。此处所言之物，乃是异化之物。物的统治之实质是人与人的抽象社会关系作为客观的外在的异己力量对人的控制和支配。

物的统治体现在技术、经济、政治、文化、社会、生态等社会生活的各个方面。在技术层面，实用主义和效率至上是最高的原则，它的目的不是人的福祉，而是利润和财富的积累，结果造成物质的丰裕，同时加剧了世界物质化的步伐；在经济层面，自由贸易和等价交换是最高原则，作为资本主义本质现象的形形色色商品充斥世界；在政治层面，民主权利为资本所劫持，人们赤裸裸地谈论利害关系而不是政治理想，国家机器的主轴是资本的增殖；在文化层面，技术理性压倒了价值理性，迎合压倒了引导，生产主义、消费主义、享乐主义的感性文化成为流行的价值时尚，人们放逐彼岸的神圣理想和遥远的庄严承诺，把物质的占有理解为成功和幸福的标准；在社会层面，人的感性欲望被解放，人们追求现世的经验的幸福，生活节奏不断加快，人人处在韦伯所言的"铁笼"之中；在人与自然的关系方面，自然不是诗意的栖居地，而是人类为了实现资本的增殖不惜破坏、宰制和压榨的对象。总之，人们深深地陷入物的逻辑和控制，我们的身体、活动、观念、情感、尊严等等统统变成可以出售的商品。华勒斯坦说："资本主义历史发展的冲动是把万物商品化。"① 整个社会机制就是一个物欲的生产和满足的机器。鲍德里亚敏锐地看到当代社会从物的消费向符号消费的转移，但符号消费不过是物的统治的变形和升级版而已。

物的统治造成意义世界之基础的嬗变。意义世界关涉人的精神生命

---

① ［美］伊曼努尔·华勒斯坦：《历史资本主义》，社会科学文献出版社1999年版，第3页。

的深度和丰富性，它按照对其本质的不同理解可以区分为内在固有的意义和外在赋予的意义两种常见的类别。另有否定人生的意义和取消这一问题的思路。早期的维特根斯坦把人生的意义问题视为语言的误用，认为"人生问题的解答在于这个问题的消除。"① 然而，注重超验、创造、语言分析等等的学者们自觉或不自觉地避免从经济生活出发探讨意义问题，从而陷入抽象的理论纷争。伊格尔顿颇有所悟地指出："如果人生确实有意义，那个意义肯定不是这种沉思性的。人生的意义与其说是一个命题，不是说是一种实践。它不是深奥的真理，而是某种生活形式。"② 也就是说，意义并不脱离生活，不是形而上的纯粹思辨。但是，伊格尔顿就此止步，他悲观地把现代世界看作一个追寻共同意义的失败过程。

传统意义世界之基础建立在人对人的依赖基础之上，整个社会生产是分散的、封闭的、不流动的。与之相应的哲学是柏拉图主义。人们在神、上帝、理念世界那里追寻永恒的、绝对的、普遍的、超验的、彼岸的意义世界，注重终极真理、终极价值和终极之美，贬低和抵制感性的、经验的、低俗的物质生活。在传统时代的人们看来，意义世界具有自足性和完满性，感性经验世界是虚幻的、不真实的世界。专制与神权进一步掩盖了意义世界和生活世界的内在联系，把意义世界变为崇高的、神圣的、理想性的独立抽象王国。

近代以来，意义世界之基础建立在人对物的依赖基础之上，整个社会生产是集中的、开放的、流动的、液态的。世界被祛魅并成为可算计和操纵的对象，笼罩事物的神圣光环消退了，人们不再受某种抽象的精神和观念的统治，传统意义世界的基础崩塌了。

从马克思的角度看，物质关系的变迁引起人们观念的变化。马克思说："因此，道德、宗教、形而上学和其他意识形态，以及与它们相适应的意识形式便不再保留独立性的外观了。它们没有历史，没有发展，而发展着自己的物质生产和物质交往的人们，在改变自己的这个现实的同时也改变着自己的思维和思维的产物。不是意识决定生活，而是生活

① ［奥］维特根斯坦：《逻辑哲学论》，商务印书馆1996年版，第104页。
② ［英］特里·伊格尔顿：《人生的意义》，译林出版社2012年版，第92页。

决定意识。"① 离开社会物质生活谈论意义世界的独立性和神圣性，不是出于意识形态角度考虑的虚伪和欺骗，就是没有走出意识形态的沼泽和迷雾。传统的意义世界是抽象意识的建构，其主体不是历史的文化的存在，不是带有无法摆脱的偏见的有限存在，而是抽象的具有绝对中立的神性立场的精神存在，由此出发建造的意义世界是绝对不变的永恒精神王国。从现实的人出发，意义世界是人们彼此之间及其人与生活世界之间的关系，它具有浓厚的意识形态色彩，必然要随着意义世界基础的变更而变化。当然，马克思并不是经济决定论者，并不否定其他因素的作用。也正由于此，各种处于大致相同物质生产水平的不同民族和宗教文化因各自的特殊性有对生命意义的完全殊异的理解和回答。

从人对人的依赖到人对物的依赖，从彼岸的神圣王国转向此岸的世俗王国，从专制和神权转向民主和法治，这就是意义世界之基础的嬗变，它造成意义本身的演变。在世俗与崇高、经验和超验、此岸与彼岸之间，传统意义世界试图通过否定前者和肯定后者，从世界之外给予世界一种意义；现代意义世界力图取消后者，从世界本身寻找意义。早期维特根斯坦说："世界的意义必定在世界之外。"② 他的这一观点代表了传统意义世界建构的普遍模式。

三　意义的虚无化及其局限

传统意义世界之基础的坍塌意味着传统意义的虚无化。在马克思看来，传统社会是田园诗般的、温情脉脉的、神圣的、虔诚的、有尊严的意义世界，现代的人与人的关系是赤裸裸的利害关系，流行的是利己主义和精于算计的冷静眼光。可以说，现代精神的本质是虚无主义，它是欧洲历史的基本运动。这要从以下几个方面加以理解。

首先，"虚无"是否定一切传统和权威。屠格涅夫在《父与子》中借阿尔卡季和他的伯父的对话指出，虚无主义是"用批判的眼光看待一切……虚无主义者蔑视一切权威，也不信仰任何原则，哪怕这个原则

① 《马克思恩格斯选集》第 1 卷，人民出版社 1995 年版，第 73 页。
② ［奥］维特根斯坦：《逻辑哲学论》，商务印书馆 1996 年版，第 102 页。

在周围人看来应该得到尊重"①。尼采认为，虚无主义不是某一种意义的否定，而是意义本身的否定。准确地说，尼采的"意义本身"应该是"传统意义本身"。他说："虚无主义意味着什么？——意味着最高价值自行贬值。没有目的。没有对目的的回答。"② 施特劳斯从道德意义上理解德国虚无主义，他说："德国虚无主义意欲现代文明毁灭，这是就该文明的道德意义而言的。众所周知，德国虚无主义并不那么反对现代技术设备。"③ 马克思怀疑一切的批判精神不仅是价值观念的批判，更是市民社会的解剖和批判。共产主义就是改变现存世界的现实运动。但是，马克思的批判不是纯粹的否定一切，不是为否定而否定，而是坚持辩证的否定观。

其次，意义的虚无化是"超感性领域的腐烂"。超感性领域就是形而上学构建的抽象世界，它是柏拉图意义上的理念世界和真理王国。尼采用"上帝死了"这一形象的隐喻表达超感性的观念世界对现实世界的约束力和激发力的丧失，表示柏拉图以来的形而上学之终结。海德格尔说："'虚无'在此意味着：一个超感性的、约束性的世界的不在场。"④ 海德格尔把虚无主义和形而上学联系起来，认为虚无主义的本质领域和发生领域就是形而上学。也就是说，在感性世界/超感性世界的二分中，超感性世界规定、宰制感性世界，但是超感性世界现在发生了本质性的崩塌。海德格尔说："形而上学是这样一个历史空间，在其中命定要发生的事情是：超感性世界，即观念、上帝、道德法则、理性权威、进步、最大多数人的幸福、文化、文明等，必然丧失其构造力量并且成为虚无的。"⑤ 海德格尔的看法有其道理。19世纪40年代的施蒂纳已经看到普遍、绝对、神圣的虚假性并试图加以彻底摧毁，但他最终走到另一个极端，陷入难以自拔的困境。马克思反对形而上学的先验构造，但并不反对形而上的普遍性追求的意义。或者说，形而上学仅仅是

---

① ［俄］屠格涅夫：《父与子》，长江文艺出版社2012年版，第127页。

② ［德］尼采：《权力意志——重估一切价值的尝试》，商务印书馆1991年版，第280页。

③ 刘小枫编：《苏格拉底问题与现代性》，华夏出版社2008年版，第104页。

④ 孙周兴选编：《海德格尔选集》（下），上海三联书店1996年版，第771页。

⑤ 同上书，第775页。

形而上的一种历史表现方式，不能因为形而上学的衰落和终结就否定形而上的追求，国内学者已经注意到马克思对施蒂纳所犯错误的有力批判。①

最后，意义的虚无化与主体的凸显是同一个过程的两面。近代以来的人们日益摆脱自己所加之于自己的不成熟状态，从信仰转向理性，不再相信天上的财富，不再相信神圣的彼岸的存在，转而相信科学、理性和人自身的力量，追求世俗的事物。如同过于注重彼岸的世界一样，现在的人们是过于执着于现实的事物，以至于暴露出精神上的极端贫乏。施特劳斯说："西方的危机在于西方渐渐不再确信自己的目标。"② 也就是说，西方不再对自己的未来和人类的未来具有信心，从而陷入尼采预言的目标丧失之虚无。上帝的退隐伴随着主体的凸显。由于不同的人们（比如尼采、屠格涅夫、马克思）对主体的认识不同，凸显的内容亦有所不同。尼采视野中的现代性具有这样的特点："本能取得了至高无上的统治地位。"③ 尼采的超人就是具有精神权力的高等的人，具有最高价值的人，蔑视一切基督教道德和传统的人。屠格涅夫笔下的主人公巴扎罗夫是一个虚无主义者，但他崇尚理性、经验和科学。马克思批判宗教的虚幻和欺骗，崇尚自由、理性和科学，相信进步和人类的解放。

虚无主义的局限在于，它没有完成意义的创生。虚无主义的价值在于"打扫干净地面"④。也就是说，它的贡献在于提供意义生成的可能性空间，不在于提供精神生活的替代品。另外，它瓦解了专制和神权，把一种具有麻醉作用的精神安慰品剔除了出去。尼采的虚无主义不仅是以往价值的颠覆，而且更是价值重估和新价值的设立。海德格尔说："虚无主义并不追求单纯的一无所有。它的真正本质在于一种解放的肯定特性。"⑤ 广为流行的一种见解认为，现代人是无家可归的流浪者。这是指现代人的精神家园的丧失和无所凭依。这固然是一种不幸，但如

① 刘森林：《马克思与虚无主义：从马克思对施蒂纳的批判角度看》，《哲学研究》2007年第7期。
② 刘小枫编：《苏格拉底问题与现代性》，华夏出版社2008年版，第4页。
③ ［德］尼采：《权力意志——重估一切价值的尝试》，商务印书馆1991年版，第227页。
④ ［俄］屠格涅夫：《父与子》，长江文艺出版社2012年版，第151页。
⑤ ［德］海德格尔：《尼采》（下），商务印书馆2002年版，第908页。

果据此要求回归传统的意义世界，则更是一种不幸，亦是不可能做到的事情。道德浪漫主义哀叹虚无主义的出现和现代人的不幸，他们忽视了虚无主义的解放意蕴。俗话说，不破不立。但是，"破"仅仅是手段，"立"才是目的。

从马克思的角度看，人对物的依赖破坏了传统的等级制关系，扯断了封建的羁绊，挣脱了传统的束缚，为人的自由个性的解放提供条件。物化和拜物教造成物质至上主义，种种量化指标之追求，从深沉和崇高走向平面化和物质化，但它同时也是人们普遍的交往得以可能的前提。虚无化本身蕴藏着走出虚无的道路，不能站在前现代的角度哀叹现代社会的道德堕落并否定现代社会开拓精神创造空间的积极意义。

四　遏制物的逻辑与虚无主义的克服

马克思在《〈政治经济学批判〉序言》中说："物质生活的生产方式制约着整个社会生活、政治生活和精神生活的过程。"[①] 也就是说，物和意义不是漠不相关的两个领域，而是彼此紧紧纠缠在一起，具有一种内在的联系，物的状况对意义世界的性质和变化具有决定性的作用和影响。这一看法突破了屠格涅夫、陀思妥耶夫斯基、尼采、海德格尔等思想家们单纯从思想文化层面探究虚无主义的思路。现在的任务在于，如何立足生活实践建构切中时代的精神家园。

价值虚无主义不仅是一个理论的问题，而且是一个现实的问题。它是现时代的精神本质。寻找它的解决方式，也就是寻找当代人的精神家园和出路。从历史唯物主义的基本立场出发，克服价值虚无主义有两条相辅相成的路径。

第一条路径是从物质生产的层面入手。自由个性的确立和新的意义世界的建构不能仅仅停留于观念层面，而要有现实的物质前提。由于物化是虚无主义的根源，因之消除物化现象就是克服虚无主义的根本出路。

阶段解决和总体解决是消除物化的两个必要步骤。第一步是阶段性解决，即在市场经济和商品生产的环境下，遏制物化逻辑的泛化，也就

---

① 《马克思恩格斯文集》第 2 卷，人民出版社 2009 年版，第 591 页。

是说，避免物的逻辑从经济领域向政治和文化领域的非法渗透和入侵，避免或消除观念的异化即拜物教。第二步是总体解决，即消除资产阶级生存和统治的根本条件，也就是消灭资本逻辑，消灭雇佣劳动。消除物化不是否定对象性活动。按照马克思的说法，我们要消灭的是劳动的雇佣性质，而不是劳动本身；要剥夺的是奴役他人劳动的权力，而不是剥夺任何人占有社会产品的权力。这就要求去资本化，即消灭特定的生产方式，从而解放无产阶级和生产力。马克思说："无产阶级只有废除自己的现存的占有方式，从而废除全部现存的占有方式，才能取得社会生产力。无产者没有什么自己的东西必须加以保护，他们必须摧毁至今保护和保障私有财产的一切。"① 施蒂纳拒绝一切普遍、绝对、国家、神圣等等，强调个体化的"唯一者""我"，陷入绝对利己主义，它以私有制的存在和承认为前提，因而根本不是虚无主义的解决。马克思也因此轻蔑地把他看作小资产阶级的代表。

第二条路径是从道德文化层面入手。强调物的层面的基础性和重要性，并不否定道德文化的自主性救赎，否则就会陷入唯经济主义的陷阱。唯经济主义取消人的精神的主体性和相对独立性，把它看作消极的衍生物，从而把人的精神维度消融在经济维度之中，使人蜕变为经济动物和机械的存在，从而违背了历史唯物主义的精神实质。事实上，物化逻辑的遏制并不必然造成一个新的意义世界。尼采的强力意志的形而上学是一种克服虚无主义的方式，现代宗教学家们力求劝诫人们回到某种古老的信仰也是一种克服虚无主义的方式。他们的问题不在于从道德文化角度入手，而在于把这个角度看作根本出路，从而走向了另一个极端，否定了物的层面的决定性作用。

我国倡导文化强国战略和社会主义核心价值观建设，力求借助传统文化的优秀遗产和西方文化的进步因素凝练以马克思主义为体的新时代精神力量，遏制物化逻辑的泛化，克服仅仅注重感性生活的消费主义、物质主义、享乐主义等价值虚无主义倾向，这是值得肯定的积极尝试。有人对中国特色社会主义是否存在虚无主义存在异议，认为虚无主义与西方形而上学内在关联，而中国虽有丰富的道学传统，却没有严格的西

---

① 《马克思恩格斯选集》第 1 卷，人民出版社 1995 年版，第 283 页。

方意义上的形而上学，因而"上帝之死"是西方道德基础的坍塌，撼动了整个西方文明的根基，但在中国谈论虚无主义有些文不对题。在此，我们必须承认中国文化传统和形而上学的异质性，然而也必须承认商品经济和人对物的依赖的必然性和普遍性，承认伴随市场经济而来的传统之陨落与感性文化和物质主义的泛滥，从而必须明辨具有中国特色的虚无主义现象并加以诊疗。

两条路径的宗旨在于，克服人与物的同一性，提升人的精神生命，保持一种超越性的形而上追求。这一宗旨以人的自由全面发展为旨归，乃是资本逻辑之必然性锁链的断裂。康德已经自觉地区分了必然与自由，反对用必然性取消自由。在他看来，现象领域以自然必然性为原则，超验的本体领域以自由为原则。我们不能同意康德割裂现象与本体的做法，但他的道德领域之自由和绝对命令的强调却对我们摆脱经济动物的命运是一种启发。

第四章　文化工业、消费主义与虚无的空间生产

马克思虽然没有过多地直接讨论精神生活和虚无主义问题，但他的资本逻辑之批判理论却为这一问题定向。现在的关键之点仅仅在于，面对 20 世纪以来世界格局的调整和实践条件的改变，如何从马克思主义基本立场、基本观点和基本方法出发分析发达工业社会的资本运作和精神生活的状况以及两者之间的关联，从而实现马克思主义理论的时代化，彰显马克思主义理论的解释力。对此，西方马克思主义者进行了深入的探讨，我们在这里主要通过文化工业批判理论、消费主义批判和空间理论力求重新认识他们的有关思想及其意义。

第一节　文化工业：意义的丧失

文化工业理论是法兰克福学派的重要思想。霍克海默、阿多诺、马尔库塞等从文化的工业化出发，批判资本主义对人的精神的阉割及其荒谬性，由此引出颇为左倾激进的革命结论。他们的研究思路新颖而具有时代感，文笔犀利，但批判有余而建构不足，亦有片面性。

一　文化与意义

文化是一个极为复杂的现象，不同民族不同时代有不同的文化。这里并不打算穷尽它的方方面面，而是围绕基本而重要的三个问题进行讨论。

其一，文化与文化观。据不完全统计，目前为止，关于文化的不同定义有数百种。西方语言中的文化一词指对土地的耕耘、加工和改良。汉语中的"文"指纹理，"化"指变易、生成。"文"和"化"并用是在战国末年，指按照人与人之间的人伦关系对人民进行教化，使他们达到文明状态。大致来讲，文化也是人化，有广义和狭义之分。广义的文化指人类在社会实践过程中创造的一切物质财富和精神财富的总和。狭义的文化指人们在社会实践中创造的精神财富的总和，包括宗教、道德、风俗习惯、艺术、科学等一切社会意识形式，有时专指教育、卫生、体育、艺术、文学、科学等方面的知识和设施。狭义的文化概念包括意识形态，也包括非意识形态的部分，因而比意识形态概念的范围要大。广义的文化相对于自在的自然而言，有物质文化、制度文化、精神文化之分；狭义的文化仅指相对于物质文化的精神文化部分。根据不同的标准，文化有精英文化与大众文化、传统文化与现代文化、东方文化与西方文化等等的区分。文化有民族性、地域性、多样性、历史性、阶级性的特征，比如不同民族的文化颇为不同，西方文化是罪感文化，它强调人生下来就是有罪的，这就是原罪，因而须要内在的反省和忏悔，中国文化是乐感文化，它强调乐天知命，超脱豁达。总体来讲，学界的一种说法还是不错的：中国文化重点关注人与人的关系，西方文化重点关注人与自然的关系，印度文化重点关注人与自我的关系。

文化和文明的区别在于，文明与野蛮、愚昧相对，而文化与自然相对。文化有低俗和高雅之分，积极和消极之分，文明指的是文化的进步方面和积极成果，因而比文化的概念范围要窄一些。相对于自由、平等、民主的现代文明，迷信、女性裹小脚、寡妇殉葬就是一种文化，而不是一种文明。在印度和中东的一些地区，被强奸的女性受害者不是同情的对象，而是嘲笑和鄙视的对象，原因在于她变得不贞洁了，而在她们所处的宗教文化传统中，一个不贞洁的女性（不论什么原因）是不值得尊敬的。这种宗教文化很难说是文明的。文化的根本作用就在于创造和提升文明。

文化观是人们对文化的根本看法和观点。在同一文化环境中长期生活的人们形成大致相同的对自然、社会、人生的基本观点和信念。具有同样文化观的人们彼此按照共同的原则和规范沟通、交往和活动。东西方的人们的初期交往活动常会发生误解和困难，他们彼此的陌生感源自不同的文化观。所谓文化中国的提法，根本之点在于，它力求超越政治地域的局限，通过相似的语言、风俗和历史传统，比如清明节、中秋节、春节、包饺子、汉语等，实现大中华的文化认同。马克思主义文化观的根本之点在于，它不同意把文化先验化，反对脱离物质生活和社会实践考察文化现象，更反对把文化视为历史决定性因素的立场。它的基本看法在于，文化是社会生活的能动反映，它是源自群众的精神产品。目前引起热烈讨论的生态文化，不是文人们书斋中想出来的自娱自乐的问题，而是现实的实践要求。

其二，文化是意义的承载。这一说法不可被理解为文化仅具有方法论的意义，似乎人之意义和价值乃是外在于文化的东西。事实上，文化对于意义而言具有本体的意义，也就是说，文化本身就是精神之乡。文化不是外在的形式，它的内在的精神气质才是意义的负载。所谓文化精神，乃是一种文化中体现的对人之尊严、情感和价值表达方式的理解。脱离文化的价值和意义是难以想象的。卡西尔说，人是文化的动物。我们也可以说，人是唯一追寻意义的动物，也就是追问突破生存的有限性之可能。儒家的舍生取义，杀身成仁，就是把仁义视为人生的意义所在。道家的顺其自然，逍遥与齐物之论，则是看重自然本体的规律，反对逆天而为。佛教的生死轮回、善恶报应、空无之论，却是以否定的方式讨论意义问题。基督教文化吸收古希腊哲学的精华，强调绝对、永恒、至上、超验的存在，乃是把人的意义和价值放置在高不可及的彼岸世界，把上帝视为此世的有限存在之价值支撑。无论古今中西，文化都是人们生活的意义之精神家园，这意味着文化不是一种认识论意义上的学说或理论，而是对人的灵魂实际发生作用的事情的描述。

党的十八大报告中明确地讲："文化是民族的血脉，是人民的精神家园。"[①] 这一说法的动机在于促进我国的文化建设，背景却是中国近现代社会转型过程中的文化失落和价值断裂及其由此造成的意义生活之丧失。传统文化曾是礼仪之邦的中国人的精神家园，人们有共同的价值

---

① 胡锦涛：《坚定不移沿着中国特色社会主义道路前进 为全面建成小康社会而奋斗——在中国共产党第十八次全国代表大会上的报告》，人民出版社2012年版，第30页。

信念和追求，也由此造成超稳定的适合于农业文明的社会结构。但在鸦片战争以来西方列强的入侵下，旧知识分子为首的中国人之精神信念坍塌了，他们看到一个不亚于东方文明的西方文明，一种同样灿烂和历史悠久的不属于儒道文化的古希腊文化，而且这种文化在近代以来的器物层面的技术进步和物质成就，不再是一概斥之为奇巧淫技就可以置之不理的。中国人的天下观念受到前所未有的冲击，历经新文化运动的破旧，还有更极端的"文化大革命"的破坏，传统文化的价值观念和社会秩序观念几乎丧失殆尽了。一个令人忧思的现象是言必称西方，然而西方文化的外在性与中国人的精神血脉总是隔了一层。如何在多元文化的背景下，在中西马的会通中实现立足于当代中国伟大实践的文化创新和文化整合，建造引领和提升社会精神生活的具有中国特色、中国风格、中国气派的新文化，解决人们普遍存在的精神焦虑、困惑、迷惘，在当今资本逻辑主导的格局下保持社会主义的方向，不要成为物欲和拜金主义的俘虏，不要沦为西方的文化殖民地，成为当下文化建设的迫切任务。

其三，有文化不等于有充实的精神生活和生命的意义。有文化的人在当今被简单地当成有知识的人，有知识的人又简单地被当成高学历的人，从而似乎高学历的人就是有充实的精神生活的人和有生活意义的人，这是我国古代以来"万般皆下品，唯有读书高"的现代体现，亦是一个漏洞百出的逻辑推理过程，它与经验事实完全背离，现实当中有知识有文化而没有高尚情操和理想追求的知识分子比比皆是。它隐含的另一个含义是，没有读过书的文盲就没有生活的意义和价值，或仅具有较低的意义层次。这也是一种明显的悖谬和偏见。文盲固然不识字，但他的灵性生命亦属于处身其中的文化中的存在，并在特定的历史文化传统中成长，他的价值观念、行为方式、思维习惯都隶属于这种文化。他的气节和精神品质并不取决于他是否识字，而取决于他的道德熏陶和意志品质。根本之点在于，知性生活和德性生活混同了，导致用认知能力取代情感评价、道德评价和意志品质评价。这一混淆的相反表现就是用德性生活取代知性生活，完全不顾事物的规律和内在本质，这一取代的后果在于，它或者是淳朴的简单的道德生活，或者就会陷入不顾历史和现实趋势的原教旨主义，其建立在无知和盲目基础上的狂热信仰背后是愚昧和不可理喻。

生命的意义和精神生活的充实关乎文化的最高层次和本体层面，而不仅仅是文化的健康与丰富与否。健康的文化是与粗俗、低俗、庸俗文化相比较而言的，丰富的文化是相对于贫瘠的文化生活而言的。现代印刷术和信息技术已经突破传统社会的知识传播障碍和困难，人们可以轻松地获取极其遥远的地方的信息和了解发生的事件。换句话说，这是一个知识爆炸的社会，人们淹没在知识的海洋里，缺的是阅读和思考的时间。尽管个别落后的地方和部分人们由于贫穷和地域的原因，尚不能分享大数据时代的种种便利，但这不能影响这个时代的基本特征。然而，网络和信息时代的文化之丰富性不能掩盖文化意义之缺失的事实，不能取代终极性问题的追问。人们在当今丰富的文化生活中感受到世俗化的逼迫，充斥网络文化中的功利主义和色情暴力等内容，乃是身体的诱惑和感性欲望的张扬，它不反思生活本身的意义和价值，不考虑身前身后的事情，它挤占人们的心灵生活之空间，进而加剧人们的生命之无所归依和寄托的感受。

简言之，文化和意义不是等同的，今天缺的不是文化，而是有意义的生活。这并不是说，文化和意义是完全割裂的无关的存在，而是意味着在文化建设中不能仅仅关注文化的丰富性，而要更加关注文化精神和文化理想，注重文化的全面性和复杂性，而不是简单地把它等同于文化产品数量的增长。

二　文化工业及其批判

文化工业是法兰克福学派的术语，它是大众文化在特定历史条件下的现代形式。大众文化与精英文化是对立的范畴，精英文化是超越实用功利目的的高雅的审美文化，受众是社会的精英和少数人，它的形式有芭蕾舞、话剧、交响乐、古典艺术等；大众文化是具有娱乐化、通俗化、商业化、市井化特征的审美文化，多是小题材小叙事，格调较低，受众是大多数人，它的形式有电影、电视、广播、流行音乐、相声、小品等。大众文化的受众是普通老百姓，但这不意味着它的出发点和目的是服务于人民群众。相反，在工业化和资本逻辑的支配下，普遍替代特殊，大众文化的文化功能在萎缩，它对群众的控制和榨取功能日益突出，称之为文化工业更为恰当一些。

文化工业理论是法兰克福学派的社会批判理论的主要形式。法兰克福学派并不是否定经济基础的地位和作用，而是在反对正统马克思主义的经济决定论倾向的过程中把关注的重心转向文化和意识形态，强调文化的结构和作用。文化工业的根本特征有以下四个方面：

一是媚俗。这是文化工业的价值取向。价值层次有高有低，较高的价值层次涉及精神超越，较低的价值层次涉及感性和肉欲。俗不是坏，它也是人性的不可割裂的一部分，但它绝不是高尚，常与人性的本能和底线的善良联系在一起。媚俗的关键在于，它是迎合，而不是引导。也就是说，面对人性的自私、卑劣、贪婪、胆怯、虚荣以及各种感性欲望、低俗的趣味和偏好，它不是批判和鞭挞，而是理解和同情。它绝不刻意追求崇高和宏大叙事，没有自己的真理和价值坐标，没有超越，而是以大众的口味为目标。不同价位杂志的风格之区别不是取决于主观因素，而是取决于消费者的分类、组织和标定。它追求的是时尚和流行，而不是逻辑、道德和审美。霍克海默和阿道尔诺（又译阿多诺）说："公众的态度，在名义上和实际上都支持着文化工业体系，因此它也是这个体系的一部分，并没有被排除在外。"①

二是复制性。这是文化工业的生产方式。艺术原是极具个性化的稀缺存在，但现代工业提供了标准化、齐一化的生产方式之后，文化的大众化成为可能。按照一定的标准和程序，流行歌曲、肥皂剧、音像制品、电影、书籍等可以被大规模地生产出复制品。班杰明指出，机械复制技术的进步是人类历史发展的漫长过程中实现的。艺术品原是独一无二的存在，但古代木刻、印刷、石印等技术的依次出现，逐渐使得复制成为可能。现代工业的复制技术已经与传统时代有质的不同。我们可以进一步指出，信息技术的出现，复制、粘贴的容易程度已经再次变革了人们的文化生产和传播观念。复制性消除了距离感，它使得人们对轻易获得的艺术复制品缺少了传统时代的人们对待艺术品的崇敬和欣喜。复制有两种，一种是从形式到内容的批量生产式的复制，比如通过印刷术复制同一册书，电影拷贝的复制；另一种是形式不变，风格不变，所要

---

① ［德］霍克海默、阿道尔诺：《启蒙辩证法》，上海人民出版社 2003 年版，第 136 页。

表达的理念不变，调整内容的情节和细节，比如同一类型电影的复制，它比第一种复制稍微复杂一些，但有经验的观众还是能够在电影一开演的时候就大致准确地猜出结局。

三是商品化。这是文化工业的经济动因。文化领域不是一个独立的精神领域，而是被资本这一"绝对的主人"所支配，文化产品成为与其他商品没有本质区别的批量生产的商品，遵从商品生产和消费规律。文化创造不是艺术家个性化的精神追求，而是按照消费者的需求被生产，甚至这种生产活动本身也变成了类似于机械加工的流水线，一部影片（比如贺岁片）的酝酿和构思的全部过程首先是为了商业利润而满足人们娱乐化的需要。作品的成功与否不是作品本身的审美价值，而是它的卖座率、收视率、经济效益。人们从经济学的而不是文学艺术的角度看待文化。霍克海默和阿道尔诺说："电影和广播不再需要装扮成艺术了，它们已经变成了公平的交易，为了对它们所精心生产出来的废品进行评价，真理被转化成了意识形态。它们把自己称做是工业；而且，一旦总裁的收入被公布出来，人们也就不再怀疑这些最终产品的社会效用了。"① 文化产品的人文价值在文化商品化过程中被消解了。

四是控制性。这是文化工业的实际功能。文化工业提供给人们的文化商品表面上是满足人们的主观需要，但这种需要绝不是人们的自由选择和天然之物，而是被商业化的广告运作激发出来的虚假需要。主体创作和欣赏的自主性和想象力被扼杀和瓦解，变成不由自主的机械反应。文化工业从外部祛除了艺术的真理性，而在内部重建了商品的真理性，经济理性战胜了真理。所谓的艺术自由，不过是艺术的商品化生产的自由，所有艺术只有变成一种商品类型才被认可，否则就被边缘化并成为不合时宜的存在。文化工业是资本主义意识形态的传播和控制的天然形式。文化工业是通过培植支持统治和维持现状的顺从意识而实现操纵和控制大众的目的。当然，这种文化工业的控制表现为被控制者的接受和认同，他们在娱乐中不知不觉地被控制。关键在于，文化工业提供的娱乐和消遣，不是人性的升华，而是感性欲望的刺激，乃是假正经的低俗，它的僵化的模式剥夺了大众，吞噬了真正的娱乐性。个体的快乐和

---

① ［德］霍克海默、阿道尔诺：《启蒙辩证法》，上海人民出版社2003年版，第135页。

幸福以放弃对万能的社会的抵抗和他们的个性为前提，流行的个性是虚假的个性，它仅是细节方面的更改，在本质上，它必须与标准化生产方式需要的普遍性保持一致才能被容忍。有学者指出："正是现代社会文化工业所制造的各种产品阻碍着人们正确认识自己的生存处境和实际利益。"① 文化工业清除了人们的反抗能力，控制了人们的思想和行为。

　　针对文化工业现象，西方马克思主义进行了深入的批判。在他们看来，文化工业的消极后果在于，一是它否弃了艺术真理；二是它造成单向度的人。

　　文化工业的标准化生产必然要否弃人的个性和艺术真理，否弃意义感。在阿多诺看来，文化工业在工具理性的支配下，按照合理化的程序和标准仅仅是在生产商品，而不是在生产艺术品。合理化的标准是万能的标准，它把个性和标新立异的存在要么整合到自身的机械化性能之中，要么在敌视中逼迫它们消失在人们的视线之外。文化工业对艺术的侵蚀表现在它既否定了意义，又否定了艺术的传统形式。印象主义、达达主义等艺术生产的现代形式拒绝表现意义，又是一种反艺术的形式。为艺术而艺术的理想成为古老的传统和理想，艺术的异化是文化工业时代的真相。

　　文化工业造成人的单向度发展。单向度指的是现代社会的人已经在价值取向上丧失否定、批判和超越的能力。"当代工业社会是一个新型的极权主义社会，因为它成功地压制了这个社会中的反对派和反对意见，压制了人们内心中的否定性、批判性和超越性的向度，从而使这个社会成了单向度的社会，使生活于其中的人成了单向度的人。"② 造成这一单向度状况和极权主义社会的手段不是恐怖和暴力，而是技术的进步。马尔库塞说："我们社会的突出之处是，在压倒一切的效率和日益提高的生活水准这双重的基础上，利用技术而不是恐怖去压服那些离心的社会力量。"③ "在技术的媒介作用中，文化、政治和经济都并入了一种无所不在的制度，这一制度吞没或拒斥所有历史替代性选择。"④ 马

---

① 陈学明：《文化工业》，扬智文化事业股份有限公司1996年版，第28页。
② ［美］马尔库塞：《单向度的人》，上海译文出版社2006年版，"译者的话"第2页。
③ 同上书，第2页。
④ 同上书，第8页。

尔库塞试图表明，技术进步造成多元主义的衰落，政治对立派别之间的和解；不同人们共享同样的生活，从而失去抗议的动力；文化超越性的丧失，人们已无法想象不同于现实生活的另一种生活；实证主义和分析哲学这种无批判地接受既定事实的单向度思维方式哲学的胜利。这是一个舒舒服服的极权主义社会或不自由社会。

文化工业造成文化危机与人的畸形，它是在新技术的辅助下统治阶级对统治者进行的新型压迫和控制的方式。反抗这种压迫和统治，实行文化革命和文化救赎就是必然之义。马尔库塞指出："下述事实却为当代社会的批判理论及其必然发展提供了根据：社会整体日益增长的不合理性；生产率的浪费和限制；对侵略扩张的需要；经常的战争威胁；剥削的加剧；人性的丧失。所有这些都指向这样一种历史的替代性选择：有计划地利用资源并花费最小量的劳动以满足根本的需要；把闲暇时间变为自由时间；并使生存斗争和平化。"① 阿多诺把拯救资本主义的希望寄托在文化、美学和艺术领域，在他看来，文化艺术具有独立自主性，它们超出物质的功能和时空的限制，能够协调主观与客观、内容与形式的各种关系，而与人类的美好理想和幸福相伴。马尔库塞主张文化革命，在他看来，文化有高级文化和大众文化之别，大众文化是物质文化，亦是文化工业的关联物，它们排斥高级文化，造成种种社会问题，他的使命在于重新唤起人们对高级文化的重视，重新发挥高级文化的批判功能，激发艺术的解放潜能。马尔库塞认为，艺术对抗既定的现实原则，描绘人们解放的图景，赞美普遍的人性和美好的灵魂，反抗奴役和压迫，它的作用不在于改造资本主义的政治经济结构，而在于改造人，实现人的感性的解放和审美的解放。

毫无疑问，法兰克福学派的文化工业及其批判理论对于我们认清文化工业的种种负面作用有积极意义。不足之处在于，他们不是从政治经济的角度探寻资本主义解放的可能性，而是从文化的角度寻求出路，陷入悲观的境地；他们不提文化工业对守旧文化的破除、对传统美学的解构、对实现文化的社会共享、破除少数人对文化的垄断特权、提升人们的生活品质的积极意义，一概否定文化工业，似有片面之嫌。

---

① ［美］马尔库塞：《单向度的人》，上海译文出版社 2006 年版，第 230 页。

三　意义建构的辩证法：实现经济效益和社会效益的统一

目前讨论的文化产业就是法兰克福学派批判的文化工业。按照联合国教科文组织的定义，文化产业是按照工业标准生产、再生产、储存以及分配文化产品和服务的一系列活动。《辞海》对文化产业的定义："从事文化产品生产和服务、开发建设、经营管理的产业。属第三产业范畴。其基本特征是从事生产、创造价值，并通过市场交换来实现其价值增值。"① 文化产业和文化事业的主要区别在于，是否以盈利为目的。文化事业是不以盈利为直接目的的文化生产经营活动。

文化产业具有社会功能和经济功能两个方面。它的社会功能在于，一是价值观的传播。文化产品不是价值中立的精神文化商品，而是在真与假、善与恶、美与丑、好与坏、是与非之间有所判断和取舍，从而潜移默化地传播了一种价值评判标准，影响人们的思想和行为。它的大众化常常使得它的价值观在广大民众中产生较大的影响。二是实现文化的共享。人不仅需要物质食粮，也需要精神食粮。但在人类历史上，由于文化传播技术的限制等因素，普通老百姓的精神文化需求得不到必要的满足，文化教育是少数人的垄断性特权。按照马克思主义的基本立场和观点，文化源自大众，它理应是为了大众的文化，它的发展成果应由人民大众共享。市场化是实现文化成果大众化的有效手段。三是娱乐性。文化产业提供的精神食粮能够使人放松身心，情感愉悦，陶冶人的情操。另外，文化产业也是传承民族文化、凝聚民族精神、创新文化形式与内容的重要途径。

文化产业的经济功能在于通过文化产品的商业化开发实现经济效益。"经济效益是指一个文化企业通过组织生产、销售文化产品或提供文化服务所获得的一定的利润回报，具体反映在经济指标和统计数字上。"② 美国好莱坞的大片、日本的动漫、韩剧等已经形成很好的文化产业链，每年创造大量的就业岗位，实现可观的外汇收入。《阿凡达》

---

① 夏征农、陈至立主编：《辞海》（第 4 卷），第六版，上海辞书出版社 2009 年版，第 2380 页。

② 王永章：《文化产业社会效益与经济效益的关系》，《光明日报》（理论版）2003 年 7 月 9 日。

《功夫熊猫》的巨大成功，不但在票房方面实现数亿、十几亿美元的收入，而且衍生的卡通、游戏、玩具、服饰等源源不断地继续创造附加值。文化产品（电影、书籍、电视剧等）的特点在于，它的初始成本往往比较高，但复制、传播成本很低，故而销售和传播的受众越多，它的效益越大。如何获得最大量的观众，这是文化产业的关键所在。

社会效益和经济效益两个方面不是对立的关系，而是互补的关系。法兰克福学派批判文化工业的问题恰恰在于，它一味地否定市场化，指责文化市场化的种种问题，潜在地存在把文化工业的社会效益和经济效益对立的嫌疑。经济效益是文化产业的动力，社会效益是文化产业的前提和根本。同一个文化产品，不仅具有商品属性和经济价值，同时也具有精神属性和社会价值。市场是实现文化产品的双重效益的平台，自身并无好坏之分。文化产品和文化服务的生产和提供应该遵循两条原则：一是文化生产规律；二是市场规律。国内一些地方和城市的文化旅游和文化保护的良性循环实现的双赢，倒是值得重视的案例。

在某些情况下，社会效益和经济效益会发生冲突。在此情况之下，不论是社会事业单位还是自负盈亏的私营文化企业，均应体现社会效益优先于经济效益的原则，有时候为了社会效益甚至应该牺牲经济效益，国家应该依法管理和监控私营文化企业以防止为了经济效益损害社会效益的行为。有学者指出："作为精神形态的文化，毕竟有别于具体的物质，它的生产和消费有它自己独特的过程、规律、方式和目标，不能像对待商品那样，主要由利润原则来指导；文化活动必须以经济为后盾，但文化价值的实现又不能以金钱作为唯一尺度。"①

文艺是文化的重要形式，它是铸造灵魂的工程，它像阳光与空气一样是我们不可缺少的精神营养，起着陶冶情操、滋润心灵、启迪思想的作用。它追求具有永恒性与超越性的真善美，通过形象的方式影响我们的世界观、历史观、真理观、价值观、人生观，提升道德判断力和道德水平，帮助我们树立生活的目的和意义，因而具有重要价值。习近平总书记在2014年10月15日主持召开文艺工作座谈会时强调："一部好的作品，应该是把社会效益放在首位，同时也应该是社会效益和经济效益

①　陈学明：《文化工业》，扬智文化事业股份有限公司1996年版，第160页。

相统一的作品。文艺不能当市场的奴隶，不要沾满了铜臭气。优秀的文艺作品，最好是既能在思想上、艺术上取得成功，又能在市场上受到欢迎。"①

我们反对两种极端化的倾向：一种是只讲经济效益，不讲社会效益；另一种是只讲社会效益，不讲经济效益。

第一种倾向是把文化产品和文化服务纯粹作为商品进行生产和销售，完全忽视文化的精神属性和特殊性，忽视文化的内在价值和审美原则，缺少对文化理想的追求，没有对文化精神的敬畏，背离文化生产的规律和本质，衡量文化企业成功的最高标准是市场份额和经济价值。文化仅仅是赚钱的工具、手段，由此出现抄袭模仿、千篇一律、机械化生产、快餐式消费的问题就是自然而然的了。这种做法的问题在于，它给文化商品的生产者和销售者带来了可观的经济收入，给文化消费者也可能会带来个体主观的短期娱乐和感性快感，但从长期来看，它潜在地存在损害消费者身心健康的可能性，存在摧毁消费者价值观进而危害社会的可能性，因而是不应提倡的观念和行为。

这种倾向的弊端在于，一是常常把通俗变为庸俗。通俗化和大众化是文化产业的内在需要。通俗化指的是把高雅的难懂的东西用老百姓喜闻乐见的浅显易懂的方式表达出来。白居易作诗追求老妪能解的通俗，这里的通俗绝不是庸俗。它是风格问题。庸俗是浅薄无聊、品位低下。它的关注点在于色情、丑闻、肥皂剧、明星逸事等等。文化产业追求经济效益无可厚非，但在追求经济效益过程中，从不想着去引导和教育消费者，而是迎合低级趣味和猎奇心理，把通俗变为低俗、庸俗就颇为不妥。"俗"与"雅"相对，它不是无聊、下流的代名词，而是通俗、风俗之义。突破道德底线的哗众取宠、肤浅的无病呻吟、欲望刺激、吸引眼球就是低俗，充斥这种低俗内容的小品、电影、电视节目、连续剧、书籍等，理应是我们抵制的对象。这种低俗不是通俗，它激起的欲望也不是希望，追求的单纯感官娱乐也不等于精神快乐。这种现象流行的根源离不开拜金主义。二是破坏真正的文化创造力。文化创意是文化产业

---

① 新华网北京 10 月 15 日电：《习近平：文艺不能在市场经济大潮中迷失方向》（http：//news. xinhuanet. com/politics/2014－10/15/c_ 1112840544. htm）。

的生命线。单纯的逐利行为和短期行为仅会造成拙劣的模仿、跟风、雷同甚至恶搞，山寨文化的流行，但很难有根本性的文化创意突破，它对文化产权的侵犯进一步伤害文化产权所有者的创作积极性，从而在整体上减弱文化竞争力。

第二种倾向正是意识到了文化商品化的负面影响之后的另一极端化行为。在这种态度看来，文化的纯洁性在于它的精神性，因而不应该商品化并使之异化。这种态度的价值取向是值得称赞的，它注重探索人性的本质，净化人的心灵，体现人文关怀。但在市场经济的大背景下，不区分文化的复杂情况，在文化领域一概拒绝市场化，不能利用市场化的有利方面，有浪漫化之嫌，难以取得好的效果。确实有一些国家重点扶持和保护的历史文化不能也不应该市场化，我们应以社会价值为绝对原则保护一些民族的或即将灭绝的文化遗产，不能也不应以市场的大小、经济效益的多少衡量。但是，一般文化领域的市场化有利于文化保护、文化传承和文化传播。

总之，经济效益和社会效益的统一是意义建构的辩证法，与此同时坚持社会效益的优先性。关键之点在于，加强文化管理的科学性和文化制度设计的合理性。有学者指出："坚持社会效益要区别不同情况、分清不同对象、根据不同层次，提出不同要求。把社会效益放在首位，更多的应该是原创者的责任，是政府管理部门的责任，是文化产业链上游的责任，是文化事业单位的责任。如果不区分对象、不区分层次强调社会效益，就好比让百货商场的经理来把工厂产品的质量关，让卖报的老太太来把报纸的社会效益关，既不合理也不公平。"① 这一说法对于提升我们的文化软实力，加强文化建设，无疑切中要害。

第二节　消费主义与虚无主义

消费主义是虚无主义的新形式。资本与技术在当代的更加紧密的结盟伴随现代科技的发展而创造出令人惊叹的物质财富，激起无尽的消费

---

① 王永章：《文化产业社会效益与经济效益的关系》，《光明日报》（理论版）2003 年 7 月 9 日。

欲望。但这一切没有改变社会的结构性本质，从而没有改变它在精神层面的虚无主义，仅仅是给它披上了一件新的意识形态面纱。鲍德里亚说："我们知道物品什么也不是，在其背后滋长着人际关系的空虚、滋长着物化社会生产力的巨大流通的空洞轮廓。"① 这里并不打算对消费主义进行总体性的探讨，仅以鲍德里亚为例管窥它的特质。

一　鲍德里亚与消费主义

消费主义与鲍德里亚的名字分不开。鲍德里亚（1929—2007 年）是当代法国著名思想家，他在 20 世纪 60 年代开始步入学术圣殿之时，西方国家的社会转型已有时日，传统的生产型社会转向消费型社会。"我们处在'消费'控制着整个生活的这样一种境地。"② 生产型社会的特点是物的匮乏，消费型社会的特点是物的丰裕。人受到物的包围，变为官能性的人。鲍德里亚这样描述今天的社会："今天，在我们的周围，存在着一种由不断增长的物、服务和物质财富所构成的惊人的消费和丰盛现象。它构成了人类自然环境中的一种根本变化。恰当地说，富裕的人们不再像过去那样受到人的包围，而是受到物的包围。"③ 如果说卢卡奇、霍克海默、阿多诺等西方马克思主义者的物化、文化工业理论等尚在批评生产型社会的话，现在的问题在于，如何面对西方新的社会现实进行批判。鲍德里亚的立足点就是消费社会。

其一，从政治经济学批判到符号政治经济学批判。

鲍德里亚关注的物不是物的使用价值，不是它的功用性，而是物的符号功能。早在《物体系》和《消费社会》中，鲍德里亚就转向对物的社会性和消费的关注。他说："今天，很少有物会在没有反映其背景的情况下单独地被提供出来。消费者与物的关系因而出现了变化：他不会再从特别用途上去看这个物，而是从它的全部意义上去看全套的物。洗衣机、电冰箱、洗碗机等，除了各自作为器具之外，都含有另外一层意义。橱窗、广告、生产的商号和商标在这里起着主要作用，并强加了

---

① ［法］让·鲍德里亚：《消费社会》，南京大学出版社 2014 年版，第 203 页。

② 同上书，第 5 页。

③ 同上书，第 1 页。

一种一致的集体观念，好似一条链子、一个几乎无法分离的整体，它们不再是一串简单的商品，而是一串意义，因为它们相互暗示着更复杂的高档商品，并使消费者产生一系列更为复杂的动机。"① 换句话说，在物的丰盛社会里，消费控制着整个生活，物的意义不在于它的使用价值，而在于它的符号价值。生活的基本构成不是经济价值，而是浪费，浪费是极大丰盛的意义所在。鲍德里亚在《符号政治经济学批判》中进一步指出，使用价值优先性的假设是一个幻象，应当解构物、消费、需求、期望这些观念，解构把消费视为真实的物对真实主体的需求之满足的这种拙劣的形而上学，基础性的概念是象征性交换价值、社会回馈的价值、竞争的价值、阶级区分的价值。他说："物远不仅是一种实用的东西，它具有一种符号的社会价值，正是这种符号的交换价值才是更为根本的——使用价值常常只不过是一种对物的操持的保证（或者甚至是纯粹的和简单的合理化）。以其充满悖论的形式，这才是唯一正确的社会学意义上的假设。……一种关于物及其消费的精确理论由此不能建立在一种需求及其满足的基础之上，而是要建立在一种社会回馈及其意指的理论之上。"② 它类似原始社会的另一种对物的消费，即不是为了满足个人的经济需要，而是发挥散播声望和彰显等级社会功能的消费。这种消费是一种制度，目的在于社会整合，而不是源于人的基本需要的"自然法则"。

在鲍德里亚看来，物是符号，而且是差异性符号，它不再是在两个人的具体关系之中显现它的意义，而是在与其他符号的差异性关系中产生它的意义。这种消费逻辑（即符号和差异的逻辑）不同于实用的逻辑、市场的逻辑、礼物的逻辑，它是地位的逻辑。举例说，结婚戒指是特殊的物，它是象征夫妻关系的物，它和一般的戒指完全不同。一般的戒指是消费的物，它是象征饰物和时尚的符号。所谓的基本需要不过是神话，它是体系的建构物。拜物教不是所指的拜物教，即它不是对一种实体与价值的拜物教，而是能指的拜物教，即主体被差异化、符码化、体系化的物所摆布和操纵。"拜物教所揭示的并不是对于实体（物或者

---

① ［法］让·鲍德里亚：《消费社会》，南京大学出版社 2014 年版，第 3 页。
② ［法］让·鲍德里亚：《符号政治经济学批判》，南京大学出版社 2009 年版，第 2 页。

主体）的迷恋，而是对于符码的迷恋，它控制了物与主体，使它们屈从于它的编排，将它们的存在抽象化。"①

　　政治经济学和符号政治经济学的分野是鲍德里亚批判理论的前提。鲍氏概括了二者的本质特征："1. 政治经济学：在有用性（需求、使用价值等等，所有经济合理性的人类学指涉）的遮蔽之下，它构建了一个逻辑一贯的体系，一个可计算的生产力，其中所有的生产都被归结为一些简单的要素，所有的产品都在它们的抽象性中成为等价的。这就是商品的逻辑以及交换价值体系。2. 符号政治经济学：在功能性（客观的目的性、与有用性同构）的遮蔽之下，它构建了某种意指关系的模式，其中所有围绕它的符号都在逻辑的可计算性之中充当一些简单的要素，在符号/交换价值体系的框架中互相指认。在这两种情形之中，使用价值（有用性）与功能性，一个作为政治经济学的最终指涉物，一个作为设计的指涉物，成为了同一抽象过程中'具体性'的化身。"②

　　其二，从生产逻辑到消费逻辑。

　　马克思坚持一种生产的逻辑。在消费和生产的关系问题上，马克思坚持生产和消费的辩证关系，认为没有生产就没有消费，同样没有消费就没有生产。消费生产着生产体现在产品只有在消费中才成为现实的产品，消费创造出新的生产的需要；生产对消费的生产体现为它生产出消费的对象、消费的方式、消费的动力。但是，生产在两者关系中处于主导地位。他说："无论我们把生产和消费看作一个主体的活动或者许多个人的活动，它们总是表现为一个过程的两个要素，在这个过程中，生产是实际的起点，因而也是起支配作用的要素。消费，作为必需，作为需要，本身就是生产活动的一个内在要素。但是生产活动是实现的起点，因而也是实现的起支配作用的要素，是整个过程借以重新进行的行为。个人生产出一个对象和通过消费这个对象返回自身，然而，他是作为生产的个人和自我再生产的个人。所以，消费表现为生产的要素。"③

　　鲍德里亚认为，实体性内容是物质生产的基础，符号的差异关系是

----

　　① ［法］让·鲍德里亚：《符号政治经济学批判》，南京大学出版社 2009 年版，第78—79 页。

　　② 同上书，第 191 页。

　　③ 《马克思恩格斯全集》第 30 卷，人民出版社 1995 年版，第 35 页。

媒介生产的基础，物质生产的逻辑不能构成媒介生产的分析视角，因而在丰裕社会，马克思的生产逻辑已经过时，应该用消费逻辑替代生产逻辑的地位。这是鲍德里亚公开放弃历史唯物主义而转向后马克思的开端。他模仿马克思在《共产党宣言》中的口气批评生产逻辑说："一个幽灵，一个生产的幽灵在革命的想象中徘徊。它到处支持着没有约束的生产浪漫主义。生产方式的批判理论没有触及生产原则，生产方式所描述的所有概念，也只是说明了生产内容的辩证的、历史的谱系，并未触及生产的形式。这个形式以理想化的方式重新出现，隐藏在资本主义生产方式批判的背后。经过不可思议的漫延之后，这种生产形式只是强化了作为生产力语言的革命话语。"① 在鲍德里亚看来，生产主义话语支配一切是革命的幻觉，它没有超出它所要批判的资本主义体系，而是资本和政治经济学的真理，如同儿童把在镜子中的形象当作真实的自我一样，它其实是一种幻觉，是一种深层的异化，生产也是这样的镜像，人们在生产之中把自己视为进行生产、实现物质变换或带来价值的人。在《生产之镜》中，鲍德里亚批评了劳动概念、自然观念、历史唯物主义分析方法等，认为马克思总体上依然陷在劳动意识形态之中，它无法实现对消费社会的批判，因而只能用新的符号模式替代生产逻辑建立新的批判理论。

其三，从等价交换到象征交换。

在鲍德里亚看来，马克思并没有超出他所批判的政治经济学的根本原则，依然陷入政治经济学的形式之中。他给自己规定的任务不是政治经济学批判，而是符号政治经济学批判，这是适应于现代社会的符码统治及其运行方式的必然要求。他说："沿着马克思革命活动的足迹，我们必须走向根本不同的层面，超越政治经济学批判，使政治经济学的最终消解成为可能。这个层面就是象征交换及其理论。"②

等价交换关涉的是生产者、商品、消费者，它遵守经济法则和价值规律，重视功用性，发生在真实的世界。象征交换并不遵守实物之间的价值相等原则，它是"千里送鹅毛，礼轻情意重"，它是消解真实的交

---

① ［法］让·鲍德里亚：《生产之镜》，中央编译出版社 2005 年版，"序言"第 1 页。
② 同上书，第 34 页。

换行为和社会关系，具有非现实性、互惠性、可逆性、普遍性和绝对性的特征。① 也就是说，象征交换是自愿的送礼和回礼，但这种自愿的形式是某种必须如此的社会规则，它的社会意义远远大于经济意义。鲍德里亚认为，象征交换不仅是原始社会的交往原则，也是人类社会的普遍原则，它尽管在现代社会受到价值规律的阻碍，因而不再是现代社会构成层面和组织形式的原则，但依然是现代不可避免的到处可见的基本形式。他说："反馈赠中的馈赠可逆性、牺牲中的交换可逆性、循环中的时间可逆性、摧毁中的生产可逆性、死亡中的生命可逆性、易位书写中每个语言单位和价值的可逆性：唯一的大形式，在所有领域中都相同的形式，可逆性的、循环复归的、废除的形式——这一形式在各处都结束了时间的线性、语言的线性、经济交换和积累的线性、权力的线性。对我们而言，它在各处都是毁灭和死亡的形式。这正是象征的形式。它既不是神秘的，也不是结构的：它是不可避免的。"②

　　鲍德里亚对消费主义的控诉和批判，揭示了现代社会的新型控制形式，但他对历史唯物主义和政治经济学的批判，暴露出诸多的片面和偏激之处。

二　消费主义是虚无主义的一种表现

　　消费主义是这个时代的最显著特征。它与注重生产的时代确有不同，但仅是把拜物教推进到一个新的阶段，包括人们的消费观念也是依然通过广告宣传等方式生产出来，因而并没有摆脱虚无主义。

　　其一，消费主义的拜物教性质。

　　马克思视域中的拜物教不是原始社会以来的物恋，而是特指资本逻辑支配下的商品生产和交换中的人们把人与人的关系错认为物与物的关系，它有商品拜物教、货币拜物教、资本拜物教三种形式。鲍德里亚并不否认拜物教理论，但他反对马克思对拜物教的理解，试图确立能指拜物教。

---

① 孔明安等：《当代国外马克思主义新思潮研究》，中央编译出版社 2012 年版，第140—150 页。

② ［法］让·鲍德里亚：《象征交换与死亡》，译林出版社 2012 年版，"前言"第 2 页。

鲍德里亚在《符号政治经济学批判》中专门分析批判了马克思的拜物教思想："马克思用商品拜物教以及货币拜物教的概念描述了资本主义社会的意识形态，这是一种被神秘化了的、让人着迷的、心理学意义上的屈从模式，这种模式的形成是通过个体将一般的交换价值体系内化之后得到的。这些概念勾勒出了劳动和交换的具体的社会价值是如何被资本主义体系所抽象、所'异化'的，又是如何被提升为超验的意识形态的价值，如何成为道德手段，用以调节所有异化行为的。"① 在此带有某种总括性的描述中，国内有学者指出了鲍德里亚的四点错误：一是遗漏了马克思三大经济拜物教批判中最重要的资本拜物教，从而使他对马克思经济拜物教的理解只能停留在表象层面；二是他错误地把拜物教视为心理学意义上的主观屈从，没有认识到马克思的拜物教批判绝不是简单的观念批判，而首先是对客观发生在资本主义生产方式市场交换结构中的人与人的关系的物化现实的指认；三是马克思的拜物教批判理论中的物绝不是实体性的对象物，而是客观存在的现实经济关系；四是异化逻辑仅是马克思早期分析资本主义总体性社会结构和关系的理论工具，中晚期就放弃了这一带有费尔巴哈色彩的分析工具，把这一工具视为马克思的主要理论加以批判并不妥当。②

拜物教和物恋概念密切相关，物恋是对某种现实的、物质性的物的崇拜。"'物恋'这一术语经历了一些语意的歪曲。今天，它意指一种力量，一种物的超自然的特质，因此类似于主体中某种潜在的魔力，投射于外，而后被重新获得，经历了异化与复归。但在其最初的时候，它却具有完全相反的内涵：它是一种伪造物、一种人工制品，一种为了展现某种外观和凸显某种符号的劳作。"③ 在此，鲍德里亚试图通过对物恋概念的历史考察，把马克思提升到特定历史高度的拜物教重新拉回到某种历史的理解。他把商品拜物教理解为对交换价值的崇拜，物本身的崇拜，或对小玩意儿的崇拜，并认为这种拜物教在充满偶像崇拜的消费

①　[法]让·鲍德里亚：《符号政治经济学批判》，南京大学出版社 2009 年版，第74 页。

②　张一兵：《反鲍德里亚》，商务印书馆 2009 年版，第 106—107 页。

③　[法]让·鲍德里亚：《符号政治经济学批判》，南京大学出版社 2009 年版，第77 页。

领域显现的很充分。而且，他推测这种拜物教预设了未被异化的本真之物的存在。在对马克思的商品拜物教概念的批判和否定中，鲍德里亚提出，物的迷人的魅力不是它的使用价值或者内在的特性，而是由于它是符号的符码的承载，但消费理论中的拜物教徒们忘记了符号的基础性地位，误把物本身错认为与我们打交道的对象。据此，他说："即使存在拜物教，也不是一种所指的拜物教，或者一种实体与价值的拜物教（被称之为意识形态的拜物教）。在这一类拜物教中，物恋的对象将成为异化的主体。在以上对拜物教的重新阐释中，我们将发现真正成为一种意识形态的拜物教的乃是能指的拜物教。也就是说，主体陷入到了一个虚假的、差异性的、被符码化、体系化了的物之中。拜物教所揭示的并不是对于实体（物或者主体）的迷恋，而是对于符码的迷恋，它控制了物与主体，使它们屈从于它的编排，将它们的存在抽象化。"①

鲍德里亚立足于能指拜物教自以为是地批判马克思的商品拜物教。在他看来，神圣化了的不是某种特定的物或者价值，而是某种体系，比如商品的体系，这种体系侵入性别和娱乐等新的领域，这些领域就还原为可交换的符号，使用价值（需要和满足）成为交换价值的功能。他说："拜物教，其实是对于形式（即商品或者交换价值体系的逻辑）的一种（模糊的）迷恋，是一种在任何情况下，在一种限制性的抽象的逻辑体系中的攫取。一些诸如欲望、恶的欲望、符码的欲望在此显现出来：欲望，通过符号的体系化来消解、拒斥或者驱散那些现实的劳动过程所产生的矛盾——就如同拜物教徒所建构的一种心理学意义上的恶的结构，这种结构存在于物恋的对象物之中，被象征性符号及其抽象所围绕，而正是这些符号消解、拒斥、并驱散了人们的差异性。"②

在鲍德里亚看来，意义的劳动，即符码化了的抽象劳动这一符码、体系的生产和再生产是一个整体的过程，它是拜物教的本质，物由此失去它的实体存在与历史，还原为一种差异的符号。欲望所带来的迷恋和崇拜也不是建立在实体的基础之上，而是建立在体系的基础之上。货币

---

① ［法］让·鲍德里亚：《符号政治经济学批判》，南京大学出版社 2009 年版，第 78—79 页。

② 同上书，第 79 页。

拜物教的货币之所以被崇敬，原因不在于人们对金银财宝的迷恋，而是对货币符号体系的迷恋。他说："货币（金银）所具有的迷人之处不在于它的物质载体，甚至也不在于它可能成为凝聚某种力量或者某种潜在能量的等价物（例如，劳动的等价物）：关键在于货币可以被体系化的本性，它隐藏于物质外表之下，依据价值的绝对抽象，将所有价值的可交换性纳入其中。"①

鲍德里亚通过对身体与美的分析，揭示陷入拜物教之中的身体的解放和物恋之中的美与灵魂无关，与真理的澄明无关，与自然的法则无关，它屈从于意识形态的规则，屈从于符号的流通，身体与美的真理仅仅是被意识形态宣布的真理。

其二，消费需求的虚假性。

人以自己的活动满足自己的生存需要，这是人类存在的前提和本质，也是人类自古以来的一般性活动，并没有特别之处。但是，资本原则主导的现代社会的需要不再是人们的自然生存需要，而是一种社会需要，或者说，更多的是人们满足自己心理欲望的需要。这种和社会地位与尊严链接起来的需要不是自然而然地产生的，而是被特定社会动员起来的欲望，它是特定社会保持顺利运转的必然产物。满足这种欲望的物品的主要意义不在于它的使用功能，而在于它所代表的符码意义。名牌服装、化妆品、汽车、装饰品等等代表时尚和高贵，这是消费时代的销售商通过媒体广告极力宣传的价值观和生活方式。我们自以为自由的消费行为和欲望满足，不过是资本逻辑支配下的新型社会控制，我们依然是庞大社会机器体系中的一个环节，根本没有摆脱它的奴役。

在鲍德里亚看来，如果消费仅仅是满足生存需要，就不是生活。消费主义的关键不在于生产、积累和节约，而在于丰盛、浪费和破坏。消费不在于物品的实用性，而在于它的社会性和符号价值，因而消费本身就是意义的体现，它不追求符号逻辑的社会意义之外的其他深度意义。

大众传媒的作用在于传播被抽空了意义内容的符号形式编码，使人们接受一套刺激—反应、问题—答案的话语，从而支配消费者的思想和

----

① ［法］让·鲍德里亚：《符号政治经济学批判》，南京大学出版社 2009 年版，第80 页。

行为，它如同一个游戏："每一种物品都根据不同的类型被提供出来，个体被要求在它们之中做出选择——购物行动就是选择，就是决定一种偏爱——恰似在计算机提供的不同答案之间进行选择一样——对问题做出回答，购物者就是在这个意义上进行游戏，而这一问题永远不是直接的、针对物品用途的，而是间接的、针对物品的不同类型的'游戏'的。这一'游戏'和认可它的选择构成了与传统使用者相对立的购物者/消费者的特征。"① 流行和广告的基础不在于真实物品或真实世界的信息，而在于符号之间的共谋关系，在于符号逻辑及其系统化的媒介信息的编码。

人的自然需求是有限的，但人的社会需求是无限的，而且，随着社会需求的满足，新的社会需求会被生产出来，随着技术的进步，这种社会需求的生产和满足是一个无限的过程。在此，人的身体也变成了消费品，身体的解放和救赎取代了灵魂。人对自己身体的重新占有并不是主体的自主目标，而是"一种娱乐及享乐主义效益的标准化原则、一种直接与一个生产及指导性消费的社会编码规则及标准相联系的工具约束。换句话说，人们管理自己的身体，把它当做一种遗产来照料、当做社会地位能指之一来操纵"②。

鲍德里亚的《消费社会》一书的目的在于批判现代资本主义社会，而不是为它唱赞歌。梅耶在前言中说："它的任务就在于：砸烂这个如果算不上猥亵的，但算得上物品丰盛的，并由大众传媒尤其是电视竭力支撑着的恶魔般的世界，这个时时威胁着我们每一位的世界。"③ 这个恶魔般的世界的罪责在于，它是一个没有灵魂的欲望的世界。换句话说，它伴随技术的进步愈来愈深深地陷入虚无主义之中而不能自拔。

三　消费主义批判的批判

理论是时代的回声和先导。鲍德里亚对消费主义的批判，也是消费社会的一种理论表达。由于他对当代资本主义的批判态度，尤其是他早

① ［法］让·鲍德里亚：《消费社会》，南京大学出版社 2014 年版，第 92 页。
② 同上书，第 123—124 页。
③ 同上书，"前言"第 2 页。

期的思想常被人们指认为马克思主义的阶段，但这是一种有问题的指认。有学者指出："批判资本主义并不一定就是马克思主义。我认为，鲍德里亚从来就没有成为过一个真正的马克思主义者！即便他在建构自己的理论逻辑空间最初时刻，鲍德里亚所持有的理论立场就皈依于后马克思思潮。"① 我们不想在此处充当理论法官的角色，只是想就鲍德里亚的批判本身进行再批判。

消费主义批判的积极意义在于，一是它抓住了时代的本质特征。这是一个以消费为主题的物品丰裕的时代，它从制度上和道德上鼓励超前消费和信用支出，反对清教以来崇尚节俭和勤勉工作的伦理观，人们梦想的人生和英雄人物不是生产的主人公，而是消费的主人公。鲍德里亚说："'自我奋斗者'、创始人、先驱者、探险家和垦荒者伟大的典范一生，继圣人和历史人物之后，竟演变成了电影、体育和游戏明星、浪荡王子或外国封建主的生活，简言之，成了大浪费者的生活。……所有这些伟大的恐龙类人之所以成为杂志和电视专栏的中心人物，是因为他们身上值得夸耀的总是花天酒地、纸醉金迷的生活。……他们就是这样履行着一个极为确切的社会功能：奢侈的、无益的、无度的消费功能。"② 传统消费观把消费视为对物的占有、使用和消耗。鲍德里亚不同意这种消费观。对他来说，消费的关键之点在于，消费与物的功能性分离，也就是说，消费者更看重的是消费品的符号价值，它的能指，它所彰显的身份和地位，而不是它的实际用途。这种符码功能满足的是消费者的个性化心理和欲望，购买行为体现的是消费自由，当然这种自由是消费者主观感受的自由。这种消费自由的实现潜在地使他们成为社会体制的共谋，原因在于它使资本主义的生产得以进行，使资本利润的最大化得以实现。消费的实质不是物的使用价值的耗费，而是符号消费，消费品的摆设和游戏功能远大于它的实用功能，消费者在消费过程中的自愿性乃是一种欺骗，即"消费中的诱奸"③，这是一种消费的意识形态。消费的真相在于它不是一种享受功能，而是一种生产功能。国内有学者指

① 张一兵：《反鲍德里亚》，商务印书馆2009年版，"序"第5页。
② ［法］让·鲍德里亚：《消费社会》，南京大学出版社2014年版，第25页。
③ 同上书，"代译序"第6页。

出："在消费社会中，重要的不是个体如何消耗物品，而是诸多个性化物品的符号组成的关系如何支配消费者个体。"① 消费文化依靠广告、品牌的欲望制造推广了一种生活方式和价值观，它的作用在于让人们把某一物品的符号视为社会的某种标志，而不在于真实意义的生成。

二是它揭示了消费主义的异化。物的世界对人的包围造成人的独立思考能力的丧失，人变成官能性的人，正如狼孩因为跟狼生活在一起而变成了狼一样。也就是说，人丧失了他的人的生活和本性，而被物的规律所支配，这是人的物化、异化。鲍德里亚引用《布拉格的大学生》这一表现主义的无声影片讲述的故事试图表明，我们行动的意义在于，我们的行动构成我们周围的影像世界，假如这个影像世界被商品化、被出卖了，我们的行为（劳动）就不再属于我们自己，我们就失去了观看自己的角度，失去了生活的方向，失去了灵魂和生活的意义，从而我们就被异化了。这个被出卖的影像世界并不是一个再也与我们无关的世界，它会报复我们。"我们所离弃的我们的一部分，我们并没有摆脱它。物品（变成了物品的灵魂、影子、我们的劳动产品）会进行报复。我们被剥夺的一切依然与我们相连，但却是消极地与我们相连，也就是说它会骚扰我们。我们的这一部分，尽管被出卖被遗忘，但它仍然是我们，或者说它是我们的讽刺漫画形象、幽灵、鬼魂，它跟随着我们、延续着我们，并进行报复。"② 异化之人变成了恶，变成了自己的敌人，变成了反对自己的人。异化的客观逻辑也就是商品社会的结构本身的逻辑，在鲍德里亚看来，它是无法超越的，从而死亡乃是它的唯一出路。

三是它有助于我们处理好社会主义市场经济条件下的消费和生产的关系。伴随改革开放和社会主义市场经济的深入推进，当代中国正在进入一个产品相对过剩的时代，在投资、出口、内需的"三驾马车"中，拉动内需从而保证经济发展的顺利进行已经不是理论的问题，而是实践的要求。对于具有节俭美德的传统而言，我们的任务在于改变人们的消费观，通过消费以提升生活品质并刺激经济的活力；同时，对于近几十

① 孔明安：《物·象征·仿真——鲍德里亚哲学思想研究》，安徽师范大学出版社 2010 年版，第 33 页。

② ［法］让·鲍德里亚：《消费社会》，南京大学出版社 2014 年版，第 195 页。

年暴富并炫富的人群而言，我们的任务在于预防消费的异化，改变他们的财富观，让他们正确对待财富，自觉承担社会责任，处理好财富与人生的关系，提升生活的境界。毫无疑问，生产与消费的平衡及合理化是我国现代化亟待破解的难题。鲍德里亚的消费主义批判对于我们清醒地认识中国目前的处境和状况，认识消费者的消费行为和观念，认识商品社会结构的意义和不足，具有积极的参考意义。

鲍德里亚的消费主义批判的问题在于，他基于消费社会的新特质及其符码偏好而从后马克思的角度否定马克思的基本立场和原则，走向了错误的道路。

其一，误批马克思的政治经济学。在鲍德里亚看来，马克思对资本主义生产方式的批判以对资本主义的物质生产的基础性地位的接受为前提，从而在反对资本主义经济关系的革命话语中遮蔽了事情的真相，沦为资本的意识形态幻象，不是摧毁而是巩固了资本主义体系。劳动价值论是一种依然滞留在商品的功用性价值方面的理论，它被普遍化为资本主义的一般原则，这些都是应该放弃的理论。鲍德里亚运用符号学和结构主义的方法对政治经济学的改造不是发展而是实现了它的质变，他否弃功用性的价值逻辑，反对把社会存在的基础和历史运动的本质奠基在物质生产方面，反对进步和发展的观念，主张消费逻辑和符号逻辑在现代社会的支配地位。鲍氏的错误在于，他形而上学地否定资本主义的生产、交换和消费的历史意义，从而陷入彻底拒绝马克思主义的非科学境地。"鲍德里亚的象征交换体系是一种保守的理论，正合乎现代资本主义的文化逻辑。"[①]

其二，克服消费异化的乌托邦性质。由于反对历史唯物主义，反对物质生产的基础地位，所以，鲍德里亚尽管看到了消费社会的符码对人的统治和奴役，但他不是通过现实的改变克服消费异化，不是改变符码制造和欲望心理的制度基础和生产方式，而是力求在观念上实现革命。有学者说："在他这里，反对客观存在的资本主义统治的现实革命终于

①　［法］让·鲍德里亚：《生产之镜》，中央编译出版社2005年版，"中译本序言"第11页。

演变为一场唯心主义的观念造反。"① 这种观念造反的乌托邦事件早在青年黑格尔那里就已经发生过。

其三，能指拜物教的蜕化。马克思批判的拜物教之实质不是对实体性的商品、货币、资本的膜拜，而是对它们背后的人与人的关系的膜拜。这种关系以一种客观的看不见的力量支配着商品社会的每一个生产者和消费者个体。鲍德里亚把马克思的物误认为物的实体性内容，从而他对马克思拜物教批判的反对就以误解为前提。又因他敏锐地发现了消费社会的物的符码和能指功能远远大于它的实用功能和所指，从而提出能指拜物教，即对坏的象征性能指的崇拜。这一看法在揭示当代人的异化状态之余，却丧失了对资本主义特定社会关系的颠倒和物化之批判的锐度。说到底，他力图超越马克思而实现对时代的深度把握，但却令人遗憾地没有达到马克思已经达到的理论深度。

其四，真实之死亡的伪造。真实微不足道，符码才是一切，这是鲍德里亚试图告诉我们的道理。但是，鲍德里亚的所谓真实是未经人工污染的纯粹自然，这是一种理想的真实，何况，人的自然性及其活动本身也是一种并非纯粹符号体系中的编码的真实。人的生存和社会的存在不能仅仅依靠符码，而要活生生的真实物品。所以，尽管在资本逻辑支配的现代社会中有种种差异性符号的消费和符码的意识形态掩盖，有象征交换的存在，象征性符码控制甚至已经成为当今社会结构中的主导力量，但结构性的符号编码绝不可能成为社会存在的基础，真实总能够顽强地存活下来，且成为一切符码的底色。有学者指出："问题的关键在于，符码在当代资本主义消费结构中越来越居主导地位之后，是否因此就要彻底否定物质生产和商品交换的客观流通过程？是否就一定要否定马克思？对此，我的回答当然是'不'！"②

总之，消费主义并没有超出资本逻辑的控制，它仅仅是在不同的时代背景下对资本逻辑的新表现进行了理论阐释，而且由于这种消费主义批判对马克思主义的放弃和背叛而走向唯心主义的解构和幻想式的革命，因而并没有走出虚无主义的深渊。

---

① 张一兵：《反鲍德里亚》，商务印书馆2009年版，"序"第10页。
② 同上书，第118页。

第三节 身体、空间与虚无的生产

身体与空间的转向是当代哲学的特征，但是它没有改变资本逻辑支配的结构和状况，反而是它的新型表现，因而仅是虚无的生产，而不是全新时代的来临。

一 身体与空间：当代的转向

超验性和历史性是从柏拉图、笛卡尔到黑格尔的基本特征，人们在贬低感性经验世界的同时，把超感性的理念世界视为真理的王国，在历史与时间的流逝中追寻永恒和不朽的人生意义。然而，伴随启蒙和弃神的是人的凸显，人们逐渐不再期待彼岸的拯救，而是盼望此岸的幸福。在商品和物的世界里，身体与空间的重要性日益突出。

其一，身体的转向。尼采是身体转向的标杆。灵与肉的二元结构中的肉体，接近我们要讨论的身体。它不是单纯的没有生命与感觉的生物性肉体，而是充满生命与情感的存在。在苏格拉底和柏拉图那里，身体是灵魂的囚笼，它是获得真理和知识的障碍，身体的各种欲望是世间的苦难和罪恶的根源，因而要否定身体的欲望和需求，保持灵魂的纯洁和高贵。中世纪的教会和修道院通过道德伦理压制和敌视身体的欲望，并把控制身体视为获得上帝之爱的前提条件。近代对神学的摧毁并不等于身体的解放，人们关注的是理性和知识，漠视和放逐身体。黑格尔把理性看作人的本质，人与人的差别在于他的思想、道德、教养和文化传统。尼采批判主体性哲学和传统形而上学，否定理性的奠基性地位，把酒神和权力意志视为更为根本的决定性方面，"如果说，长期以来，人们总是将自身分成两个部分，分成意识和身体，而且意识总是人的决定性要素，身体不过是意识和精神活动的一个令人烦恼的障碍的话，那么，从尼采开始，这种意识哲学，连同它的漫长传统，就崩溃了。"[1]也就是说，尼采用动物性的身体取代了理性的位置，认为身体才是人的存在的根本规定性，理性只不过是它的附着物而已。他要求把身体和本

---

① 汪民安：《身体、空间与后现代性》，江苏人民出版社 2006 年版，第 3 页。

能作为哲学的中心，驱赶意识和深度，反对表象之后的意义之虚设，宣扬超人的自我价值创造。尼采与黑格尔的对立，就是身体和理性的对立。巴塔耶表达了自己对理性的厌恶，通过对色情的分析回应和支持尼采的主张。德勒兹把尼采的身体改造为欲望，它没有主体、不知疲倦、没有作用对象，永远处于流动之中。福柯探讨的是身体和权力在历史之中的主导关系，至于形形色色的意识形态争斗，在他看来仅是无关紧要的话题。尽管福柯和尼采一样把身体看作历史的焦点和历史的基础性存在，但他对身体的理解与尼采颇有不同，在他这里的身体不是生产性的创造力量，而是被权力关系所规训、惩罚、宰制、改造、驯服的对象，具有被动的特征。史文德森说："在传统的灵魂与身体二元论（特别见于柏拉图和基督教典籍）中，身体的认同不太重要，因为认同的最关键因素是灵魂而不是身体。然而，渐渐地身体开始占据了舞台的中心，成为了塑造认同的主角。"① 国内有学者指出："今天的历史，是身体处在消费主义中的历史，是身体被纳入到消费计划和消费目的中的历史，是权力让身体成为消费对象的历史，是身体受到赞美、欣赏和把玩的历史。身体从它的生产主义牢笼中解放出来，但是，今天，它不可自制地陷入了消费主义的陷阱。"②

值得指出的是，马克思已经有了身体转向的思想，但却受到了不应有的忽视。在对传统形而上学的终结中，马克思强调人的自然性及其感性意识，把人的存在本质视为感性活动，把人的解放首先确定为感性的解放，而不是观念的解放。换句话说，马克思没有否定身体的自然性和物质性，并且把历史的过程看作首先是满足身体需要的生产活动和自身再生产活动，并由此而重视利益的重要性。不仅如此，马克思还赋予身体更多的社会意蕴，从而超出当代身体哲学的意义。有学者指出："同马克思的身体思想相比，尼采以降的现当代身体哲学其实是将身体的其中一个方面极端化了，而恰恰是由于其极端，因而开创了当代哲学的一种类型。"③

---

① ［挪威］拉斯·史文德森：《时尚的哲学》，北京大学出版社 2010 年版，第 75 页。
② 汪民安：《身体、空间与后现代性》，江苏人民出版社 2006 年版，第 21—22 页。
③ 邹诗鹏：《转化之路——生存论续探》，中国社会科学出版社 2013 年版，第 200 页。

其二，空间的转向。列斐伏尔把人们的目光从对时间的关注吸引到对空间问题的关注。时间意识曾是长期纠缠人们的主题，人们聚焦于发展与危机，过去与未来，死亡与不朽的命题。这些当然不仅是物理时间，而且是历史时间，它是人们存在和实践的记忆，体现的是丰富的生命和整体性的辩证法，负载的是人生和历史的意义。从时间向空间的转向，这是 20 世纪 70 年代以来发生的重要思想事件。列斐伏尔、福柯、哈维、苏贾等学者的空间理论研究，把这一具有本体色彩的古老问题推向前沿。福柯说："我们处于同存性的时代：我们处于并置的时代，是近与远的时代，是肩并肩的时代，是事物消散的时代。我相信，我们处于这样一个时刻：我们对世界的体验是，对在时间过程中成长起来的漫长生命的经验比不上对联系各个点并与其自身的线索交叉在一起的网络的经验。"① 这里的空间不是自然物理空间，而是以物理空间为前提的社会空间。从亚里士多德、牛顿到爱因斯坦的空间概念固然也有不同，但总体属于物理学的空间范畴。物理学的空间是物质的存在方式，它外在于人而自在地存在。列斐伏尔视域中的空间不是纯粹的自然空间，而是具有政治学和政治经济学性质的空间，它具有无限的多样性，比如对某处阻碍房地产开发的文化古迹这一空间的理解上，开发商和文化学者就有不同的看法；它已经不仅仅是社会关系发生的场所、容器和平台，而且本身就体现某种社会关系，并随着历史的变化而重新组合和转化；它不是被动的消极存在，而是具有主动性和生产性。在福柯看来，空间是公共生活形式和权力运作的基础，它与政治密不可分。有学者这样描述社会空间："空间是人造的，不是自然而然的，不是纯粹形式的，不是理性抽象的，不是一个中性的客观的科学对象，更不是一个物质性的器皿。总之，空间不是自然性的，而是政治性的，空间乃是各种利益奋然角逐的产物。它被各种历史的、自然的元素浇铸而成。"②

马克思视域中的空间不是自在的空间，而是社会空间，即经过人的

① ［美］爱德华·W. 苏贾：《后现代地理学——重申批判社会理论中的空间》，商务印书馆 2004 年版，第 15 页。
② 汪民安：《身体、空间与后现代性》，江苏人民出版社 2006 年版，第 102 页。

实践活动改造的空间。当马克思把历史看作不过是现实的人的现实的活动之时，历史的运动就成为物质生产和再生产以及社会空间的不断扩大的过程。人们生产自己的生活，也就是实现社会空间的生产和再生产。社会空间离不开自然空间，但它与自然空间的根本区别在于，它是人的活动的产物，随着人的活动方式和实践能力的改变而不断改变，它体现的是人的社会关系和技术水平。所谓人的解放，它也包括空间的解放，也就是说，人不能被局限在狭小的范围内，不能处在异化的空间之内。马克思关心的是空间的社会历史性，并没有把微观空间研究作为自己的学术重点，也没有把空间问题极端化，从而遭到一些学者的误解和指责，比如，列斐伏尔就把马克思看作继承了黑格尔的历史性的 19 世纪的人，他没有充分意识到马克思的深刻论述提供给当代空间理论研究的丰富理论资源的极端重要性。空间化历史唯物主义是国外马克思主义对当代空间转向的回应，戴维·哈维是发展马克思主义地理学的杰出人物，他试图用历史地理唯物主义分析资本主义历史地理学。苏贾指出："这种历史地理唯物主义并不仅仅是在空间上对经验结果的追溯，也不仅仅是在时间上对社会行为在空间上的诸种制约与限制进行描述，而是一声振聋发聩的呼喊，呼吁对总体上的批判社会理论，尤其是西方马克思主义，以及对我们审视、定义、阐释事物的许多不同的方法进行一次彻底的改革。"①

网络空间是在现代信息技术基础上发展出来的一种空间，它离不开通信线路和通信设备、有独立功能的计算机、网络软件、数据通信和资源共享，但它的根本之点不在于实体性的存在，而在于虚拟性，在此计算机网络的虚拟空间中，距离的阻隔失去意义，信息传播者和接收者是平等的交流伙伴，它在本质上是一种社会空间，而且越来越成为当代人生存的一种新的空间方式，受到越来越多的关注和研究。

其三，身体与空间的内在关联。身体在空间中活动，没有空间的身体是无法想象的幽灵；空间是身体的空间，没有身体处于其间的空间是自然空间，而不是我们这里讨论的空间。身体与空间的本质统一性在

---

① ［美］爱德华·W. 苏贾：《后现代地理学——重申批判社会理论中的空间》，商务印书馆 2004 年版，第 68—69 页。

于，欲望和城市的高度契合。身体的转向也就是对欲望、冲力和酒神的凸显，它们在当代的表现就是物的创造和占有，景观和消费的实现，对时尚和健康的追求。自恋也不是对自我的精神或道德的标榜，而成为对自我身体的迷恋。我就是我的身体，我的个性、癖好、兴趣、秉性等等构成我的独特性，乃是我与他人的根本差异，身体之外的永恒和不朽的我的存在仅仅是一个虚构的神话。身体的最好的实现和展示的空间就是城市。这是一个被各种各样的身体构成的巨大社会空间，它按照身体的不同需要和各种不同的关系变换色彩和性状，堆积着大量的体现社会关系的物。在这样的空间中，身体感兴趣的不是情节和过程，而是橱窗、广告栏、喷水池等景观。这种空间的问题在于，它在对身体的欲望和需要的满足中造成身体的败坏，或者通过恐吓、惩戒身体而实现政治、经济与社会目标。福柯说："我们生活于其中的空间，将我们从自身中抽取出来。在这种空间中，我们的生命、我们的时间和我们的历史被腐蚀。这种空间撕抓和噬咬着我们，但自身又是一种异质性的空间。换言之，我们并不是生活在一种虚无的空间，其实，我们可以在其中安置各种个体和事物。我们并不生活于一种虚无的内部，它可以被涂上各种各样亮度不等的色彩。我们生活于一套关系之中，这些关系勾画了各种场址的轮廓，彼此无法还原，也绝对不能彼此叠加。"① 他在这里把历史中的身体转述为空间中的身体，并把空间标示为外部空间，一种社会生产的场址及其彼此之间的关系存在。

在马克思那里，人是现实的个人，因而是有肉体的人，身体是人的基本维度之一；同时，人的活动范围就是空间，人在空间中的生产实践也造成空间本身的生产和再生产，也就是空间依据人的要求和目的而发生改变。身体和空间之间是辩证的关系，身体的自然性本身就是空间的存在，身体与身体之间的各种关系变革及其技术的革新造成空间的塑形和变更。空间是各种社会关系的表现和实现，它在现代又似乎具有自主的生命而支配个体身体的改变。主体的身体化和客体的空间化是这个时代的内在本质，它们乃是同一事物的两面。

---

① ［美］爱德华·W. 苏贾：《后现代地理学——重申批判社会理论中的空间》，商务印书馆 2004 年版，第 25—26 页。

二　城市化与空间生产批判

这里的空间不是单纯的原始性的自然之物，不是中世纪的层级性结构的神圣之物，它是生产之中的存在，在各种空间关系结构中展现其意义。这种空间关系不是先验的存在，而是人们社会关系的存在。空间生产就是社会关系的生产和再生产。在列斐伏尔看来，空间生产不是类似于通过手工与机器而进行的某些物体或事物的生产，它是多种社会活动作用于第一自然的结果，乃是第二自然的基本特征。"什么是空间生产？空间生产不是指的在空间内部的物质生产，而是指空间本身的生产，也就是说，空间自身直接和生产相关，生产，是将空间作为对象。即是说，空间中的生产现在转变为空间生产。从空间生产这个角度出发，我们就会将目光转向各种各样的都市建造，规划和设计——这是最为显著的空间生产现象。"① 社会空间不是自然的存在，而是被生产出来的产品，它源自于政治或经济的目标和策略。关键之处在于区分在空间中的生产和空间本身的生产。在空间中的生产把空间主要看作是生产的场所，空间是自然空间；空间本身的生产把空间看作是社会空间。人的实践活动在生产物质生活资料之时不断扩大其空间范围，从而实现空间的生产；当人们进行物质生活资料的生产活动之时也在生产和再生产自身的社会关系，生产自己的新的生活方式和实践方式，每一种生活方式和实践方式都有自己特定的生活空间和实践空间，从一种生活方式和实践方式到另一生活方式和实践方式，必然伴随着新空间的产生，因而这也是一种空间的生产。反过来，空间生产也会影响人们的生活方式和实践方式。与空间生产内在相关的两个问题值得关注：

其一，城市化是空间生产的产物。城市和乡村的分离是贯穿人类文明全部历史的过程，它是物质劳动和精神劳动的最大的一次分工，开始于野蛮向文明的过渡、部落制度向国家的过渡、地域局限性向民族的过渡。马克思说："城乡之间的对立只有在私有制的范围内才能存在。城乡之间的对立是个人屈从于分工、屈从于他被迫从事的某种活动的最鲜明的反映，这种屈从把一部分人变为受局限的城市动物，把另一部分人

---

① 汪民安：《身体、空间与后现代性》，江苏人民出版社 2006 年版，第 101 页。

变为受局限的乡村动物，并且每天都重新产生二者利益之间的对立。"①
城市化的漫长历史过程大致可以分为三种空间方式：第一种是 18 世纪
之前的城市，它受到彼此隔绝和分散的乡村的包围；第二种是工业化造
成的城市，这才是现代意义上的城市，它的物质意象是高耸的烟囱、厂
房、轰鸣的机器、密集的人口、林立的楼房、商场、铁路，工业化城市
颠倒了传统的城乡关系，城市是权力和经济的中心，乡村的生活方式和
价值观念逐渐被边缘化并依附于城市；第三种是后工业造成的城市，这
是 20 世纪后半叶以来的事情，它反对均质化和标准化的现代城市空间
布局，反对效率至上的观念，反对忽视人的丰富性和内在性而异化为生
产机器，反对功能性原则对美学原则的压制，强调个性和差异，追求消
费、娱乐和感官的满足。

　　城市不仅是生产和销售聚集的场所，更是社会关系的再生产得以实
现的空间，它与权力、知识、政治经济联系在一起。苏贾说："城市化
是对现代性空间化以及对日常生活的战略性'规划'的概括性比喻，
而正是这一切，才使得资本主义得以延续，得以成功地再生产其基本的
生产关系。……资本主义毫无依据的空间论面纱与其他各种空间生产模
式的不同之处，就在于凭借对同质化、分离化、等级化的同步倾向来独
特地生产和再生产地理的不平衡发展。"② 也就是说，空间化和城市化
是资本主义的隐秘本质，它的深层生命的源泉。空间生产不仅带来城市
化，它也同时带来家庭生活空间的改变、地区空间发展的不平衡、全球
化、空间内部的多样性等。

　　哈维注意到工业化和城市化的互生关系。他说："空间和空间的政
治组织体现了各种社会关系，但又反过来作用于这些关系。……工业
化，曾经创造了城市化，而现在却为城市化所创造。……我们使用
'城市革命'这些词语时，我们是指各种变革的总体效果。这些变革贯
穿于当代整个社会，并引起了一种变化。这种变化从经济增长和工业
化引发的诸问题占主导的时期一直延续到城市框架问题起决定作用这

---

① 《马克思恩格斯选集》第 1 卷，人民出版社 1995 年版，第 104 页。
② ［美］爱德华·W. 苏贾：《后现代地理学——重申批判社会理论中的空间》，商务印书馆 2004 年版，第 77 页。

一时期。"① 中国目前的城镇化恰是工业化和城市化互生的空间理论之生动写照。一方面，中国的现代化必然要求提升城镇化的比例，通过政府权力的组织、规划和推动，资本权力的运作和开发，城镇化空间规模和模式发生巨大改变；另一方面，城镇化比例的改变及其造成的后果和影响，比如农民工与乡村的联系、农村土地的荒芜、留守儿童和老人的赡养、人口的流动、拆迁和住房问题等等，反过来改变了千千万万个体的生活方式、生产方式、价值观念，进而深刻影响当今的政治经济格局和制度设计。

其二，现代资本主义经济的重心就是空间的规划和生产，空间已经成为剩余价值生产的中介和手段。列斐伏尔认为，资本主义存活到 20 世纪的根本原因在于它把空间的生产和再生产作为经济的引擎。他的空间政治经济学不同于福柯的微观空间的政治学，在他看来，空间就是生产资料，海滨浴场、沙滩、阳光、旅游景点、空气都已经资本化为盈利的工具。哈维指认，正是列斐伏尔的坚持才使得人们开始重视空间的控制并把它看作日常生活中一种根本的和普遍的社会力量资源。他说："我将探究的总的论点是：在一般的金钱经济中，尤其是在资本主义社会里，金钱、时间和空间的相互控制形成了我们无法忽视的社会力量的一种实质性的连结系列。……此外，金钱可以被用来控制时间（我们自己的或者别人的时间）和空间。反过来，控制时间和空间可以反过来变为对金钱的控制。"② 也就是说，空间不是一个中立的区域，而是阶级和利益集团争夺的焦点，对空间的控制权也就是对社会的控制权和主导权。比如，对铁路、公路、机场、通信的控制，就可以改变空间配置，排除空间障碍，主导对外贸易，开创和推进世界市场。有学者指出："资本的伟大本能就是要穿透各种空间障碍，这实际上是全球化的动力，资本要不断地寻找新的地盘，不断地将非资本领域资本化。空间就是在这样的资本和贸易的力量下得以重新铸造和组织。空间自身的固有屏障在资本的流动本能之下崩溃了。"③ 空间控制权问题的解决，往

---

① ［美］爱德华·W.苏贾：《后现代地理学——重申批判社会理论中的空间》，商务印书馆 2004 年版，第 116 页。

② ［美］戴维·哈维：《后现代的状况》，商务印书馆 2003 年版，第 282 页。

③ 汪民安：《身体、空间与后现代性》，江苏人民出版社 2006 年版，第 108 页。

往取决于各方社会权力的大小，比如目前房地产开发中流行的土地竞拍，当政府把一块土地拿出来拍卖的时候，不同的房地产开发商以竞价的方式竞争土地开发权，最终的成交价往往高出起拍价很多，获得土地开发权的胜者几乎毫无例外地是资金雄厚的大开发商。大开发商按照自己的建筑理念和对市场的理解设计楼盘的景观和楼房的结构，最大限度地发掘有限空间的地产价值，这典型地说明资本与空间改变的关系。

克服过度积累的危机的办法就是探索新的时间和空间的转换机制。在资本利润最大化的要求下，空间的障碍也是利润的障碍，因而是需要清除的绊脚石。比如，销售模式的创新（大型百货公司）、技术创新和组织创新、专门化和分工、铁路网的修建、运河、蒸汽轮船、飞机、通信卫星、网络等等都是对空间的征服，它是一种时空压缩的趋势，目的在于资本流通和增殖。资本主义的发展就是不断摧毁以往自设的价值并开辟积累所需的新空间的过程。这里的资本逻辑不仅渗透到空间生产，而且操纵和绑架了空间生产，甚而出现了一种空间拜物教，这无疑是空间生产的异化表现。

在资本原则支配下的空间生产也是空间的不断扩张，但它不是人的自主性活动空间的扩大，毋宁说，人的自主性空间反而变得越来越小了。比如私人空间这一原本由于各种技术的障碍得以保存的条件消失了，尤其一些名人的私人性空间被所谓的娱记之类通过各种合法或不合法的方式监视和挖掘，明星的私人空间变现为金钱，成为资本支配的领地。空间生产的娱乐化甚至被视为理所当然而接受的现实表明，它已经变为资本主义的意识形态而服务于资本增殖的目的，不是服务于人的生存与发展，它看重的是生产性的功利性价值而不是生活本身的真实需要。

三　意义的空间化与虚无的生产

伴随身体与空间的转向，意义的根基从超验、理性、时间、历史的领域中移出。意义的空间化或深度的消失是当代精神生活的基本特征。意义的平面化、感性化就是一种虚无，资本主义条件下的空间生产就是虚无的生产。有学者指出："恰恰是物化及消费主义意识形态暴露出空间时代精神生活的彻底的荒芜状态。时间空间化不仅不可能化解虚无主义，反倒是呈现并加重了现时代的精神病理。"①

其一，意义的空间化。历史性是时间性的变化形态。黑格尔把观察历史的方法分为三种：原始的历史，即历史家仅记录他看见的个别的行动、事变和情况，它具有单独的、无反省的特点；反省的历史，即历史家叙述的历史的范围超越于历史家的时代，试图考察普遍的历史，叙述者的原则和观念不同于历史行动和事变的意义和动机；哲学的历史，它是历史的思想的考察。黑格尔看重的是哲学的历史，在他看来，世界历史属于精神的领域，历史就是精神的发展，它是精神的目的的实现。海德格尔批评了黑格尔把历史和时间演变为概念发展过程的看法。在他看来，一切世内的存在者都是时间性的存在，因此，存在和真理应在时间性的视野之中理解，时间是此在的本体结构，脱离时间的意义是不可能的，反过来说，意义也是时间性的存在。这完全不同于把信仰的永恒世界视为意义的寄托，也不同于绝对命令和理性建构的绝对存在。把意义与时间的一体性关系割裂开来，至少漠视它们的内在联系，这是意义空间化的首要工作。

实现这一步的关键在于，一是改变对意义的理解；二是造就满足新的意义诠释的物之世界。就第一点而言，人们不再追求存在的结果——不仅是绝对的先验的结果，那个曾经被设定的挑选，或者来世与永生，甚至也不是经验的结果，没有多少人愿意为了乌托邦式的未来而驱迫自己过一种苦行僧式的生活——而是追求存在的过程。理性在此并没有根本性的助益，原因在于它无法给出价值性的根本预设。在对过程的认同中，生命的体验和感受，或身体的舒适感受就成为评价的标准。如果问一个现代的年轻人对生命的理解，他的回答多是此世的幸福、健康与快乐。有意义的人生就是对人生的感性体验，当然也包括情感体验和各种新奇的刺激，追求猎奇和冒险是对感性体验的极限的挑战。进一步，对过程的追求演变为对当下的感受。现代人们提高生活品质的指标之一是旅游，去一个景点就照相以证明到此一游的方式不能算是真正的旅游，也不是此处要讨论的旅游。真正的旅游在于感受风土人情，欣赏美妙的景致和人物，品尝地方特色风味，或者仅为放松身心和获得一个恬淡的

---

① 邹诗鹏：《空间转向与虚无主义》，《现代哲学》2012 年第 3 期。

心境。对于绝大多数人来说，这种真正的旅游仅仅是工作的暂停和准备，还达不到体现生命意义的高度，即使把这种旅游视之为人生没有虚度的人也仅仅是把当下、短暂的现在、偶然看作意义之负载，这完全吻合波德莱尔的现代性的界定。总之，意义就是体验，就是感受，就是景观。就第二点而言，物的世界才能满足人的新的意义观，而物的世界是空间问题，不是时间问题，从而空间与意义就连接起来。音乐与舞蹈的宏大悲剧题材和历史性内容不再激起人们的兴趣，它的景观和娱乐功能才是关键所在。人们消费的目的在于让空间性的存在物满足自己空间性的身体之欲望，而不是寻找深度和超越性。

　　意义的空间化就是意义的娱乐化。波兹曼在《娱乐至死》的扉页说，有两种方法可以让文化精神枯萎，一种是奥威尔式的——文化成为一个监狱；另一种是赫胥黎式的——文化成为一场滑稽戏。现在看来，赫胥黎的说法正在成为现实，也就是说，不是外来的压迫和奴役正在毁掉我们，而是我们热爱的东西，即那些刺激感官和欲望的庸俗文化以及剥夺我们思考能力的工业技术等。它的典型意象是拉斯维加斯这一娱乐之城："在这里，一切公众话语都日渐以娱乐的方式出现，并成为一种文化精神。我们的政治、宗教、新闻、体育、教育和商业都心甘情愿地成为娱乐的附庸，毫无怨言，甚至无声无息，其结果是我们成了一个娱乐至死的物种。"[1] 形式重于内容，包装比商品的质量和功能更重要。波兹曼把这种现象归之于电视取代广播的技术变革，这种看法意识到了技术的介入和重要影响，从此视角观察当今的网络取代电视的技术变革带来的社会变化也有重要意义。但是，他的明显的技术决定论取向忽视了资本力量和意识形态的操控，因而显得有些偏颇。

　　其二，空间逻辑的虚无主义本质。资本主义的空间逻辑也就是物的逻辑，它以物的方式满足人们的各种需求，包括精神的需要。由于意识形态的宣传和广告的作用，人们对价值的重新定义有了一种伪造的性质，消费成为意义的体现，消费的目的在于满足我们的过度的欲望，而不是自身的真实需要。对于这种过度需要尤其是心理需要（比如虚荣心，对高贵和美丽的理解）的激发，这要归之于资本逻辑的推动。精

_____

① ［美］尼尔·波兹曼：《娱乐至死》，广西师范大学出版社 2011 年版，第3—4页。

神需求物化了，那些不能以物的方式表达的精神需要被视为虚假的无价值存在，遭到冷落和嘲笑。在物的世界里，精神的表面价值掩藏着真实精神价值的异化和丧失。按照海德格尔的话说，人的存在被遗忘了，唯有存在者被一再地提及和讨论。人们在算计下把存在者榨取和利用，人自身也成为被算计和榨取的工具，从而精神性的价值和意义异化为赚钱的工具，而不是崇高的目的和意义本身。

同质化是这种意识形态欺骗的症状。同质化是工业化的产物，在流水线操作的过程中，产品被标准化，人的需要也被标准化。个体的差异被抹平了，这样才能有批量的生产，而且在效益的借口下，这样的同质化被振振有词地宣布为真理。那种追求差异和多元的后现代，在资本的推动下也已经怪异地被同质化为建筑、文化的新风格。商品越来越成为有个性的商品，人却越来越成为没有个性的人。也就是说，人失去自己的独立思考的能力，或者说自觉地放弃了这种权利，把商品的个性视为自己的个性，这种商品个性和购买者个性的等同和链接乃是赤裸裸的宣传和欺骗的结果，它预设的前提是人的类型化和脸谱化，人被视为同质化的没有个性的可以被改造的类似物的存在。同质化是形而上学的理性建造，它不是生命的丰富性和复杂性，而是生命的抽象和简化。

意义的空间化是意义深度的消失，时间性消失了，感性的体验就是一切，意义在平面的世界里寻求各种感性刺激并享受它们，人生变得没有重量，换句话说，意义本身被放逐和边缘化了。唯有死亡临近，意义的被遮蔽的真相才暴露出来，人们才看见一个无底的深渊。拥挤的城市表现出背反的状况，一方面是文化产品的丰富；另一方面是人情冷漠和精于算计，效率、理性和自我利益让人们把一切都化约为"这值多少钱"的问题，甚至包括情感和个性品质。

其三，虚无的生产机制及其新变化。

空间生产同时也是虚无的生产，这在现代资本逻辑主导下的空间逻辑中已是不争的事实。虚无生产的关键在于，资本逻辑主导了空间生产。这样的空间生产造成物对人的包围和压迫，造成人的自我的丧失。而且，这种空间生产不仅是物的生产，也是社会关系的生产，从而再生产的机制得以延续和存活。

信息技术形成的网络空间没有改变虚无的生产机制，只是改变了虚无生产的外在表现样态。网络空间中的内容和形式都是受到资本的支配和控制，它的便利伴随着的庸俗化、低级趣味乃至猎奇的不良风气，无不体现出一种迎合的媚态，目的在于提高点击率，进而实现广告的创收业绩。它的主要问题不在于通过独裁的方式垄断了知识和真理，而是把真理淹没在各种各样信息的汪洋大海之中。每当难以自拔地在网页上盲目游走并最终关闭电脑或手机之后，我们的懊丧和惶惑的根源在于目的性的迷失。

　　总之，虚无的生产之根本原因依然在于资本逻辑。技术的改进及其政治经济状况的改变没有取消支配精神生活的神秘魔力。换句话说，取消虚无之生产的出路在于资本原则的超出。就此而言，马克思依然彰显出当代意义。

第五章 实践逻辑、人的解放与
虚无主义的历史宿命

从马克思主义的角度看，人的解放不仅是政治、经济的解放，同时也是精神的解放，它必然内在地要求克服虚无主义的困扰。克服虚无主义的根本出路不在于纯粹的精神革命，也不是单纯的物质变革，而是建立在实践逻辑基础之上的新文明的诞生。

第一节 克服虚无主义是人的解放的内在要求

虚无主义不是永恒的存在，它是历史的出现且必然随着历史的改变而消失的现象，根本原因在于它的产生基础的历史性存在，也就是说，现代社会的特定物质关系是虚无主义的基地。它对于专制体制的解体和解除传统思想的禁锢曾经有积极意义，但毕竟不是人的精神生活的健康状态，实现人的解放的内在要求是克服虚无主义。

一 虚无主义是资本主义的意识形态

虚无主义是现代社会的精神本质。虽然在前现代的社会里也有对宇宙、历史、人生之意义的追问和对永恒的思考，并且常有怀疑和否定的声音，但尼采意义上的虚无主义是现代启蒙的产物，它的物质基础是工业化、分工、资本主义私有制，而并不是仅仅与西方形而上学联系。换句话说，虚无主义是现代社会的精神表现，而且不是现代精神的某一种现象，更不是局部现象，而是可以视为现代精神的本质，它是资本主义的意识形态。

　　意识形态是一个社会物质关系的精神表现，它常常是统治阶级利益的表达。马克思说："统治阶级的思想在每一个时代都是占统治地位的思想。这就是说，一个阶级是社会上占统治地位的物质力量，同时也是社会上占统治地位的精神力量。支配着物质生产资料的阶级，同时也支配着精神生产资料，因此，那些没有精神生产资料的人的思想，一般地是隶属于这个阶级的。占统治地位的思想不过是占统治地位的物质关系在观念上的表现，不过是以思想的形式表现出来的占统治地位的物质关系；因而，这就是那些使某一个阶级成为统治阶级的关系在观念上的表现，因而这也就是这个阶级的统治的思想。"① 一些人的错误在于，他们常把统治阶级的思想和统治阶级本身分割开来考察历史进程，从而把这些统治阶级的思想独立化为无条件的先天教义和普遍形式，似乎是这些貌似永恒性的教义支配历史，而不是利益关系支配历史，这就模糊了特殊阶级的特殊利益，出现思想支配历史的幻觉和假象。

　　虚无主义是资本主义的意识形态。我们已经认识到，打着自由、民主旗号的资产阶级所宣扬的思想仅仅是资本家的自由和形式的民主，工人的自由只是体现在受这一个资本家或那一个资本家的剥削的自由，民主已经蜕变为资本的游戏。换句话说，它们只是形式化的民主和自由，且是资产阶级的意识形态。这些意识形态的内容尚在政治层面游走，它的精神层面就涉及虚无主义问题。如果只有上帝是自由的存在，人仅是上帝的奴仆，那就无所谓人的自由和民主问题，从而资本主义的市场经济的顺利运转就会受到阻碍。就此而言，资本主义的生产关系要求上帝非死不可。就此而言，"上帝之死"符合资本主义的历史要求和利益需要，从而虚无主义乃是历史天命般的必然现象。"上帝之死"造成的严重后果在于，道德和生活意义基础的塌陷，以及人们精神上的被驱和漂泊无依。功利主义、个人主义、多元主义、相对主义、消费主义、物欲主义、利己主义等仅仅是虚无主义的诸多面相。

　　虚无主义和自由主义在资本主义制度下并行不悖，它们同属于资本主义的意识形态，具有内在的相关性。自由主义有多种类型，它是当代

————————————

　　① 《马克思恩格斯选集》第1卷，人民出版社1995年版，第98页。

西方的主要意识形态。从洛克、孟德斯鸠、密尔到哈耶克、波普尔，他们的共同之处在于，一是注重个人自由和个人权利，认为它们是不可让渡、不可剥夺、不可替代的绝对价值；二是个人自由在不侵犯他人自由前提下的至上性。也就是说，注重个体性和把自由看作最高价值是他们的共同前提和基础。问题在于，社会性和个体性是不可分割的辩证统一体，他们过分突出和强调个体性的意义在于，打击了把社会抽象化而无视个人价值和意义的思想和学说，但他们的问题在于，社会性被削弱和忽视，从而公共利益和他人利益与个人利益的关系难以协调，道德责任始终服从于个人的至上性和目的性。个人主义的利己主义倾向及其与平等观念之间的紧张关系，始终成为难以克服的内在矛盾。个体性、多元性、自我恰是虚无主义的表现，没有元叙事和统一性，只有理性的彼此妥协和功利主义的算计，道德思想和行为不是自我目的的活动，而是彼此共存的手段而已，这是缺乏道德基础的无奈之举罢了。

虚无主义的出现和流行符合资产阶级的利益和统治需要。人们不再追求纯粹精神的财富，不再克制自己的物质欲望，不再把希望寄托在来世，不再指望神圣的拯救，而是在自我放逐和惶恐中逃避和肆意放纵自己，他们已经没有内心的戒律和害怕的对象。欲望和消费的牵引在广告的刺激和勾引之下，已经变成没有限度的过程，且被人们接受为人的本真生存状况，这完全吻合资本主义生产和再生产的需要，也就是说，它能够满足经济理性和效率的需要，实现资本的不断增殖。没有这种虚无主义的流行，人们不去满足自己的非本真的欲望和需求，从而没有过度消费，甚至如果没有符号消费，没有把奢侈品视为高贵和身份的象征，从而就不会有物的世界的膨胀和过度增长。资本逻辑的本性不是以人为本，而是以物为本，在利益的主导之下，它无视人的畸变，更不会主动关注生态的破坏，除非它们已经影响到资本逻辑的运转和生长。喜新厌旧、流动、反对固化、追求个性和流行是虚无主义的本性，它们也是现代性的本质。这种求新、短暂性、迅速的淘汰、大量的浪费、一次性用品已经消灭了人们与物品之间的情感联系，只有易变的使用者和用具之间的功用关系，甚至只是一种符号性的象征关系。这种关系会创造出对物的大量需求，从而推动生产性活动，这正好是结构化的物之社会的内在愿望。

总之，虚无主义是现代资本主义的精神本质，它是资本主义的意识形态，表达的是资产阶级的思想。无产阶级的阶级意识淹没在资产阶级的虚无主义意识形态之欺骗的汪洋大海里，成为资本逻辑的结构化整体的内在构成部分和环节。

二　遏制与克服：面向虚无主义的两种策略

我们在这里谈论的虚无主义是取消超越性、理想性、目的性和深度的思想事物。它拆解特定社会文化群体在其共同生活中形成的共同价值目标、价值理想和价值承诺，不再相信超现实的或可能的事物，不再确信永恒的存在，而仅仅把价值看作情境化的产物，没有了终极目标，甚至不再具备相信的能力，承认多元价值并存的合理合法性。在理想与现实、神圣与世俗、崇高与粗鄙的对子中，它消解理想、神圣、崇高的存在，猛烈攻击二元对立的思维方式和逻辑设定，把这个世界看作就是现实的、世俗的、粗鄙的世界。也就是说，它在消解对超验世界的崇拜和对上帝的信仰中消解了一切固化的硬核，那些在历史中形成的崇高目标和合理的文化价值基础也一并被消解掉了，结果造成当今文化精神的衰弱和信仰危机。虚无主义的肆虐和蔓延，有两种基本的对策：遏制和克服。

遏制是控制虚无主义的广度和深度，压缩它的影响的时空范围，预防它的蔓延和扩散。面对焦虑、困顿、自恋、迷茫的种种精神处境，人们要缓解这种难以忍受的情感和心理冲击，必然从哲学、宗教、文学、历史等等之中寻找解决或缓解的药方和食粮。遏制策略的误区在于，人们往往为了对付难以招架的虚无主义，把时尚、过度消费、欲望满足视为意义所在，从而不是遏制而是深陷虚无主义的陷阱而不能自拔。另外，人们采取避开或视而不见的方法，把它视为一个无须讨论或不存在的问题，这种鸵鸟战略固然如同麻醉剂一样可以缓解精神的疼痛，但问题仍在那里，虚无主义不会因为被忽视而消失，反而彰显出人们对它的无能为力。遏制不是问题的根本解决，所以它的目标不是根治而是缓解。也就是说，它并不是针对产生虚无主义的普遍性的物质关系的彻底消除，而是反思这种物质关系对思想的影响，局部性地批评这种物质关系的弊端以图改善精神状况，而不是这种物质关系的根本性质的改变。

它主要通过文化、传统、信仰、道德的方式试图进行改良而不是革命。

尼采、海德格尔、施特劳斯等提出的种种方案，仅仅是遏制了虚无主义，而不是克服了虚无主义，尽管他们本人也许并不肯承认这一点。尼采认为，虚无主义是现代精神的本质，它是最高价值的自行贬值，造成虚无主义的根源在于理性与逻辑对本能和生命基础的破坏，缺乏高等的种类即超人。他试图寻找理性的他者即艺术的酒神精神作为宗教和理性的替代物为个体生命提供灵魂的栖息之地，试图通过视角主义的思想方法克服虚无主义，试图把超人作为克服虚无主义的目标。尼采颠覆现代性价值的激情和偏狂在于，他把生命和理性、解释和真理彻底对立起来，没有看到两者的统一性。而且，他始终停留在精神文化的层面而没有深入政治经济层面的批判，从而只有警醒的意义，不可能根本性地克服虚无主义。海德格尔把尼采看作最后一位形而上学家，他通过追问存在本身，回溯西方形而上学的根源力求克服虚无主义。他的问题在于，他依然没有找到解决问题的根本出路，因而只是有助于遏制虚无主义。

克服是彻底解决和消除虚无主义的困扰。它是积极的和革命性的对策。它和遏制策略的根本不同在于，它要标本兼治，主要目的在于重获充实的精神生活。它以人的精神解放和精神自由为前提，这种精神解放不是阿Q式的自我安慰，而是从马克思主义的视角出发，要求破除它的赖以产生的物质关系，从而实现真正的解放。虚无主义曾经也是一种精神解放，但它只有否定而没有新的肯定内容，从而带来诸多问题。破除现有生产关系的立场不是形而上学的打碎或者倒退式的变革，而是革命性的超越，也就是说，它是一个伴随革命性新技术的出现才具有现实可能性的漫长过程。采取克服的策略的关键在于，它要满足一些必备的条件，比如技术条件、物质条件以及合适的外部环境。一种常见的误区在于，抱着克服虚无主义的良好愿望，不顾历史条件的限制，似乎只要能克服虚无主义这种现象的一切做法都是好的，可以接受的，这就完全忽视了虚无主义对于传统的超验的神圣性观念破除的积极意义，一方面很容易开历史倒车，把已经被批判和驳倒的历史陈列品重新拣出来充当精神的填塞物，完全不顾它的陈旧和过时；另一方面在对现实物质关系的否定中，忽视了它的进步性和必然性，而只是看到它的局限和历史性，给不出符合实际的替代物，从而只是破坏了已经取得的历史进步的成果，变成一个事与愿违的结果。

遏制和克服不是对立或者不相关的两种并列的策略，而是相辅相成的关系。两种应对虚无主义的策略的共同前提在于，两者对待虚无主义的方向是一致的，也就是说，它们追求精神的充盈和丰满，不满足于人的物化状况和异化，有对虚无主义性质的相同认识，它们不是相反或者对立的道路；区别在于，它们反对虚无主义的强度和力度不同，方式也有差异。遏制虚无主义是对虚无主义的阶段性克服，它是克服虚无主义的第一步或初级阶段，力度较弱，侧重文化价值方面的改变，而且常常仅是临时性的策略，是不得已的办法和做法；克服虚无主义是遏制虚无主义的目标，力度较大，侧重经济、政治、文化、社会、生态等全方面的社会改变。

在不同的历史时期和情况下，应该采取不同的对待虚无主义策略。无视现实条件的策略选择违背马克思主义的基本原则，也不能取得预期的效果。在资本主义的生产关系中，资本逻辑扩散到政治和文化领域，它的文化精神只能是形式化的民主、自由，实质在于资本的增殖，人的精神追求被扭曲为实现资本增殖的工具和环节，世俗化的信仰和边缘化的情感是这种物质关系的补充形式。换句话说，克服虚无主义是不可能的，原因在于它的生产方式每天都在生产并强化虚无主义。遏制虚无主义也是一件困难的事情，主要是由于它的文化机制已经变成文化工业的生产和再生产，变成服务于资本的中介，真正遏制虚无的力量和主体难以形成。在推行社会主义市场经济的背景下，由于资本增殖和社会多重目标之间的张力关系，尤其由于企业对利润的追求和个体对自我价值实现的认同方式，克服虚无主义只能是一个长期的目标，切实的近期的任务主要在于遏制虚无主义。也就是说，我们的主要任务不在于改变产生虚无主义的土壤即市场经济和商品关系，而在于把这种物质活动尽量限制在经济领域，避免它向政治和文化领域的渗透，尤其警惕它向精神生活领域的侵入。

三　人的解放的三个向度及其辩证关系

人的解放是人从各种陈旧的观念、制度、条件的束缚和限制中摆脱出来，达到自由自觉的状态，实现人的自由而全面的发展。它包括人的精神解放、政治解放、经济解放三个向度。缺少其中的任何一个都会损害人的解放。

精神解放不是摆脱一切精神和观念的束缚，不是否弃一切立场，而是否定先验的立场，或者说，不接受未经理性审查的观念和立场。笛卡尔提出要怀疑一切，他的意图不是走向怀疑主义，而是把怀疑作为一种方法，最终实现对知识的确定，而不是陷入教条化的误区。这是近代启蒙的思路，它的根本特点在于，理性取代信仰成为判断一切的出发点。康德在回答"什么是启蒙运动"的文章中明确地说："启蒙运动就是人类脱离自己所加之于自己的不成熟状态。不成熟状态就是不经别人的引导，就对运用自己的理智无能为力。"① 也就是说，人应该摆脱中世纪的那种放弃自己的理智而盲从的信仰状态。费尔巴哈颠倒了人和宗教的关系，提出人创造了宗教，而不是宗教创造了人。在他看来，宗教是一个颠倒的世界意识，它是"还没有获得自身或已经再度丧失自身的人的自我意识和自我感觉"②。人在宗教的世界中间接地表现人的世界。反对宗教的目的在于找到人自身。但是，费尔巴哈和青年黑格尔派的其他成员的问题在于，他们把反对宗教当作最终的目标，没有看到宗教里的苦难是现实的苦难的表现，因而停留在这里就不再前进了，以为这就是全部的解放。马克思指出，"真理的彼岸世界消逝以后，历史的任务就是确立此岸世界的真理。人的自我异化的神圣形象被揭穿以后，揭露具有非神圣形象的自我异化，就成了为历史服务的哲学的迫切任务。于是，对天国的批判变成对尘世的批判，对宗教的批判变成对法的批判，对神学的批判变成对政治的批判。"③ 换句话说，宗教的解放还不等于精神的解放，它最多只是精神解放的一个阶段，现实的矛盾和压迫不以宗教的形式反映在人们的观念里，就会以其他的符合理性的思想形式反映出来。虚无主义作为激进的否定和批判，也不能逃避历史的限制，它依然是不折不扣的表达资本主义现实状况的观念形式。

政治解放是人们从奴役、压迫和等级的身份中摆脱出来，人与人具

---

① ［德］康德：《历史理性批判文集》，商务印书馆1990年版，第22页。
② 《马克思恩格斯选集》第1卷，人民出版社1995年版，第1页。
③ 同上书，第2页。

有平等的政治权利和义务。奴隶的人身权利被奴隶主占有，他是会说话的工具，可以被任意买卖，没有任何人身自由和权利可言，他的被迫地位是社会强加给他的不得不接受的命运，唯一的回报是在服从主人的命令进行劳作之后可以得到延续生命的生活资料，如果主人有其他需要而必须牺牲奴隶的生命，奴隶也没有反抗的权利。农民身份比奴隶身份的政治地位有所改善，他们仅仅是半人身依附的关系，虽然在等级社会中由于出身、门第、血统的不同而受到歧视，得不到作为人而应有的尊重和权利，但有相对的生存保障。资产阶级革命的重要意义在于，它以人类的名义实现了人们的政治解放。法律面前人人平等至少在形式上得到了保障，女性的权益第一次得到某种程度的尊重和维护，尽管她们在事实层面的利益保障依然不能尽如人意，但她们在制度层面和男性处于同等的地位。按照近代启蒙学者的观点，人们让渡自己的一部分权利给国家和社会，目的在于保障自己的自由权利的真正实现，国家仅仅是社会的正常运行的维护者，最高统治者拥有的公共权力是人们赋予他的不能随意滥用的权力，他在本质上是国家管理人员和选民的服务员，而不是恩赐者和拥有上帝赋予绝对权力的独裁者。获得政治解放的人们并不是过上了美好的生活，实际上，他们为了实现自由、平等、公正等各种不同的价值目标设计了不同的制度方案，但总是没有理想的普遍接受的政治蓝图。有学者一语道破玄机："人类一直就不知道什么是最好的生活，即使万一猜到了，也肯定不知道如何去实现最好的生活，即使碰巧猜到了什么是实现最好生活的条件，也一定做不成。这是一个难以置信的事实，但确实如此，根本上说，这是因为人类的好事需要普遍合作，而人性的缺陷总是使任何普遍合作成为泡影。"①

　　经济解放是人们摆脱经济的束缚，从生存的压力下解放出来，从被迫的分工和劳作中抽身，自由地从事自己感兴趣且能发展个人潜能的工作。这是一个迄今为止没有得到普遍实现的历史事实。资本主义经济活动的根本特点在于通过经济强迫驱动工人们接受被剥削的命运。它是一种饥饿的暴力，人们在此力量支配之下"自由地"走进工厂、车间、实验室、田地和各种各样的工作场所。实现经济解放的前

---

① 赵汀阳：《每个人的政治》，社会科学文献出版社 2010 年版，"前言"第 2 页。

提不在于个人的物质占有的多寡，而在于社会经济关系的改变。富人们的生活常常依然是在生产机器的控制下的大强度工作，他们依然受到经济的驱迫和役使，异化为资本增殖的工具。按照马克思的说法，资本家不过是资本化的人格而已。他们是偶然的历史性的存在，是没有自己个性的属于一个阶级和集团的存在，是只能体现资本个性的存在。真正的经济解放在于生产方式的改变，它以人的真实的需要的满足和幸福为目标。实现这种解放不是乌托邦式的精神改变，而要具备一系列的历史条件，比如技术和生产力的高度发达、交往的普遍化和世界历史的形成等等。

人的解放包括以上三个向度，三者之间紧密相连。精神解放曾经被看作摆脱名与利的束缚，表达一种高远的境界和超脱的自由精神，比如庄子的逍遥境界。它是一种道德境界和美学境界的自由。但是，没有政治自由和经济自由的道德审美意义上的文化自由，即使有个别的人能够做到，也不可能普遍地实现。再比如，孔子的学生颜回达及的不为世俗所羁绊的"人不堪其忧，回也不改其乐"的"乐"，佛家的涅槃，康德的绝对命令，都是一种纯粹的自由境界。这种追求令人钦佩，但结果往往令人失望，历史也反复证明了这一点。它的根本问题在于，它无视精神之外的政治经济因素，预设了精神的绝对独立性，试图仅仅通过个体内在的修炼达到自由的目标。政治解放常常伴随着思想观念的巨大改变，它甚至以思想观念的解放为先导。近代资产阶级的政治革命和政治解放也是观念革命和解放，并通过这种观念的变革为政治变革保驾护航。自由、平等、民主意识是美国独立运动、法国大革命的精神实质。问题仅仅在于，由于在政治解放的同时实现的资本主义生产方式变革虽然取代了封建的家庭手工业，实现了经济领域的巨大变革，但并没有废除私有制，反而以私有财产神圣不可侵犯的名义实质上保护了资产阶级的利益，从而没有根本性地改变劳动者的被压迫被剥削的社会地位，只是改变了剥削和压迫的方式而已。就此而言，人们曾经对政治解放的乐观和幻想跌落在冰冷的现实泥泞之中，那些神圣美好的自由民主的理想，变成形式化的符号和资产阶级的意识形态，掩盖的是资产阶级的利益。经济解放是最根本的解放，它是思想解放和政治解放的前提和动力，也是以前的思想解放和政治解放所追求的美好蓝图的实现之保障。

但有一点必须明确，单纯的经济解放并不能取代和还原为精神解放和政治解放。

　　精神自由和解放不是虚无主义。虚无主义是精神解放的产物，但它不是精神解放的完成。精神自由是人类的永恒追求，虚无主义把强加在人们身上的精神枷锁砸碎和打烂，甚至把制造这种枷锁的信仰和理性的工具也一并严加挞伐。问题在于，它在批判的同时没有提供有效的替代物，自由变成漂浮和流浪，遮掩了资本主义的虚假性和形式化的本质。从马克思主义的角度看，实现真实的精神解放的关键在于，不能忽视政治解放和经济解放，它们是精神解放的前提和条件。

四　克服虚无主义：人的解放的保证

　　精神解放是人的解放的重要向度。虚无主义是现代精神生活的本质，它是资本主义的意识形态，已经牢牢地控制和束缚了现代人的观念，它的危害在于，人们舒舒服服地任它的摆布，已经失去解放的意识，换句话说，人们在虚无主义的蒙蔽之下，把资本逻辑的结构化运作看作"自然的"体系，像研究自然规律一样地研究社会规律并遵循这种规律，然后转向微观的研究活动，失去批判的兴趣和能力。就此而言，克服虚无主义是人的解放的保证，没有虚无主义的克服，就不可能有真正的人的解放。

　　克服虚无主义是精神层面的批判和改变，它不能被还原为经济活动，否则就会陷入经济决定论的陷阱。经济决定论取消经济和文化的差别和张力，把精神现象还原为经济现象的消极被动的反映，从而把复杂的社会生活简化为经济生活，认为物质生产是社会的决定性力量，经济关系是社会的根本关系，忽视政治、文化活动和社会关系的独立性和意义。马克思和恩格斯曾经为了反对青年黑格尔派和旧形而上学过分强调思想和观念而忽视经济的基础性作用，强调现实历史的基础是直接生活的物质生产及其在此基础上产生的交往形式，认为人们在物质的生活关系中形成的生产关系是客观的关系，而不是随意的主观的产物，它制约着整个社会生活、政治生活和精神生活的过程，思想关系是物质关系的反映，而不是相反。"不是人们的意识决定人们的存在，相反，是人们的社会存在决定人们的意识。"① 马克思在这里的主要目的在于说明，观念的独立性的外观是一种幻象，它的内容和形式都是实践的产物，历史的真实根据在于人的物质活动，而不是某种抽象的范畴。历史唯心主义的错误恰恰在于看不到历史的真实基础，总是从观念和范畴出发解释历史。"迄今为止的一切历史观不是完全忽视了历史的这一现实基础，就是把它仅仅看作与历史过程没有任何联系的附带因素。因此，历史总是遵照在它之外的某种尺度来编写的；现实的生活生产被看成是某种非历史的东西，而历史的东西则被看成是某种脱离日常生活的东西，某种处于世界之外和超乎世界之上的东西。"② 马克思和恩格斯的这种唯物史观的立场和观点常常被有意或无意地解读为经济决定论，似乎他们仅仅重视物质生产而轻视精神生产及其独立性。恩格斯晚年反驳了把唯物史观误读为经济决定论的错误，他说："根据唯物史观，历史过程中的决定性因素归根到底是现实生活的生产和再生产。无论马克思或我都从来没有肯定过比这更多的东西。如果有人在这里加以歪曲，说经济因素是唯一决定性的因素，那么他就是把这个命题变成毫无内容的、抽象的、荒诞无稽的空话。经济状况是基础，但是对历史斗争的进程发生影响并且在许多情况下主要是决定着这一斗争的形式的，还有上层建筑的各种因素。"③ 恩格斯明确表示，物质生产方式的决定性作用并不排斥思想领域对物质生产方式起作用，虽然这是第二性的作用，如果忽视这种作用和各种因素的相互作用，简单地套用公式般的理论，那研究历史就比解一个最简单的一次方程式更加容易了。

　　人是文化的存在，如果把虚无主义文化视为人的生物学基因和本性，从而得出不能克服的结论，这可能是一个失误。道金斯是个达尔文主义者，相信进化论和自然选择学说。他的《自私的基因》一书提供了一个新的世界观。他说："本书的论点是，我们以及其他一切动物都是各自的基因所创造的机器。……我将要论证，成功基因的一个突出特性就是其无情的自私性。这种基因的自私性通常会导致个体行为的自私

---

① 《马克思恩格斯选集》第 2 卷，人民出版社 1995 年版，第 32 页。

② 《马克思恩格斯选集》第 1 卷，人民出版社 1995 年版，第 93 页。

③ 《马克思恩格斯选集》第 4 卷，人民出版社 1995 年版，第 695—696 页。

性。然而我们也会看到，基因为了更有效地达到其自私的目的，在某些
特殊情况下，也会滋长一种有限的利他主义。上句中，'特殊'和'有
限'是两个重要的词儿。尽管我们对这种情况可能觉得难以置信，但
对整个物种来说，普遍的爱和普遍的利益在进化论上简直是毫无意义的
概念。"① 如果由此认为道金斯是基因决定论者，并进而绝望地陷入虚
无主义和否认人的精神上的力量就大错特错了。他在对人的特殊性的存
在进行论证时说："我们甚至可以讨论如何审慎地培植纯粹的、无私的
利他主义——这种利他主义在自然界里是没有立足之地的，在整个世界
历史上也是前所未有的。我们是作为基因机器而被建造的，是作为觅母
机器而被培养的，但我们具备足够的力量去反对我们的缔造者。在这个
世界上，只有我们，我们人类，能够反抗自私的复制基因的暴政。"②
面对人们质疑他是否陷入自相矛盾的说法，即在坚持基因决定论的同时
又相信自由意志，他为自己作出了辩护，认为基因对人类行为施加着统
计意义上的影响，但这种影响能够被改变，这些不是应该如此，而是事
实如此。道金斯的观点启示我们，我们的观念（比如虚无主义）尽管
有生物学的基因，但也是可以改变的。他的局限在于，仅仅从生物学的
角度看待历史和人，没有从政治经济的角度给出关于人的文化现象的更
具说服力的解释；另外，他虽然肯定人的精神有改变基因影响的力量，
但这种精神的力量源自何处没有令人信服的说明。

　　克服虚无主义的要点在于观念的自主性，也就是说，要发挥精神自
身的力量。这并不是说，我们要变成文化决定论者、观念决定论者、道
德决定论者，而是强调精神的相对独立性。贝尔把现代社会当作不协调
的复合体，认为它由技术—经济部门、政治与文化三个独立的领域相加
而成。这种看法固然割裂了社会整体的有机性，但它凸显了文化的独立
性，不无积极意义。文化的自主性在于，它反对把生活领域的一切方面
市场化，反对经济理性对道德文化的宰制，坚持文化价值和理想对经济
生活的限制，它在认知理性和价值信仰、物质性价值和精神性价值、工
具性价值和目的性价值的内在紧张关系之中，强调的是后者而不是前

---

① ［英］理查德·道金斯：《自私的基因》，中信出版社 2012 年版，第 3—4 页。
② 同上书，第 227 页。

者。经济理性的泛化及其对文化价值生活的挤压造成物化实在的理想化和理想本身的物质化，从而造成虚无主义的滥觞和道德理想的弱化和衰退。

第二节　实践逻辑是克服虚无主义的根本路径

从历史唯物主义的角度来看，虚无主义的深层根源是资本逻辑，它是一种历史地生成的现实运动。资本逻辑的克服不依赖于理论的批判，而要依靠现实的力量即实践逻辑。有学者指出："试图以一种形而上学的方式来寻求普遍的、绝对和终极的价值基础，并因此来克服价值虚无主义，是一种不得要领的办法。"①

一　观念的逻辑：克服虚无主义的传统方式及其局限

从尼采以来，诸多学人致力于克服虚无主义，提出种种有创见的观点。总体来讲，他们遵循观念的逻辑，试图单纯从文化精神层面彻底解决虚无主义问题。观念逻辑的意义和局限是一个他们始终未能深刻省思的前提性问题。历史唯物主义的意义在于，它要求我们实现克服虚无主义方式的转变，即从观念逻辑转向实践逻辑。

观念逻辑的关键之点在于，它试图仅仅停留在精神文化的层面克服虚无主义。这里的观念逻辑已经不是黑格尔那里的自洽性的逻辑体系，也就是说，人们不再接受把枯燥的、干瘪的概念和范畴视为真理王国，然后要求把丰满的生活削足适履般地塞进概念的形而上学体系之中以适应抽象逻辑体系建造的需要。在对虚无主义的拒斥中，人们的理论前设在于，它是现代社会的精神危机问题，属于不同于政治经济领域的文化领域，而文化领域是独立的领域和王国，精神危机只能通过精神层面的改造来解决。人们误认为，在理论和现实的关系中，现实固然不再是第二位的从属性的存在，不能为了理论的自洽性而把现实的矛盾轻轻地拭去，但它也对理论没有决定性的影响。信仰和理性的权威曾是观念逻辑的有力支撑，19 世纪以来，非理性的生命意志等等也充当了它的支柱

---

① 贺来：《个人责任、社会正义与价值虚无主义的克服》，《哲学动态》2009 年第 8 期。

和根基。

克服虚无主义的传统方式之一是哲学的方式。虚无主义和形而上学具有内在的联系。海德格尔说："虚无主义的本质领域和发生领域乃是形而上学本身。……形而上学是这样一个历史空间，在其中命定要发生的事情是：超感性世界，即观念、上帝、道德法则、理性权威、进步、最大多数人的幸福、文化、文明等，必然丧失其构造力量并且成为虚无的。我们把超感性领域的这种本质性崩塌称为超感性领域的腐烂。"①对尼采来说，虚无主义就是最高价值的自行废黜，它是西方历史的基本过程和法则。道德是虚无主义的原因，终极性的真、善、美的设定的陨落必然是道德基础的坍塌，与之伴随的是新的价值设定和道德基础的重建。尼采没有进一步追溯道德的物质基础问题，而把它看作社会事实接受了。海德格尔对尼采的虚无主义表达了不满，把他归之为形而上学家："尼采关于虚无主义的概念本身就是一个虚无主义的概念。尽管有种种深刻洞见，但尼采没有能够认识到虚无主义的隐秘本质，原因就在于：他自始就只是从价值思想出发，把虚无主义把握为最高价值之贬黜的过程。而尼采之所以必然以此方式来把握虚无主义，是因为他保持在西方形而上学的轨道和区域中，对西方形而上学作了一种臻于终点的思考。"② 海德格尔从存在者向存在的回归和追问，试图克服虚无主义，这一思路具有重要的里程碑式的意义，它是传统形而上学的埋葬。但他最终把神秘和天道视为拯救的力量，因而没有真正找到克服虚无主义的药方。存在主义把虚无主义领会为绝对性的瓦解和人的存在之绝对根基的失效，进而把存在的意义看作对死亡、烦、忧虑等等的边缘性体验，它们试图依赖于人的绝对不可剥夺的自由和责任克服虚无主义，仅是一种浪漫主义的幻觉而已。

克服虚无主义的传统方式之二是宗教的方式。俄罗斯宗教哲学是抗击虚无主义的一种典型方式。陀思妥耶夫斯基在《卡拉马佐夫兄弟》中认为，绝大多数人不可能过于看重天上的面包，而会为了地上的面包、奇迹和权威背叛上帝，放弃内在的自由，从而陷入无根基的虚无状

---

① ［德］海德格尔:《林中路》,上海译文出版社1997年版,第227页。
② ［德］海德格尔:《尼采》下卷,商务印书馆2002年版,第693页。

态。他借用虚构的反面人物形象"宗教大法官"的身份说："有三种力量——世上仅有的三种力量——能彻底征服这些孱弱的反叛者的良心，为他们造福。这三种力量是：奇迹、秘密和权威。……你苦苦追求的是自由信仰，而不是奇迹信仰。你渴望自由的爱，而不是奴隶面对彻底把他镇住的权威表现出来的谄媚性狂喜。但这里你又把人们估计得太高了，因为他们无疑是奴隶，虽然是作为反叛者被创造出来的。"① 在这里，陀氏的真实意图在于反对天主教的权威式信仰，强调个体的内在自由是真正信仰的基础和依据，从而也是克服虚无主义的根本力量。别尔嘉耶夫指出，人的精神性的死亡之根源在于客体化世界对主体的吞噬和统治。所谓客体化世界指的是必然性的、无意义的、破碎的、冷冰冰的、没有个性的、没有自由的世界。在这样的世界里，人与上帝的爱的关系蜕变为统治和被统治的关系，从而人的精神性和理想性泯灭了。他试图反抗物欲、技术、理性和工具化，反抗必然性、利益原则及其对人类的支配作用，倡导个性、自由和意义以恢复生命的尊严和价值。在他看来，"彻底的精神解放只有通过人的精神和神的精神的联系才是可能的。精神解放总是向比人身上的精神原则更深刻的地方的转向，是转向上帝。"② 也就是说，别尔嘉耶夫把克服虚无主义的希望寄托在对上帝的信仰，这种信仰是从其严格的意义上来讲的，它不等于认同教会的权威，更不接受启蒙理性和实证主义，实质在于反对物质力量对人的精神方面的支配和决定权，预设精神的绝对自由和自主性。他把走出奴役的出路理解为摆脱心理上的恐惧。在对自己观点的说明中，他明确地表达了不同于马克思主义的立场："我的哲学的内在动力一开始就是这样确定的：自由先于存在，精神先于自然，主体先于客体，个性先于普遍—共性，创造先于进化，二元论先于一元论，爱先于法律。"③ 俄罗斯思想家们的这种试图通过带有东正教色彩的宗教克服虚无主义的理论和做法，肯定了人性中的神圣性和超验世界的存在，体现了他们对终极价值和生命意义的守护和追求，对世俗的物欲和各种诱惑的抵制，但由于他

---

① ［俄］陀思妥耶夫斯基：《卡拉马佐夫兄弟》，上海译文出版社 2006 年版，第 282—283 页。

② ［俄］别尔嘉耶夫：《论人的奴役与自由》，中国城市出版社 2002 年版，第 294 页。

③ 同上书，第 5 页。

们依然局限在观念的逻辑之中，拒绝承认政治经济对精神解放的决定性
作用，从而注定他们无法根本性地克服虚无主义。

观念逻辑克服虚无主义的局限性在于，它仅仅看到虚无主义的状况
和它的历史文化根源，没有进一步探究它的政治经济根源。也就是说，
生活不是被理解为一个有机的整体，而是被肢解为经济与文化等不同的
领域，从而无法原则性地说明它的真实基础。恰如黑格尔曾经在对历史
的分析中批评的那样，人们只看到历史事件中的英雄人物的动机，没有
看到这种动机背后的动机，从而陷入唯心史观，似乎历史就是偶然的、
随意的过程，而不是客观精神的必然运动。黑格尔的伟大之处在于，它
看到了历史的必然性和规律性的存在，而且试图探讨这种规律和客观性
的内容。可惜的是，他始终无法走出绝对精神的运动，始终走不出他自
己给自己套上的逻辑枷锁，从而与真实的历史擦肩而过。马克思承接了
黑格尔的问题，站在唯物主义的立场上回答历史的本质，认识到物质生
产的基础性地位及其对整个社会生活的支配性作用，从而科学地揭示了
虚无主义的产生，也为克服它指明了方向。

二　实践逻辑与虚无主义的终结

实践逻辑不同于观念的逻辑，它走出观念的内在领域，乃是一种在
外的物质力量，且是虚无主义之产生基础的克服。就此而言，只有实践
逻辑才能终结虚无主义。

根治虚无主义的前提在于，认识和改变造成现代虚无主义的物质根
源即资本逻辑。虚无主义不是一个纯粹的理论问题，而是一个现实的问
题。这一现实问题固然关涉的是精神层面，但从马克思主义立场来看，
精神生活和物质生活之间不是二分的关系，且须从物质关系出发才能对
精神生活的性质和内容给出最终的说明，在此意义上，虚无主义的根源
绝不仅仅是形而上学，而且是深层的现代社会物质结构，换句话说，资
本逻辑是虚无主义的物质根源。资本逻辑造就的拜物教就是虚无主义的
别名。我们当然并不否定形而上学批判对于克服虚无主义的积极意义，
从而绝没有片面地排斥尼采、海德格尔和存在主义的哲学家们对虚无主
义的思想文化根源的揭露。问题在于，他们局限在思想观念的方面，没
有认识到或者根本否定虚无主义的物质根源，把克服虚无主义的希望完

全寄托在道德和文化批判领域。这就造成他们的批判的浪漫主义色彩或者看不到前景的悲观主义。在不触动资本逻辑的前提下克服虚无主义，即把资本逻辑无批判地接受为永恒现实的条件下批判虚无主义的论调，绝不能根治虚无主义，最多只是减缓虚无主义的折磨和病痛。原因在于，资本逻辑的物质关系每天会源源不断地激发和产生虚无主义，或者印证虚无主义的真理。就此而言，克服虚无主义的关键在于克服资本逻辑。没有对资本逻辑的克服，所谓的克服虚无主义就是一句空话，或者最终会变为一句无关痛痒的空话。这并不是说，克服虚无主义就无须讨论崇高和理想的文化建构，仅仅改变现实的物质关系就可以了，而仅仅意味着最终克服虚无主义的根本前提在于物质关系的改变。

摧毁资本逻辑的根本力量应该是一种现实的物质力量。马克思说："批判的武器当然不能代替武器的批判，物质力量只能用物质力量来摧毁。"① 资本逻辑是一种物质力量，所以，对资本逻辑的改变只能依靠物质力量。这种物质力量不仅仅是政治力量，而且更是经济力量。把它简单地看作政治革命甚至政治权力的夺取，而不是改变经济方面的生产方式，最终就不会有原则性的改变。马克思说："对德国来说，彻底的革命、全人类的解放，不是乌托邦式的梦想，确切地说，部分的纯政治的革命，毫不触犯大厦支柱的革命，才是乌托邦式的梦想。"② 也就是说，没有经济关系的改变，德国的革命就不可能成功。这也是一条普遍的原理，即无产阶级只有彻底打碎束缚它的锁链，才能实现根本的解放，而不是一部分人的解放，更不是具体的一些幸运者从无产者变成有产者，另一部分倒霉蛋从有产者变成无产者的戏法。基于对物质力量的决定性作用的认识，马克思和恩格斯积极地投身于社会革命运动，只要革命的实践需要，他们就立即放下对"批判的武器"的锻造，去从事"武器的批判"。在他们看来，青年黑格尔派的最大问题在于，他们自视为思想的勇士，把观念、思想、概念看作是人们的真正枷锁，只在纯粹的思想领域从事瓦解绝对精神的工作，因而从没有离开过哲学的基地，从没有真正摆脱黑格尔的巨大阴影。马克思和恩格斯批判青年黑格

---

① 《马克思恩格斯选集》第 1 卷，人民出版社 1995 年版，第 9 页。
② 同上书，第 12 页。

尔派从不讨论德国哲学与德国现实之间的联系，从而是最大的保守派："他们忘记了：他们只是用词句来反对这些词句；既然他们仅仅反对这个世界的词句，那么他们就绝对不是反对现实的现存世界。"①

实践逻辑是人们感性活动的逻辑，亦是实现真正解放的现实手段。它的根本之点在于"使现存世界革命化，实际地反对并改变现存的事物"②。它是一种历史活动，而不是纯粹的思想活动，它离不开现实的物质条件。费尔巴哈的错误不在于它反对黑格尔的唯心主义，不在于他把人看作感性对象和对感性世界的确认，而在于他始终不懂实践的逻辑，因而只是达到对感性对象的直观，而无法真正按照事物的本来面目去理解事物。马克思和恩格斯批评费尔巴哈说："他没有看到，他周围的感性世界决不是某种开天辟地以来就直接存在的、始终如一的东西，而是工业和社会状况的产物，是历史的产物，是世世代代活动的结果，其中每一代都立足于前一代所达到的基础上，继续发展前一代的工业和交往，并随着需要的改变而改变它的社会制度。甚至连最简单的'感性确定性'的对象也只是由于社会发展、由于工业和商业交往才提供给他的。"③ 在马克思和恩格斯看来，人们的感性活动是整个现存的感性世界的基础，现存的感性世界绝不是自在的自然，而是历史的自然，已经包含着人的目的的自然。由于费尔巴哈不了解感性活动，不了解社会的、历史的人，仅仅关注生物学意义上的抽象的人，不能理解工业和社会结构的改变的必要性和条件，从而根本不能给历史提供世俗基础，必然陷入历史唯心主义。

实践逻辑是历史的逻辑。它首先是坚持物质生活的生产和再生产，马克思要求任何历史观都必须重视这一基本事实的全部意义和全部范围。物质生活是社会存在的前提条件，它是使一切理论和假说都显得苍白的粗暴事实。其次是人的生产，既包括自身生命的生产，也包括他人生命的生产，它是社会和历史得以延续的又一基本前提。个体有限的生命在他人生命的生产中延续了类的基因。再次是社会关系的生产和再生

---

① 《马克思恩格斯选集》第 1 卷，人民出版社 1995 年版，第 66 页。

② 同上书，第 75 页。

③ 同上书，第 76 页。

产。人们在物质生产和生命的生产中必然要结合成一定的关系，这种关系无疑要受到他们的生产水平和条件的限制，从而最初只能结合成最简单的社会关系，随着生产能力的提高和共同活动方式的改变，人们之间的物质关系及其社会关系也会发生改变。所谓历史不过是人们的活动过程而已，所谓社会不过是人们在活动中结合成的各种社会关系的总和。最后是精神的生产。精神和意识是社会的产物，而且它们始终是这样的产物，摆脱不了物质的纠缠，只是在物质劳动和精神劳动分离之后，意识才把自己想象为不依赖于物质世界的独立存在。总之，实践逻辑不是想象的、主观的逻辑，也不是外在于人的神秘的客观力量的逻辑。

实践逻辑抵制资本逻辑。资本逻辑是特定条件下的一种生产逻辑。生产逻辑和资本逻辑不能等同，它们具有不同的边界。生产逻辑是人们在历史性的生产活动中表现出来的生命本质及其规律性运动，它有其客观的进程和历史的形式。在不同的历史条件下，生产逻辑有不同的表现方式。资本逻辑具有历史的意义和局限性，它的附着在生产逻辑上的形式和外在关系去除之后，自身就会走向瓦解，生产逻辑就会以新的方式呈现出来。实践逻辑是生产逻辑、政治逻辑和生活逻辑的统一。这里要把握两种关系：一是经济与政治的关系；二是生活与系统的关系。就第一种关系而言，目前的理解常常变成市场与政府的关系。这种简化的理解要避免把市场等同于马克思意义上的社会生活基础的危险，原因在于"马克思所说的作为现实基础的物质生活的生产方式，包含着更多的内容，而非可简化为现代世界以市场为中心的经济活动。"① 另外，政府也不能仅仅被视为国家机器，不能只看到它的政治功能，还要认识到它的合法性基础有其他诸多方面。就第二种关系而言，我们要突破把社会生活局限在政治经济的狭隘视野，也就是说，要意识到政治经济的系统与生活之间的紧张关系。按照胡塞尔现象学的解释，生活世界是前科学的世界，它是原初的被经验到的周围世界。哈贝马斯受到胡塞尔以来的生活世界概念的启发，认为制度化或组织化的系统与生活世界不同，生活世界是意义的灌木丛，系统向生活世界的侵入造成生活世界的殖民化。实践逻辑反对资本逻辑对社会生活诸领域的支配和统治，它不仅要

---

① 王南湜：《全球化时代生存逻辑与资本逻辑的博弈》，《哲学研究》2009 年第 5 期。

求资本逻辑局限在经济领域的一定范围之内，而且要求解决资本逻辑的内在矛盾，从而实现社会解放和人的解放。

实践逻辑并不排斥理论，但这种理论不是先验的体系，而是实践的产物和环节。那种把理论与实践对立起来，抬高理论的地位，鄙视实践、身体、物质的态度是错误的；同样，那种把实践神圣化，鄙视理论的态度也是错误的。实践逻辑中的逻辑不同于逻辑学的逻辑，而是实践活动的本质和特有规律。有学者归纳了实践逻辑的三个要点：第一，不同的实践领域具有不同的实践逻辑，不能用一种同质性模式来解释一切形式的实践。第二，实践逻辑的形成是在行为者对一项活动的熟悉程度达到一定的高度时，才会产生。它不是经济理性的算计或反思的行为，而是不自觉地根据自己先前的习性采取行动。第三，实践及其逻辑的开放性。也就是说，实践行为者可以通过自己如何去做的具体行为，来为事情如何完成，最后会呈现为怎样的状态定性。①

总之，实践逻辑是终结虚无主义的真实力量。有学者在防御虚无主义的原则讨论方面，提出生活的逻辑、承载文化价值的经典性文本、超越性是被忽视的三个方面，并把它们与理性主义原则、人本主义原则、历史原则并置在传统之中。② 他所补充的三个方面，恰是实践逻辑的重要维度。当今的实践逻辑的主要任务在于废黜资本逻辑，它的文化样式就是虚无主义的种种变形的淡出，随之而来的是崇高、理想、神圣、目的性、至上性、充实的精神生活回归人们的日常生活。

三　革命的实践主体：克服虚无主义的真实力量

普遍的、永恒的、绝对的价值基础丧失之后，我们再也不能依靠传统形而上学的方式在超验的领域寻找终极性的真理和最高的价值。新的价值根基之探求在于克服虚无主义的肆虐，它的关键之点在于革命的实践主体的生成，革命的实践主体有个体和阶级之分。

革命的个体主体不是纯粹精神性的存在，不是抽象的存在，不是非历史的存在，他是资本主义社会的现实个人，内在地要求破除资本主义

---

① 刘森林：《实践的逻辑》，社会科学文献出版社 2009 年版，第 215—222 页。
② 邹诗鹏：《文明的力量——防御虚无主义的六大原则》，《学术月刊》2014 年第 8 期。

的源源不断地生出的虚无化力量。他的克服虚无主义的前提在于，具有
自由的能力和革命的行动。康德是我们理解自由的起点和桥梁。在康德
看来，经验、现象和自然必然性是同一层次的概念，自由、先验和道德
法则是同一层次的概念。自由是道德自律的条件，它不受外在条件的影
响和摆布。康德说："没有这种乃系唯一先天实践的先验自由（在后一
种真正的意义上），任何道德法则，任何依照道德法则的责任都是不可
能的。"① 也就是说，实践主体不是物质的自动机，他不是按照自然的
机械原理运转，他的自由不是"旋转式烤肉叉的自由"②，而是具有独
立于一切经验的东西的独立性。康德意义在于，他区分了自然的因果性
和道德的因果性，他律和自律，必然和自由，强调了先验自由的存在对
于道德法则之确立的根本性。这种自由有利于避免人为物所役，避免人
被外在的虚假意义所驱迫和蒙蔽，有利于反省外在的价值原则和在异质
性的道德主张中选择真正契合切己需要和目的的生命意义。有学者立足
于康德的自由主张反省了中国的道德现状，强调了凸显自由的、具有独
立人格的生命个体对于克服虚无主义的重要性："在一个基本的诚信都
难以得到保证的社会里，在一个公权与私权各自职能与边界都模糊不清
的社会里，在一个很多人把只要'捞到实惠'可以不择手段当成人生
指南的社会里，在一个以表面的玩世不恭掩饰外在世俗功利追逐的犬儒
主义成为最流行的生活哲学的社会里，我们所面临的价值危机和价值虚
无主义的语境、情势和核心问题确实存在着巨大的特殊性。面对这种特
殊性，凸显自由的、具有独立人格的生命个体，是回应中国社会日趋严
峻的精神危机的挑战所急需的基本前提。"③ 这种自由的能力是革命的
个体主体的基本要求，也就是要有对生命价值的真实认知和对外在物欲
诱惑的自觉抵制，要有道德法则和信念的自我设定和自觉坚守。问题仅
仅在于，先验自由的"应该"没有现实的基础，从而难免有理想化和
乌托邦的嫌疑。另外，这种设定道德法则的自由无法避免乃是上帝别名
的指责。革命的行动是革命的个体主体走出康德先验自由困境的根本路

① ［德］康德：《实践理性批判》，商务印书馆 1999 年版，第 105 页。
② 同上书，第 106 页。
③ 贺来：《寻求价值信念的真实主体——反思与克服价值虚无主义的基本前提》，《社会
科学战线》2012 年第 1 期。

径。它不仅指政治行动，也指现存社会各方面的真实变革，具体到现代
社会就是对资本主义的全方位反抗。这种反抗不是一味地拒绝和破坏，
而是吸收了它的一切积极方面的扬弃和超越。正是个体的这种自由观念
和革命行动给了克服当代虚无主义的希望。

　　革命的阶级主体是无产阶级。无产阶级是被压迫、被剥削、被蒙蔽
的受苦最深的阶级，也是被虚无化的主要对象。工人们的生命目的和意
义工具化为资本增殖的手段，沦落为生产和消费的环节。这一阶级最需
要被从虚无化的处境中解放出来。但是，解放这一阶级的力量不是外在
的救世主，不是神秘的命运，而只能是他们自己。无产阶级克服虚无主
义的关键在于，阶级意识的生成。马克思说："哲学把无产阶级当作自
己的物质武器，同样，无产阶级也把哲学当作自己的精神武器。"① 这
里的哲学不是一般的哲学，而是特指关于无产阶级和人类解放的哲学，
它在马克思成熟时期的思想里就是历史唯物主义。无产阶级只有认识到
历史发展的规律并且自觉地担负起自己的历史使命，自己的解放和人类
的解放才有可能。这种解放既是废除死劳动支配活劳动、过去支配现在
的一种社会力量，废除财产的阶级性质和社会性质，废除少数人利用占
有的社会产品去奴役他人劳动的权力，也是废除传统的观念，从而废除
虚无主义的观念，重建人们的价值理想和共同信念。马克思和恩格斯站
在历史唯物主义的立场批评资产阶级把他们的阶级意识永恒化的错误：
"你们的利己观念使你们把自己的生产关系和所有制关系从历史的、在
生产过程中是暂时的关系变成永恒的自然规律和理性规律，这种利己观
念是你们和一切灭亡了的统治阶级所共有的。谈到古代所有制的时候你
们所能理解的，谈到封建所有制的时候你们所能理解的，一谈到资产阶
级所有制你们就再也不能理解了。"② 卢卡奇在《历史与阶级意识》这
一经典著作中发挥了马克思的上述思想。他指出，资产阶级思想的出发
点和目标始终是为现存秩序的合法性和不变性进行辩护，把它宣布为永
恒的自然规律、符合人性的体系，也就是说，把它从历史中抽离出去。
资产阶级的阶级地位决定了它的阶级意识的虚假性，这种阶级意识不是

---

① 《马克思恩格斯选集》第 1 卷，人民出版社 1995 年版，第 15 页。
② 同上书，第 289 页。

随意的、主观的或心理上的，而是社会经济结构的客观结果。无产阶级的阶级意识也是由它的阶级地位决定的观念，这种观念不是个体的意识的叠加。卢卡奇说："阶级意识因此既不是组成阶级的单个个人所思想、所感觉的东西的总和，也不是它们的平均值。"① 无产阶级的阶级意识在于，它认识到自身的地位和对社会发展过程的决定性影响，知道该采取何种现实的行动，它知道自己是最后的阶级，知道只有废除阶级社会才能解放自己。它是摆脱资产主义各种危机（包括精神危机）的根本出路。

革命的个体和革命的阶级是辩证的关系。那些客观的、不依赖于人的东西通过某种自律性来控制人并与人相对立，从而使工人不仅在客观的物的方面，而且在主观的灵魂方面都发生异化，形成机械化、合理化、可计算的社会原则，丧失自己的主动性和自由意志，变成隶属于机器的劳动动物。按照列宁的理解，劳动动物们的阶级意识的形成依赖于灌输。在他看来，"没有革命的理论，就不会有革命的运动。"② 但人们常常没有认识到理论的重要性，因而在反对思想僵化的口号下掩饰对理论的冷淡态度。另外，工人不能自发地形成革命意识和阶级意识，这要靠先进的知识分子进行灌输："我们说，工人本来也不可能有社会民主主义的意识。这种意识只能从外面灌输进去，各国的历史都证明：工人阶级单靠自己本身的力量，只能形成工联主义的意识，即确信必须结成工会，必须同厂主斗争，必须向政府争取颁布对工人是必要的某些法律，如此等等。而社会主义学说则是从有产阶级的有教养的人即知识分子创造的哲学理论、历史理论和经济理论中发展起来的。现代科学社会主义的创始人马克思和恩格斯本人，按他们的社会地位来说，也是资产阶级知识分子。"③ 也就是说，知识分子要通过各种方式向工人阶级灌输科学社会主义的理论，让工人们提高阶级觉悟，认识社会革命的必要性、可能性和重要性，从自发性走向自觉性。工联主义和社会民主主义的区别在于，工联主义固然也要求国家采取措施来减轻工人的地位所固

① ［匈］卢卡奇：《历史与阶级意识》，商务印书馆 1992 年版，第 105 页。
② 《列宁专题文集》（论无产阶级政党），人民出版社 2009 年版，第 70 页。
③ 同上书，第 76 页。

有的困苦，但从不要求摆脱这种地位，即消灭劳动受资本支配的现象。列宁批判某些社会民主党的机关刊物对自发性的屈从和崇拜，告诫他们这种倾向的严重后果在于造成工人运动受资产阶级思想体系的支配。阶级意识和社会主义理想是工人阶级摆脱虚无主义的纠缠，确立新型价值观和理想信念的支撑。

总之，个体和阶级不是对立的，他们共同构成克服虚无主义的真实力量。这种克服的目标在于建成马克思和恩格斯提出的共产主义共同体："每个人的自由发展是一切人的自由发展的条件。"①

第三节　"共产主义的虚无主义"及其批判

资本主义与虚无主义的本质牵连激起种种克服虚无主义的规划，共产主义是最具影响力的一种方案。然而，囿于资本主义意识形态的自我辩护和极具蛊惑性的蒙蔽，人们对共产主义的理解存在偏颇，"共产主义的虚无主义"就是一种代表性的说法。

一　"共产主义的虚无主义"的提出

美国学者马歇尔·伯曼在他的著作《一切坚固的东西都烟消云散了》一书中对马克思、现代主义和现代化进行了专题性论述，提到了"共产主义的虚无主义"。他说："很容易想象，一个致力于每一个人和所有的人的自由发展的社会，会怎样地发展出它自己的独特的各种虚无主义的变种。的确，一种共产主义的虚无主义或许表明要比它的资产阶级先驱更具有破坏性——尽管也更加大胆更具原创性，因为当资本主义用基本的限制消除了现代生活的无限可能性时，马克思的共产主义会将被解放的自我投入到没有任何限制的巨大的未知的人类空间中去。"②伯曼对共产主义的犹疑和动摇离不开他对共产主义的误解，也与他对资本主义的虚无主义的理解和批判有关。

---

① 《马克思恩格斯选集》第 1 卷，人民出版社 1995 年版，第 294 页。

② ［美］马歇尔·伯曼：《一切坚固的东西都烟消云散了》，商务印书馆 2003 年版，第 147 页。

　　伯曼分析和认同马克思对资本主义的虚无主义的批判。在伯曼看来，资产阶级的一切真正有价值的活动就是挣钱、积累资本和堆积剩余价值，其他事业仅仅是这一目的的暂时性的手段而已。资产阶级的创造力在于通过迅速的破坏实现资本的增殖，这种破坏表现在不断拆除旧的世界。那些坚固的厂房和住宅，往往经过短短的几十年，尚在完全可以继续使用的时候就被拆除了。这种破坏——无法无天、无法衡量、爆炸性的冲动——就是虚无主义。尼采无法揭示现代灵魂和现代经济两者之间的联系，因而从上帝之死的"宇宙性创伤"的角度进行解释，马克思却从市场经济的层面进行解释。伯曼赞扬马克思对资本主义的虚无主义的分析说："他揭示了，现代资产阶级是一些技艺高超的虚无主义者，其程度远远超出了现代知识分子的想象能力。这些资产阶级已经使自己的创造性异化了，因为他们无法忍受去考察他们的创造性所开辟的道德的、社会的和心理的深渊。"① 这个"深渊"是资产阶级无法控制的黑暗和惊恐的对象，它是现代主义文化中不断创造和更新的另一面："虚无主义、永不满足的破坏、生活的碎裂和吞没、黑暗的中心、恐怖。"② 在马克思看来，商品的交换价值支配着现代社会的一切领域，包括人们的尊严和情感生活，旧的价值结构被商品价值模式吞并，一切现代社会的存在物都贴上了价格的标签。"任何能够想象出来的人类行为方式，只要在经济上成为可能，就成为道德上可允许的，成为'有价值的'；只要付钱，任何事情都行得通。这就是现代虚无主义的全部含义。陀思妥耶夫斯基、尼采和他们的 20 世纪的继承者们会将之归罪于科学、理性主义和上帝的死亡。马克思则会说，其基础要远为具体和平凡得多：现代虚无主义被化入了日常的资产阶级经济秩序的机制之中——这种秩序将人的价值不多也不少地等同于市场价格，并且迫使我们尽可能地抬高自己的价格，从而扩张我们自己。"③ 面对尼采和马克思对资产阶级虚无主义力量的不同分析视角及其结论，伯曼的态度非常明确，他认为"马克思的理解要比尼采

---

① 　［美］马歇尔·伯曼：《一切坚固的东西都烟消云散了》，商务印书馆 2003 年版，第129 页。

② 　同上书，第 131 页。

③ 　同上书，第 143 页。

深刻得多"①。资产阶级虚无主义的本质表现还在于，传统令人尊崇的职业光环的丧失。也就是说，知识分子变成了资产阶级出钱招募的雇佣劳动者，他们不得不为了生存零星地出卖自己的精神劳动产品和服务，出卖自己的最深层的情感、感受力和想象力，并且受到市场波动和竞争的影响，一切神圣的东西都被亵渎了，生活的世俗化取代了神圣化。

　　在伯曼看来，共产主义的虚无主义与资本主义的虚无主义的共同之点在于，它们同样是一种虚无主义。也就是说，伯曼并不认为克服资本主义虚无主义的替代品就是虚无主义的彻底解决，而仅仅是一种新型的虚无主义而已。这种新型的共产主义虚无主义固然与资本主义虚无主义有所不同，但也只是虚无主义的变种，而且是更具破坏性的虚无主义，原因在于它缺乏基本的限制。伯曼与马克思的分歧不在于他们对资产阶级的虚无主义的价值取向，而在于对资产阶级虚无主义命运的态度。伯曼认为，"没有道德的"自由贸易原则允许反对资产阶级虚无主义的敌人的存在，比如允许革命和共产主义的观念的存在，前提在于这种观念必须商品化且能够实现社会价值，换句话说，它的印刷品必须能够卖出去赚到钱。通过这种方式，革命者变成出售革命的商人和推销员。而且，由于资产阶级在对自由市场的歌颂中具有操纵和控制市场的倾向和本性，因而真正的共产主义思想传播困难重重。一句话，伯曼不相信共产主义是对资产阶级虚无主义的克服。伯曼把马克思看作一个最伟大的现代主义者，而不是现代主义的拯救者。他说："我论述他（指马克思——引者注）的思想，与其说是寻求他的答案，不如说是寻求他提出的问题。在我看来，他能够给予我们的宝贵礼物，不是一条摆脱现代生活的矛盾的出路，而是一条更加有把握更加深入的进入这些矛盾的道路。"②

　　伯曼引证阿伦特的观点证明马克思的共产主义虚无主义的问题所在。他说："阿伦特懂得，马克思的共产主义含有深刻的个人主义基础，她也理解，这种个人主义可能会导向何种虚无主义。在每个人的自

---

　　①　［美］马歇尔·伯曼：《一切坚固的东西都烟消云散了》，商务印书馆 2003 年版，第144 页。

　　②　同上书，第165 页。

由发展乃是一切人的自由发展的条件性质的共产主义社会中，什么东西将把这些自由发展的个人捏在一起呢?"① 也就是说，在个人和共同体的关系问题上，他认为马克思不是权威主义者，不是个体屈从于共同体，而是过分地强调个人，以至于寻找不到共同体的基础，无法建立真正的公共空间。在阿伦特看来，"共同世界是一个我们出生时进入、死亡时离开的地方，它超出我们的生命时间，同时向过去和未来开放；它是在我们来之前就在那儿，在我们短暂停留之后还继续存在下去的地方。它是我们不仅与我们一起生活的人共同拥有，而且也与我们的前人和后代共同拥有的东西。"② 现代人对不朽的真正关切的丧失，从而对公共领域的关切的丧失，失去了共同体的根基，这是个人主义的问题和症结。阿伦特认为，马克思的共产主义是一个虚构，共产主义的个人主义走不出虚无主义的误区。伯曼没有否定阿伦特对马克思的批判，而是批驳她的解决方案也不够高明。

"虚无主义的共产主义"与"共产主义的虚无主义"不同。詹姆斯·劳勒认为，虚无主义的共产主义与辩证的共产主义是对立的概念。虚无主义的共产主义聚焦于资本主义的消极部分，完全否定资本主义及其与之相关的一切事物，从而否定市场的历史合理性，对资本主义制度进行抽象的批判，要求共产主义取代资本主义，但把共产主义理解为将来才能实现的理想，个人自由依赖于共产主义的实现。辩证的共产主义聚焦于资本主义的积极方面，它把资本主义视为共产主义新世界的母体，强调共产主义不是未来的遥远现实，而就是当下消灭歪曲和阻碍人的自由创造性活动的现存状况的现实的运动。劳勒说："概括地讲，辩证的研究共产主义的方法对资本主义不是采取非此即彼式的否定方法，而是承认存在连接对立的社会存在形式的辩证的'中间环节'。共产主义形成于历史的母体即资本主义之中。"③ 虚无主义的共产主义的重点在于强调共产主义是一种形而上学的否定方法，具体就是对资本主义的

---

① ［美］马歇尔·伯曼：《一切坚固的东西都烟消云散了》，商务印书馆2003年版，第164页。

② ［美］汉娜·阿伦特：《人的境况》，上海人民出版社2009年版，第36页。

③ ［美］詹姆斯·劳勒：《虚无主义的共产主义与辩证的共产主义》，段忠桥等摘译，《国外理论动态》2006年第2期。

否定，进而存在对共产主义的错误理解；共产主义的虚无主义的重点在于强调未来共产主义社会的创造性和破坏性，同样存在对共产主义的错误想象。

二 批判性的分析

共产主义的虚无主义这一提法的主要问题在于，它过分强调马克思的现代主义者形象，按照现代资产阶级的方式想象共产主义，从而对共产主义的理解出现偏差，误判共产主义的现实性和超越性。

伯曼的分析和结论站不住脚。他认为，共产主义具有比资本主义更大的破坏性，原因在于它的主体是解放的自我，又没有任何限制性。资本主义的建设性和历史性意义是不容否认的，但它的悖论在于，工业和科学的力量带来的却是衰颓的征兆。马克思说："在我们这个时代，每一种事物好像都包含有自己的反面。我们看到，机器具有减少人类劳动和使劳动更有成效的神奇力量，然而却引起了饥饿和过度的疲劳。财富的新源泉，由于某种奇怪的、不可思议的魔力而变成贫困的源泉。技术的胜利，似乎是以道德的败坏为代价换来的。随着人类愈益控制自然，个人却似乎愈益成为别人的奴隶或自身的卑劣行为的奴隶。甚至科学的纯洁光辉仿佛也只能在愚昧无知的黑暗背景上闪耀。我们的一切发现和进步，似乎结果是使物质力量成为有智慧的生命，而人的生命则化为愚钝的物质力量。现代工业和科学为一方与现代贫困和衰颓为另一方的这种对抗，我们时代的生产力与社会关系之间的这种对抗，是显而易见的、不可避免的和无庸争辩的事实。"① 按照马克思的理解，造成这一悖谬状况的根源在于生产力的社会化与生产资料的私人占有之间的矛盾。也就是说，资本的增殖与强制性的分工把工人变成机器的单纯的附属品，造成工人的目的和手段的颠倒。马克思没有展开讨论的问题还有资本逻辑造成的人对自然的过度开发和利用，浪费和破坏。在马克思看来，资本逻辑的目的仅仅在于利润的最大化，而不是满足人的真实需求并实现幸福的最大化。马克思给出的根本解决途径在于废除私有制，也就是废除全部现有的占有方式，改变财产的社会性质。伯曼不理解的地

---

① 《马克思恩格斯选集》第 1 卷，人民出版社 1995 年版，第 775 页。

方在于，解放的自我并不会无限度地拆解整个世界，不会无限度地破坏和浪费。过度的破坏和过度的消费是资本主义的特征，而不是解放的自我所在的共产主义的特征。解放的自我具有高度的生产力和技术水平，但他没有对物质的无限的贪欲，不会过度地压榨和剥夺自然，而以对真善美的精神追求为旨趣。屈从于分工的工人们为了生存就要工作，就要按照资本的要求充当过度生产和过度消费的中介，他们并不是天生的奢侈品喜好者和物欲主义者。对解放的自我的限制当然不是类似资本主义的外在强制性限制，而更多的是他们自身的内在的道德要求和限制，也是他们对自然规律和社会规律的了解和尊重的自觉选择，人们彼此之间的强制性关系转换为相互的自觉履行的义务和权利关系，它约束人们自我实现的创造性和潜力的发挥要以对自然的尊重和可持续性为前提，要以不损害他人的自我实现的条件为前提，要以个体的幸福为目的，同时实现人类的利益最大化，人、自然、他人、社会之间是和谐的统一关系，而不是利益对立和关系冲突的紧张关系。就此而言，伯曼的担心似有过敏的嫌疑。

　　伯曼对共产主义虚无主义的说法和理解表明，他尽管严厉批评资本主义的虚无主义，但没有接受马克思的共产主义思想，甚至不是各种各样的其他社会主义者。马克思和恩格斯在《共产党宣言》中批判了三种不同类型的社会主义：1. 反动的社会主义。它又可分为三种类型：（甲）封建的社会主义。（乙）小资产阶级的社会主义。（丙）德国的或"真正的"社会主义。2. 保守的或资产阶级的社会主义。3. 批判的空想的社会主义和共产主义。① 反动的社会主义固然也会抨击资本主义的弊端，但由于它不能理解资本主义的历史必然性及其意义，而且批判者的行为常常背叛了他的理论，亲自践行他所批判的资产阶级的活动，或者提出了一套过时的陈旧的主张，或者仅仅是脱离直接实践意义的思辨，且常站在落后于资本主义的立场上批判资本主义，因而是反动的开历史倒车的形象。资产阶级的社会主义的代表人物是蒲鲁东，他割裂事物的对立和矛盾的两方面，只要资本主义的好，不要资本主义的坏，主张改善工人的经济状况，但反对政治变革，反对废除资本主义的生产关

① 《马克思恩格斯选集》第 1 卷，人民出版社 1995 年版，第 295—305 页。

系，声称资本主义的一切都是为了工人阶级的利益。空想的社会主义者
意识到了阶级的对立，他们同情工人阶级的命运，试图改变工人的地
位，但由于他们看不到无产阶级的历史主动性，由于他们倡导的普遍的
禁欲主义和粗陋的平均主义的反动性，由于无产阶级解放的物质条件尚
未具备，因而他们尽管有消灭雇佣劳动、消灭阶级差别的一些想法，但
注定只是纯粹的空想。各式各样的社会主义者站在不同的立场批判资本
主义，开出不同的药方。马克思和恩格斯毫不妥协地分析和批判了他们
各自的问题和症结。在马克思和恩格斯看来，实现共产主义的关键在
于，一是物质条件的具备；二是采取革命的方式实现社会关系的根本性
变革，包括经济关系和政治关系的改变，而不仅仅是工人阶级经济生活
条件的改善，更不是虚假的形式民主权利的获得；三是共产党人对无产
阶级的阶级意识教育，使他们认识到自身的阶级地位和历史使命；四是
工人阶级的普遍联系。伯曼没有明确地表明自己的政治态度，但他对共
产主义的质疑和否定性态度，对资本主义的留恋和尚存的幻想，对现代
主义的矛盾性的困惑和接受，这一切证明他依然受到现代主义的纠缠，
还没有找到走出资本主义虚无主义的出路。

　　伯曼的共产主义虚无主义之说法的重要性在于，一是他对虚无主义
的破坏性的深刻认识及其反对态度。虚无主义是神圣性的丧失，它是对
传统和历史的拒绝，这种拒绝带来的社会问题和灾难性后果迄今难以估
量。伯曼显然不是盲目的乐观主义者，也没有与两次世界大战之后的悲
观主义者一样陷入绝望。他试图寻找走出资产阶级虚无主义的道路，只
是看到资本主义自我调整后依然具有活力和生机，又对共产主义的说法
不能接受，从而陷入困惑和危机。按照马克思的理解，"无论哪一个社
会形态，在它所能容纳的全部生产力发挥出来以前，是决不会灭亡的；
而新的更高的生产关系，在它的物质存在条件在旧社会的胎胞里成熟以
前，是决不会出现的。"① 也就是说，资本主义的灭亡是不可避免的，
只是它的灭亡的条件还不具备而已，或者说，它暂时还有存在的合理
性。这种合理的资本主义必将随着历史的发展而成为不合理的存在，从
而成为灭亡的对象。伯曼在这里的问题不在于他对资本主义虚无主义的

---

① 《马克思恩格斯选集》第 2 卷，人民出版社 1995 年版，第 33 页。

批判，而在于他把对虚无主义的理解错误地移植到了共产主义，认为共产主义会有甚至超过资本主义的虚无主义问题，从而有了共产主义虚无主义的不妥说法。虚无主义的现代图景与一切社会生活领域的商品化有着密切的联系。二是他对共产主义替代方案的关注。马克思的共产主义不是观念的革命，而是社会物质关系的改变，这是治疗资产阶级虚无主义的妙药。伯曼显然很欣赏马克思的这一深刻洞见。问题在于，他把共产主义看成一种激进的乌托邦。简言之，伯曼赞赏和肯定的是马克思的批判精神，反对的是马克思的解决方案。

三 共产主义与虚无主义的真实关系

驳斥共产主义的虚无主义的关键在于，正确理解共产主义，阐明共产主义与虚无主义的真实关系。这里的要点在于，不仅把共产主义理解为虚无主义的终结，而且要进一步洞悉共产主义如何终结了虚无主义。"如何"的问题涉及它的逻辑机制，这是定性研究的必然要求和内在延伸。一般而言，共产主义是一种理想、一种社会运动、一种社会形态。我们下面就从这三个方面展开。

第一，共产主义是崇高的社会理想，它与虚无主义的去神圣化、嘲笑理想、拒绝崇高、生活的平面化、意义的丧失、追求感性欲望的满足完全不同，且恰是虚无主义的遏制和克服。就其目标和内容而言，共产主义理想是人的解放的理想，它不仅是个体的解放，也是类的解放；不仅是感性的解放，也是理性和情感的解放。这种人类解放理想的关键在于，它不是彼岸的乌托邦，而是要求此岸的实现，乃是具有现实性的精神追求。而且，这种解放绝不是先验的预设和主观主义的构造，而是从现实出发的理想。有人反对把共产主义理解为一种理想，反对的理由是马克思的一句话："共产主义对我们来说不是应当确立的状况，不是现实应当与之相适应的理想。"[①] 乍一看似乎有理，仔细分析就发现这是反对者误解了马克思的意思。原因在于，理想有两种，一种是抽象的超验世界的理想，这种理想是一种纯粹理论的建构，现实仅是理论的验证和附属性的存在，而不是理论的根据和基础，它是柏拉图以来的西方古

---

① 《马克思恩格斯选集》第 1 卷，人民出版社 1995 年版，第 87 页。

老的传统；另一种是现实的经验的理想，它不相信彼岸的虚幻性存在，但也不陷入动物性的感性生存。马克思反对把共产主义理解为第一种理想，也就是说，他反对把共产主义看作某种完美的永远无法实现的终极性的乌托邦，这也是他不同于传统形而上学和黑格尔的地方。但是，如果据此认为马克思没有理想和精神追求，变成感性与物欲的俘虏，就大错特错了。他从青少年时期确立为人类解放而奋斗的人生理想，要做盗火的普罗米修斯，毕生研究人类解放的条件、动力、机制、规律等等，积极投身于人类解放的社会实践，牺牲了健康、幸福和家庭，完全是一个理想主义者。马克思的理想是第二种理想，它源自于生活、现实和经验，但又是对它们的超越和提升，具有形而上的意义。

　　第二，共产主义是消灭现存状况的现实的运动，这种社会运动依赖于生产力的进步和交往的普遍化，目的在于克服人的异化和片面发展，使人摆脱物的奴役并不再受抽象物的统治，从而走出虚无主义。虚无主义是对历史文化的激烈否定和破坏，它在从传统社会向现代社会的转折时期有积极意义，即破除专制体制的束缚和克服思想僵化的解放作用，但在资本主义统治时期，它主要表现为破坏和浪费，真实作用在于资本的增殖，结果是现实的一切存在货币化。共产主义就是要破除造成虚无的物质根源，即废除私有制，破除造成人的异化的强迫性分工，进而拂去资产阶级的意识形态迷雾，破除虚无主义的思想根源。这种破除不是不顾历史与现实条件的主观任意行为，而是充分考虑到现实的技术发展水平、实践条件以及世界历史的形成等因素。马克思说："历史向世界历史的转变，不是'自我意识'、宇宙精神或者某个形而上学怪影的某种纯粹的抽象行动，而是完全物质的、可以通过经验证明的行动，每一个过着实际生活的、需要吃、喝、穿的个人都可以证明这种行动。"①资本逻辑主导下的世界历史的形成之结果就是人们受到世界市场的支配，受到完全异己的力量支配。对这种异己力量的重新占有和支配，只能是共产主义。共产主义对现存状况的消灭，绝不是纯粹的否定和破坏，而是否决那些损害人的健康和生活、践踏人的尊严的物质关系和思想关系，辩证地传承民族性的、历史文化特色的优秀传统。所以，共产

---

① 《马克思恩格斯选集》第 1 卷，人民出版社 1995 年版，第 89 页。

主义固然也有否定和破坏，但它不是虚无主义式的否定一切，而是有否定也有肯定，肯定和否定的标准在于历史的进步和人的幸福最大化。

历史上的共产主义运动，巴黎公社、十月革命、中国革命和社会主义改造等等，总是表现出激烈的表象，有时候甚至有矫枉过正的嫌疑，似乎要横扫一切旧传统、旧习俗、旧文化，似乎要与过去的一切彻底决裂，表现出虚无主义的迹象。但是，共产主义运动与虚无主义的根本区别在于，虚无主义只是否定，而没有建设；共产主义的否定仅仅是手段，否定的对象往往是理应送入历史博物馆陈列的展品，它的目的在于建设，在于把目的和手段的颠倒关系再颠倒过来。资本主义社会中的左翼知识分子，他们不愿做资产阶级利益的辩护士，而是力求消除社会的不公正，站在偏向马克思主义的激进立场，力图撼动资本主义的基石。

第三，共产主义是脱胎于资本主义的社会形态，它与资本主义有着质的不同，因而也解决了资本主义的虚无主义问题。它有高度发达的生产力，这种生产力是被人民共有共享，而不是少数人赚钱的工具；它有新型的生产关系，这种生产关系不同于市场经济和新自由主义鼓吹的自由竞争，而是人们之间的团结协作，劳动产品直接是社会产品；劳动是人们的自由自觉活动（这当然也是非常严肃、极其紧张的事情），而不是力图逃避的异化活动，也不是娱乐和消遣；它有形式和实质统一的民主和自由；它有拥有自由个性的个体对真善美的追求；作为一个自由人联合体，每个人的自由发展是它的条件；自然不是宰制和压榨的对象，而是人们的家园。恩格斯说："一旦社会占有了生产资料，商品生产就将被消除，而产品对生产者的统治也将随之消除。社会生产内部的无政府状态将为有计划的自觉的组织所代替。个体生存斗争停止了。于是，人在一定意义上才最终地脱离了动物界，从动物的生存条件进入真正人的生存条件。人们周围的、至今统治着人们的生活条件，现在受人们的支配和控制，人们第一次成为自然界的自觉的和真正的主人，因为他们已经成为自身的社会结合的主人了。人们自己的社会行动的规律，这些一直作为异己的、支配着人们的自然规律而同人们相对立的规律，那时就将被人们熟练地运用，因而将听从人们的支配。人们自身的社会结合一直是作为自然界和历史强加于他们的东西而同他们相对立的，现在则变成他们自己的自由行动了。至今一直统治着历史的客观的异己的力量，现在处于人们自己的控制之下了。只是从这时起，人们才完全自觉地自己创造自己的历史；只是从这时起，由人们使之起作用的社会原因才大部分并且越来越多地达到他们所预期的结果。这是人类从必然王国进入自由王国的飞跃。"① 这一飞跃的后果，从精神层面来讲，由于破除了种种激发资产阶级虚无主义的条件，因而乃是资产阶级虚无主义的消解。当然，由于生命本身的有限性和对无限的追求与向往，人们对生命意义和虚无主义之关系的思考并不会停止。

　　总之，共产主义构成虚无主义的边界和终结。它把人从动物状况中解放出来，使得人们摆脱了自身仅仅是赚钱工具的异化状态和无意义感，摆脱虚假意识形态的束缚，摈弃超验的价值、意义和真理的理论预设，重建形而上的根基，重建人类道德秩序和精神家园，它破除资本逻辑的统治和霸权，变革现存世界并实现人的解放，而人的真正解放是破解虚无主义的密钥。

① 《马克思恩格斯选集》第3卷，人民出版社1995年版，第633—634页。

第六章　现代性、中国与虚无主义

中国的现代性建构不可避免地遭遇虚无主义的困扰。中国传统优秀文化是克服虚无主义的重要理论资源，但不是唯一资源。培育和践行社会主义核心价值观是克服虚无主义和重建中国人精神家园的长期过程。

第一节　中国的现代性建构与虚无主义话题

马克思反对一切超历史的、不顾特殊性的抽象原则。针对一些人滥用他的历史理论探讨俄国问题，马克思批评道："他一定要把我关于西欧资本主义起源的历史概述彻底变成一般发展道路的历史哲学理论，一切民族，不管它们所处的历史环境如何，都注定要走这条道路，——以便最后都达到在保证社会劳动生产力极高度发展的同时又保证每个生产者个人最全面的发展的这样一种经济形态。但是我要请他原谅。他这样做，会给我过多的荣誉，同时也会给我过多的侮辱。"[1] 也就是说，解决俄国问题一定要从俄国的实际出发，关注俄国的特殊性。同样，中国现代化过程及虚无主义问题要避免西方中心论的嫌疑，必须实现马克思主义中国化和本土化。

一　现代性建构的中国语境

当今中国的现实状况是中国现代性建构的基础。它可以从经济、政

---

① 《马克思恩格斯选集》第 3 卷，人民出版社 1995 年版，第 341—342 页。

治、文化、社会、生态等方面加以探讨。

从经济角度看，中国是发展中国家，实现现代化是中国的主要任务和长期目标，建立社会主义市场经济是中国现代化的根本途径。不能把社会主义和市场经济对立起来，不能认为社会主义只能搞计划经济。邓小平曾把中国定位为"社会主义初级阶段"。"初级阶段"就是"不发达的阶段"[1]。胡锦涛同志在党的十七大报告中指出，"实现全面建设小康社会的目标还需要继续奋斗十几年，基本实现现代化还需要继续奋斗几十年"[2]。这意味着，中国现在处于并将长期处于从传统向现代的过渡之中。中国现代化战略研究课题组预计2100年左右，"中国就是一个现代化国家，中华民族就实现了伟大复兴。"[3] 目前的主要任务在于消除传统的封建因素并培育现代性因素，而不是遏制资本的积极面。如何克服人情、关系、地位对市场经济的干扰，培养人们遵守规则、秩序、法律的意识，按规矩出牌，如何处理好国有企业和市场经济的关系，避免垄断和低效的问题，如何顺利实现经济转型和全面深化经济体制改革，如何创造性地实现城乡一体化，如何走向中国特色的新型工业化、信息化、城镇化、农业现代化的道路，等等，这些都是我们构建现代性迫切须要解决的问题。

从政治角度看，中国的社会主义国家性质。所谓社会主义，它意味着共产党的领导地位不能动摇，它不同于三权分立的分权制度，不同于两党制或多党制的民主选举制度；它同时意味着人民民主，人民民主就是坚持国家一切权力属于人民，它是社会主义的生命，政治体制改革的主要方向就是发展更加广泛、更加充分、更加健全的人民民主，主要采取的方法就是坚持中国共产党领导的多党合作和政治协商制度，它是适合我国国情的民主形式；它也意味着公有制的主体地位不能动摇，当然，对公有制的理解和作用的发挥尚需深入。保证社会主义性质的关键在于法制建设和反腐。如何让权力在阳光下运行，比如执行官员财产申

---

[1]　《邓小平文选》第3卷，人民出版社1993年版，第252页。

[2]　胡锦涛：《高举中国特色社会主义伟大旗帜　为夺取全面建设小康社会新胜利而奋斗》，人民出版社2007年版，第56页。

[3]　中国现代化战略课题组、中国科学院中国现代化研究中心：《中国现代化报告(2008)》，北京大学出版社2008年版，第277页。

报和公开制度，如何把权力关进制度的笼子里，如何创新行政管理方式，如何建设服务型政府，这些是政治现代化的关键。总之，资本主义和社会主义是两种不同的现代化途径，我国由于各种历史际遇而最终走上了"社会主义的现代化道路"①。

从文化角度看，中西马的并存是当前文化的主要状况。以儒家为代表的传统文化乃是中国人的文化基因，它是一种家族本位的群体性文化，产生并适应于农业社会，目前正在努力地实现现代转型。伴随资本的不可阻挡的入侵和全球化的步伐，西方文化已经从观念到行为影响到近代以来的中国人，尤其是当代的中国年青一代，甚至出现不要老祖宗而要全面拥抱和接纳西方文化的极端化现象，也就是说，出现良莠不分地接受西方的世界观、历史观、人生观、价值观的状况。马克思主义原也是西方的文化，与西方自由主义、个人主义、功利主义等等有千丝万缕的亲缘关系，但它在不断地中国化过程中已经成为中国共产党领导下的中国现代化建设的指导思想，统领着整个社会的文化存在。

从社会角度看，中国的城乡二元结构尚未打破，身份和户口的问题是各种社会保障制度的基本依据，尤其是农民的医保和社保虽有很大改善，但基数大和金额低的状况尚难改变。中国的计划生育政策是基本国策，近期有单独二孩政策的调整，这些都是在调控人口结构，这是数量方面的问题。农民与土地天然地联系在一起，但是随着工业化和城镇化建设的推进，出现农民工入城和农村的空心化，部分地方出现农民被居民化的现象，他们的身份变了，但是观念和行为没有变，相应的社会保障制度也难以跟上，这是人口分布的问题。教育是民族振兴和社会进步的基石，教育公平是社会稳定的保证，教育是提高人口质量的重要手段。

从生态角度看，中国现代化的生态成本已经很高了，伴随经济高速增长的是资源约束趋紧、环境污染严重、生态系统严重退化，人与自然的关系日趋紧张。人们在不断地向自然索取资源能源的同时，过于追求GDP的增长，忽视生态成本，造成目前水资源的普遍短缺和空气质量的普遍下降。雾霾的问题不是纯粹的自然祸害，更多的是人为的祸害。

---

① 虞和平主编：《中国现代化历程》第 3 卷，江苏人民出版社 2001 年版，第 943 页。

它是人们违背科学发展的必然后果。中国的现代化已经不可能不考虑生态问题，必须在尊重自然、顺应自然、保护自然的理念主导下寻求新型现代化的道路。

另外，中国在尚未享受到现代性的果实的时候，已经和西方发达国家共同承担了现代性的风险和灾难，后现代的因素出现在中国的现代化过程之中。启蒙的悖论在于，"被彻底启蒙的世界却笼罩在一片因胜利而招致的灾难之中"①。后现代正是 20 世纪六七十年代以来针对现代性的悖谬和困境出现的一种质疑理性至上主义的文化思潮。当代中国在努力破除前现代的诸多因素的时候，不得不同时反思现代性的弊端和局限。由此导致中国现代性建构的悖论在于，我们努力追求的价值目标，恰是已经实现此一目标的国家批判的对象。从而，我们的任务的特殊性就在于，不仅要像内生型现代化国家那样克服前现代因素的阻挠，而且还要应对后现代的挑战。还有，由于世界性的资源、能源的限制以及生态问题的考虑，中国的现代化根本不可能复制西方现代化的模式，从而出现了如何构建具有中国特色现代性的难题。

二　马克思现代性的中国意义

马克思现代性的根本变革在于，它从传统的以理性范畴为轴心的理性现代性研究范式转向以资本范畴为轴心的资本现代性研究范式。马克思对现代性的本质、内容、态度、命运的独特思考对我们的现代化建设具有重要的指导作用。具体来讲，马克思现代性对当代中国的现实意义表现在以下几个方面：

首先，马克思的现代性思想为中国从传统向现代的社会转型提供了理论支持。现代性是现代社会的特质。在马克思的视域中，现代社会的特质就是"人对物的依赖"。此处的"物"，指的是货币，或者是交换价值，即一切个性和特性都已经被否定和消灭的一种一般的东西。每个个人在衣袋里装着自己的社会权力，装着自己和社会的联系。也就是说，人以物的形式占有社会权力，人与人的关系表现为物与物的关系。交换不再是像传统社会那样附带进行的行为，而是这一社会的本质现

---

① ［德］霍克海默、阿道尔诺：《启蒙辩证法》，上海人民出版社 2003 年版，第 1 页。

象。"人对物的依赖"不是自然的结果，而是历史的结果，它是前现代社会内在发展的逻辑结局。也就是说，它的出现具有历史的必然性，不会随着个人的主观好恶而改变。马克思从主体的角度把社会历史划分为三个阶段："人的依赖关系（起初完全是自然发生的），是最初的社会形式，在这种形式下，人的生产能力只是在狭小的范围内和孤立的地点上发展着。以物的依赖性为基础的人的独立性，是第二大形式，在这种形式下，才形成普遍的社会物质变换、全面的关系、多方面的需要以及全面的能力的体系。建立在个人全面发展和他们共同的、社会的生产能力成为从属于他们的社会财富这一基础上的自由个性，是第三个阶段。第二个阶段为第三个阶段创造条件。因此，家长制的，古代的（以及封建的）状态随着商业、奢侈、货币、交换价值的发展而没落下去，现代社会则随着这些东西同步发展起来。"[①] 马克思此处的"第二个阶段"就是"人对物的依赖"阶段。马克思谈的是西方国家的事情，但东方国家并不能置身事外。在马克思看来，"资产阶级，由于一切生产工具的迅速改进，由于交通的极其便利，把一切民族甚至最野蛮的民族都卷到文明中来了。……正像它使农村从属于城市一样，它使未开化和半开化的国家从属于文明的国家，使农民的民族从属于资产阶级的民族，使东方从属于西方。"[②] 中国目前的社会转型，从总体来讲乃是现代化的过程。它既是中国人民顺应历史潮流的自觉选择，又是历史发展的必然结果。马克思的现代性思想，科学地回答了人类历史（包括中国）为什么必然走上现代化的方向，因而是中国努力实现现代化的理论基石。

其次，马克思的现代性思想规定了中国现代化的基本要求和根本任务。换句话说，马克思虽然讨论的主要是资本主义性质的西欧国家19世纪的状况，然而他的价值指涉和历史趋势的洞见依然是中国目前现代化的指南。主要表现在四个方面：一是市场经济体制；二是实现交往的普遍化；三是实现传统文化的现代转型；四是人的价值凸显。

市场经济体制。市场经济是以市场活动为基础进行资源配置的经济

---

① 《马克思恩格斯全集》第30卷，人民出版社1995年版，第107—108页。
② 《马克思恩格斯选集》第1卷，人民出版社1995年版，第276—277页。

组织方式，它是分工和私有制的产物，在资本主义获得了充分的发展，表现为广泛的商品交换和"庞大的商品堆积"①。商品是资本主义社会的本质现象，具有使用价值和交换价值。使用价值是商品的有用性和彼此质的差别所在，交换价值是商品交换的量的关系和比例，它是由凝结在商品中的没有质的区别的一般人类劳动决定的。商品的交换价值使得商品和商品之间的交换成为可能。在交换中充当一般等价物这一特殊社会职能的商品就是货币。劳动力成为商品之后，由于这种特殊商品的使用价值能够创造更多的价值，所以，货币占有者就可以实现价值增殖，实现了价值增殖的货币，就是资本。在马克思看来，市场经济或者说商品经济必然导致人的社会关系的物化，从而导致人对物的依赖。中国尚没有完全摆脱自然经济形式的束缚，市场经济意味着一种更高级的经济形式，选择市场经济是中国现代化的必由之路。尽管我国是社会主义性质的国家，但我国的社会主义是从半殖民地半封建的不发达状况转变而来，不是从马克思预言的资本主义发达状态过渡而来，经济发展方面不能违背经济规律和趋势。我国曾经的计划经济的不成功尝试和改革开放以来的市场经济的推进取得的成就从正反两方面证明，马克思现代性反复论及的市场经济是社会主义中国的必然选择。

实现交往的普遍化，参与经济全球化过程。大工业、分工、私有制导致人格化的资本（资本家）奔走于全球各地，"到处落户，到处开发，到处建立联系"②。结果就是世界市场的开拓，生产和消费的世界性。换句话说，资本原则使得一切自然形成的关系变成货币的关系，使得人们彼此之间通过物的方式普遍联系，相互依赖，从而开创了世界历史。可以说，普遍交往（全球化）是现代性的一个必然表现。殖民主义恰是交往普遍化的一种实现形式，具有必然性，在这种意义上，马克思和恩格斯对殖民主义持肯定态度，但是，"把殖民主义看成非欧洲世界实行现代化的先决条件，并不是给予殖民主义以道义上的肯定"③。中国在现代化的过程中，深刻反思近代闭关自守的问题和教训，自觉实

---

① 《马克思恩格斯选集》第 2 卷，人民出版社 1995 年版，第 114 页。
② 《马克思恩格斯选集》第 1 卷，人民出版社 1995 年版，第 276 页。
③ ［以色列］阿维内里：《马克思与现代化》，载于［美］亨廷顿等：《现代化理论与历史经验的再探讨》，上海译文出版社 1993 年版，第 19 页。

行开放政策，迎接全球化的挑战，这是顺应历史潮流的表现。

实现传统文化的现代转型。有学者指出："现代性必须在与地方文化传统的互动和对话中才可能在非西方世界获得其生存空间。因此，任何地方的现代性都会有地方的特色——像西方现代性有西方的特色一样，东亚现代性也有东亚的特色。"① 这也就意味着，中国现代性的建构必须实现现代性与以儒学为代表的传统文化的结合。这就引申出来一个问题，即二者的结合是否可能。杜维明先生认为，儒学和资本主义能够结合，并据此批判了韦伯否定二者结合可能性的观点。中国传统的儒道文化具有群体文化的特征，不太重视个人的自由、权利、尊严、价值，它适应的是人的依赖关系为基本特征的前现代社会。伴随着自然经济的解体和人的依赖关系的破除，传统文化丧失了它的存在的合理性，因而必须适应新的社会存在状况才能为自己的存在进行合法性辩护。中国人的心性结构和文化基因在商业文明的冲击下，如何适应市场经济的需要顺利实现现代转换，这是中国实现现代化必须完成的一个基本任务。

人的价值凸显。马克思并不是如同萨特所说的那样有一个人学的空场，而是时刻关注人，尊重人的价值和独特性。可以说，人是近代以来的现代性问题的核心和灵魂，也是马克思现代性的主线。不论是早期的异化理论，还是后来的资本理论，马克思关心的主题只有一个，就是人的解放问题。在人对物的依赖性阶段，人的物化导致目的和手段的颠倒，但是，相对于抹杀个人存在价值的人的依赖性阶段来说，毕竟有了人的相对独立性存在，这不能不说是一个进步。在中国现代性的当代建构中提倡科学发展观，把以人为本作为科学发展观的核心，就是要以不同于西方的方式实现现代化。这无疑体现了马克思现代性的人学思想。

再次，马克思现代性的辩证态度有助于我们辩证地看待中国现代性的构建。在马克思看来，现代性的出现是历史的不可阻挡的趋势。面对这一历史必然现象，马克思的辩证态度表现在既没有采取无批判的肯定态度，也没有采取道德浪漫主义的否定态度。也就是说，马克思既看到

---

① 夏光：《东亚现代性与西方现代性——从文化的角度看》，生活·读书·新知三联书店 2005 年版，第 264 页。

了它的积极意义，也冷静地分析了它的负面影响。这种积极意义的主要表现在于，一是生产力的巨大提高，"资产阶级在它的不到一百年的阶级统治中所创造的生产力，比过去一切世代创造的全部生产力还要多，还要大。"① 二是人的自由平等权利在政治层面获得了抽象的表达和实现。它的消极影响在于，人变成了机器的单纯的附属品，人的目的性活动变成了维持自己生存的手段。现代性的两个方面内在地结合在一起。中国的现代性构建无疑已经取得了辉煌的成就，尤其是物质方面的成就，但是也不可避免地带来了一些负面的东西，比如：生态问题、人和人的关系的疏离和冷漠化等。我们既不能因为现代性的负面因素，就拒斥和抵制中国的现代性，也不能因为现代性的积极意义，就无视现代性的负面作用。

最后，马克思的现代性命运之思考有助于我们历史地看待中国的现代性构建。导致资产阶级灭亡的主体是无产阶级，根源在于大工业的发展。它的具体表现在于，改变过去支配现在、死劳动支配活劳动的局面，否定资本具有独立性和个性的状况，剥夺利用对社会产品的占有奴役他人的权力，一句话，就是要废除全部现存的占有方式。中国现代性建构的主要任务在于，造就一个完全不同于传统社会结构的新世界的形象。在资产阶级学者福山看来，这个新世界就是自由民主的资本主义社会，它是永恒的社会，人类历史到此"终结"了。然而，在马克思看来，这样的新世界也是历史的存在，必将过渡到一个新的社会形态。值得指出的是，从马克思的理解出发，并不意味着否定中国的现代性构建；相反，我们依然必须努力实现现代化，只是要看到它的历史性和过渡性质，确立共产主义的终极目标和价值关怀。

总之，对于当今中国的现代化建设，马克思的现代性思想具有指导性的意义。须要强调的是，发挥这种意义的关键在于坚持"马克思主义和中国实际相结合"的原则。

三　中西不同文化背景下的虚无主义之异同

伴随中国现代化进程的是虚无主义的出现和蔓延。有学者指出：

---

① 《马克思恩格斯选集》第 1 卷，人民出版社 1995 年版，第 277 页。

"处于全球资本主义以及剧烈社会转型期的现时代，中国人的精神信仰同样陷入了虚无主义，诸如实用主义与功利主义泛滥、是非不分、信仰迷失、诚信危机、道德底线毁坏、享乐主义与拜金主义大行其道，都是虚无主义的不同表现，这当然具有中国问题的特征与复杂性，但现象本身的存在及其严峻程度却是无法回避的。……近百年来中国的现代化道路，同样也是一条内在地拒绝资本主义物化处境并克服虚无主义的历史道路。"① 由于中国的特殊历史文化传统和背景不同于西方，因而这种虚无主义与欧洲虚无主义既有区别又有联系。

中西虚无主义的共同之处在于，一是它们都是对传统文化和历史的激烈否定，造成赖以维持传统社会秩序和规范的价值基础丧失了。尼采批判基督教价值观，否弃上帝，拆解了西方生活之基石和理论预设。中国自 1840 年的鸦片战争以来，真正认识到西方的器物、制度和文化的先进性，动摇了数千年的自我中心的信念，进而出现两千年未有之大变局。中西文化碰撞的结果是人们迥异的态度，复古主义和全盘西化的两种极端化的取向代表了中国 20 世纪上半叶的思想状况。"反传统"是五四运动以来激进一翼的主要特征。杜维明在一次高端对话中说："中华民族从五四运动以来，有非常强烈地向西方学习，对西方认同，同时有强烈的反传统意识，主要的原因，像鲁迅、巴金、陈独秀、胡适之有强烈的反传统、反儒家，也就是说在强烈的爱国主义，也就是民族主义之下，认为传统文化或者儒家所代表的传统文化乃至后来把儒家的传统'糟粕的糟粕'和西方'精华的精华'相比较。"② 这种矫枉过正的反传统表现为用放大镜看传统的阴暗面，进而把传统视为必须消除的对象，无视传统的积极意义，不能实现批判与继承的辩证统一。中国目前的最大精神问题恰恰在于，我们在批倒了支撑人们信念和价值观的传统文化之后，尚无法提供在现代社会里安身立命的替代品，从而造成价值的真空。人们不再追问历史的目的，对于绝大多数人来说，那已经是一个远去的宏大叙事，他们更多地关心偶然的、随意的、当下的事件，而

---

① 邹诗鹏：《现时代精神生活的物化处境及其批判》，《中国社会科学》2007 年第 5 期。

② 孙熙国、李翔海主编：《北大中国文化研究》（第 1 辑），社会科学文献出版社 2011 年版，第 6 页。

把历史规律和人类理想视为可疑的虚构。多元主义、相对主义、没有世界观，这就是虚无主义的症候。

二是拜物教的普遍化。拜物教是商品社会的普遍现象，它是人们对资本主义的物化事实的观念认同。社会主义市场经济的建立是符合中国国情的需要，带来经济繁荣和社会进步，它是可以肯定的制度方向。但与之相应地也带来了人们的物欲的膨胀和价值的金钱化，进而是整个社会的市场化和过度的经济化。一切情感、尊严、能力、个性等等纷纷打上货币的印记，诗歌和文学衰落了，一切关乎人文价值的文化形式被冷落，文化精神被阉割，道德的底线一再地被突破，人们彼此之间的基本的信任没有了，原子个人的现象迅速来临，冷漠和同情的缺乏是普遍现象，维系共同体的精神纽带迅速瓦解，原先几乎静态的牢不可破的社会突然就变得失控了，抽象物统治社会生活的一切领域，规范人的一切活动。物的支配和主宰地位的确立，同时也是人的精神生活荒漠化的过程，人的漂泊无依和无家可归的流浪者状态是时代的症状，此一家园的丧失不是毁于外在的力量，而是人们自行摧毁。那些崇高的理想和家国之念淡去了，利益原则不仅仅是经济领域的规则，而且是整个社会秩序的建构原则，它得到整个社会的供奉和遵循。公共性隐退了，个人经济利益最大化是普遍的目标，效率至上，个人主义和功利主义在市场体制中日益获得正当性，政治蜕变为经济的延伸物。纵欲主义、消费主义和精神的平庸化，这是当下中西虚无主义的共性。

中西虚无主义的不同之处在于，一是消解的对象不同。虚无主义是传统文化与历史的消解和否定。但是，西方的文化传统是经验/超验的二分，超验是经验的基础和根据，因而虚无主义表现为超感性世界的崩塌，它是神圣、崇高、超验的消解和世俗化运动。严格按照西方的虚无主义之规定和内涵，中国似乎就不会有虚无主义问题，原因在于中国文化传统不是西方式的二元结构，而是"人人可以为尧舜"的文化，人们崇拜和祭祀的祖先才是真正支撑一个人的价值源泉和精神力量，它与个体有无法否认的经验性关系，而不是如同西方式的肉体和灵魂的关系，也不是个体和上帝的关系。此处仅仅把西方虚无主义理解为虚无主义的一种，而不是虚无主义本身，从而其他类型的虚无主义是可能的。所谓其他类型的虚无主义，就是只要它是对过去的文化传统的彻底否定，动摇了过去的价值基础，处身在商品经济的物化世界并遭受抽象物的摆布，就可以视之为虚无主义。中国社会的剧变在改变传统的文化基因和文化精神，但这种思维方式和价值观念的改变绝不是完全否弃原有的标准和原则，而是一种传统文化的现代转换。也就是说，西方否弃的上帝是他们的根基，中国否弃的传统是完全不同于西方文化的自我理解的依据。尽管中西方的否弃都是与过去的诀别，但由于各自的文化传统和文化精神不同，从而虚无主义的内涵和实质也就有很大不同。

二是克服虚无主义的文化资源和方法不同。西方是一种注重纵向超越的个体性文化，它强调个性和个人的创造性，流行的是个人主义，在上帝隐匿之后，整合社会的文化力量弱化。它的文化资源是深厚的基督教传统，克服虚无主义的方式是回归历史和传统中的宗教文化。中国的传统文化是一种注重横向超越的群体性文化。张世英先生说："由于中华传统文化以个人所属各种社会群体之'我们'占优先地位，故每个个人所着重于其自身的，是其所处社会群体中的地位，亦即平常所说的社会'身份'：个人之所言、所行，就其主导方面来说，是其所属群体的'我们'之所言、所行，也就是说，按'身份'言行。于是中华传统文化中'我'（'自我'）的观念被湮没无闻。仅以中国旧社会中代替'我'字的称谓为例，就足以说明这一点。"① 中华文化是克服虚无主义的重要资源，问题在于，中华文化的未来尚需个体性的解放，而不是一味地批判我们文化中尚有欠缺的个人主义。另外，按照李泽厚先生的说法，中国具有实用理性的传统。实用理性如何与现代意义世界相同，亦是我们不得不考虑的问题。从历史唯物主义的立场出发，克服虚无主义的根本之点不在于观念的改变，而在于物质关系的改变，也就是物对人的支配和控制关系的改变。

四　当代中国的历史虚无主义思潮及其批判

民族文化虚无主义、历史虚无主义是国内近些年的重要思想现象，尤其是历史虚无主义的争论，它贬低中国人民一百多年来的革命斗争，否定毛泽东等革命领袖，以偏概全地丑化现实，美化侵略，崇拜西方文

---

① 张世英：《中西文化与自我》，人民出版社 2011 年版，"序"第 2 页。

化，混淆了青年人的历史观和价值观，造成极坏的影响，因而有必要加以澄清。

历史虚无主义有理论上的历史虚无主义与实践上的历史虚无主义，二者是内在一致的关系。实践上的历史虚无主义固然不一定自觉地论证自身的理论前提，并且常常仅是片面地援引经验素材和所谓的"历史事实"证明自己的结论，但其深层的依据和支撑依然是理论上的历史虚无主义的自洽性预设。就此而言，驳斥历史虚无主义的关键在于揭露理论上的历史虚无主义之谬误。完成这一任务的首要前提是阐明理论上的历史虚无主义之内涵。换句话说，我们要给历史虚无主义"下定义"，这个定义要有一般性和普遍性，因而不能采取描述方式和堆积材料的方法。反过来讲，我们判定一个人的某种说法或者观点是历史虚无主义之时，已经预设了历史虚无主义的判定标准和定义，现在的任务是把这个判定标准和定义通过分析的方法阐发出来。

历史虚无主义指的是否定历史的规律性和进步性，否定历史的崇高和神圣，抽掉人们的历史目标和追求的精神支柱。历史虚无主义是虚无"历史"本身，而不是"某一种历史"。也就是说，历史虚无主义命题中的"历史"概念，不是某一个国家、某一个民族的某一段历史，否则就会陷入逻辑矛盾。然而，苏联的历史虚无主义者和目前国内的历史虚无主义者并不是全然否定历史本身，他们避而不谈历史观的根本问题，而是陷入局部的、片段的、琐碎的所谓"历史事实"，矛头所指乃是执政党的合法地位。在对党的历史和地位虚无化的同时，他们常常对西方的历史和文化大加赞赏。换句话说，他们仅仅是对某一个国家的某一段历史的虚无化，而不是历史本身的虚无化。因此，他们暴露出对待历史的双重标准，或者说，他们在理论上陷入难以自圆其说的逻辑悖论。究其原因，有两种情况：有意为之或是无意为之。如是有意为之且动机不在学术研究，而是政治利益，那就不是这里拟要解决的问题；如是无意为之，属于纯粹认识上的问题，这就要从理论上加以辨析。后现代历史观主张微观历史研究和小叙事，把历史碎片化，反对宏大叙事、普遍原则、进步等等，颇有一些历史虚无主义的味道。历史虚无主义常常沦为政治斗争的工具。因此，剖析历史虚无主义的理论错误不仅具有学术意义，也有重要的现实意义。

其一，历史虚无主义是一种主观主义的唯心史观。历史虚无主义重评历史事件，戏说历史人物，它的语句模式往往是"假如……就会……"。借口历史事件和人物出现的偶然性，历史虚无主义者常会感叹历史的无常和无奈，似乎历史是不可捉摸的神秘过程。这种理解否定了历史的物质动因和规律性，否定了历史唯物主义的基本立场和观点，当然是一种历史唯心主义的论调。马克思明确地表述了自己的唯物史观："这种历史观就在于：从直接生活的物质生产出发阐述现实的生产过程，把同这种生产方式相联系的、它所产生的交往形式即各个不同阶段上的市民社会理解为整个历史的基础，从市民社会作为国家的活动描述市民社会，同时从市民社会出发阐明意识的所有各种不同的理论产物和形式，如宗教、哲学、道德等等，而且追溯它们产生的过程。"① 从唯物史观出发，人对自然的关系就不在历史之外，从而历史就不是偶然的重大历史事件和历史人物的历史，不是宗教和一般理论斗争的历史，不是历史之外的抽象原则宰制的历史，而是人民群众的物质活动创造的过程，它通过具体的历史事件和历史人物开辟道路，且会因为偶然性的事件和人物而影响进程和道路，但不会改变方向和趋势。也许，历史虚无主义者会反驳说，我并不反对历史的进步性和方向性，我只是反对既定的对某一个历史事件和历史人物的评价。这种说法似乎已经站在历史唯物主义的立场上了，但是深究下去就会发现，它仅是一种障眼法，真实的意图不是要如实地、客观地、全面地评价历史，而是要从现实的历史场景抽身而出，从细枝末节的方面歪曲历史和否定历史。

历史虚无主义是唯心史观，但不是客观主义的唯心史观。客观主义的唯心史观并不否定历史的客观性和规律性，只不过把这种客观性和规律性的颁布者宣告为某种神秘的力量，比如上帝、神、绝对精神、天命等等。黑格尔是这种历史观的典型代表。在客观主义的唯心史观看来，现实的人仅仅是外在的历史规律的体现者和消极的接受者，人除了被动地接受历史命运的安排别无选择，人的主动性和自主性并不是人的真正实现，而是早已被神秘的命运和规律安排好的选择而已。历史虚无主义与客观主义的唯心史观的根本区别在于，它不承认整体性的历史观，反

---

① 《马克思恩格斯文集》第 1 卷，人民出版社 2009 年版，第 544 页。

对历史的宏大叙事和意义。比如，神学史观并不否定人类活动的意义，只不过把这种意义奠基于永恒的上帝的存在。历史虚无主义反对一切固定的意义的存在，消解一切历史地形成的高贵和尊严。它取消形而上的终极价值和终极追求，取消判定历史的客观标准，倒向相对主义的怀抱。它使得历史的厚重感没有了，蜕变为昆德拉所说的"生命不能承受之轻"。

历史虚无主义是主观主义的唯心史观，但又区别于英雄史观。英雄史观是历史上长期占据主导地位的主观主义的唯心史观，荷马的《伊利亚特》和《奥德赛》就是英雄史观的代表作。它是尚没有认识到历史真相的人们对自己民族的记忆。英雄人物的行为动机背后的动机，这是一个在黑格尔之前没有被人们认识到的问题。主观主义的唯心史观的根本之点在于，它取消历史的本质和规律性，把历史的动因归结为纯粹个人的主观情感和意志品质，或者归结为纯粹偶然的历史事件。不同之处在于，英雄史观肯定英雄人物的情感和意志的作用，夸大和神化英雄的力量和影响，历史虚无主义淡化英雄人物的积极作用，反对造神运动，虚无一切历史人物和历史事件的历史意义，取消历史价值本身。可以说，英雄史观和历史虚无主义行走在主观主义的唯心史观的两个极端。

其二，历史虚无主义是前黑格尔的形而上学历史观。黑格尔把历史视为绝对精神的自我展开和自我实现的过程。黑格尔历史观的积极意义在于，一是从整体的角度把握历史的本质和历史人物的伟大意义，没有陷入支离破碎的历史细节和无关紧要的"历史事实"。历史不是材料的堆积，而是具有内在联系的各要素构成的有机体。二是从辩证发展的角度把握历史。黑格尔认为，历史的现实性是符合必然性的东西，历史是绝对精神不断自我否定的运动过程。恩格斯称赞黑格尔哲学的真实意义和革命性质"正是在于它彻底否定了关于人的思维和行动的一切结果具有最终性质的看法"①。三是探寻历史人物动机背后的动机。黑格尔反对心理学的看法，比如把亚历山大的伟大事业仅仅看作功名心和征服欲的不健康表现，而不是适应了时代需要的东西。在黑格尔看来，"仆

---

① 《马克思恩格斯文集》第 4 卷，人民出版社 2009 年版，第 269 页。

从眼里无英雄"的根源在于精通人情的仆从们虽然知道英雄的诸多细节,但根本不懂英雄的伟大所在,因而常把英雄拉到和他们同样的道德水准,这"不是因为英雄不是英雄,而是因为仆从只是仆从"①。尽管黑格尔囿于思辨哲学的思维方式以致错误地把这种"动机背后的动机"归之为绝对精神,但这种提问方式启迪了马克思,进而有了唯物史观的创立。

历史虚无主义割裂必然和偶然的辩证关系,无视偶然性的历史事件和历史人物的出现所体现的必然性,造成历史似乎是完全偶然的表现。纯粹的偶然会陷入历史相对主义,纯粹的必然会导致历史客观主义。按照唯物辩证法的观点,必然性通过历史的偶然性开辟道路,偶然性体现着历史的必然性。把某一历史事件的发生看作完全偶然因素导致的结果,没有看到在它背后的必然性动因,这是一种形而上学的思维方式。这并不是抹杀历史主体的能动性和自主性,而是反对把这种能动性看作随意的想象和创造,强调制约历史主体的各种历史条件的客观性,强调历史发展的客观进程。比如,苏联的十月革命、中国的辛亥革命和新中国的成立等,并不仅仅是偶然的历史事件,而是当时国内外的复杂局势和矛盾的集中爆发的结果,亦是人类现代化进程中的符合各自国情的历史选择,不顾历史大背景的想象和假设,最多只是黑格尔所言的"批评的历史",这种历史观"以主观的幻想来代替历史的纪录,幻想愈是大胆,根基愈是薄弱,愈是与确定的史实背道而驰,然而他们却认为愈是有价值"②。

历史虚无主义有时候站在历史人物魁伟的身材迈步前进的途中不免践踏的"许多无辜的花草"的立场,充满义愤地对历史人物进行道德指责和批评,完全没有意识到他们的非历史的抽象人性论立场的苍白说教根本无济于理解历史的真相,也无济于历史的进步。马克思曾带着蔑视的语气批判这种浪漫主义和道德主义倾向,认为他们的情绪化宣泄无济于事。历史虚无主义者也许会辩解说,我们说的都是铁证如山的历史事实,我们有大量的史料学方面的证据佐证我们的结论。然而问题恰恰

---

① ［德］黑格尔:《历史哲学》,上海书店出版社 1999 年版,第 33 页。
② 同上书,第 7 页。

在于，他们选择历史事实的理论前设没有摆脱黑格尔提及的"仆从们"的心理学视角，没有思及黑格尔的现实性与必然性关系的深刻洞见。他们没有认识到伟大人物的历史意义不在于他们没有犯过错误，不在于他们的个性、品德、情感、意志力方面的完美无瑕，而在于他们的伟大行为及其后果符合历史的趋向和规律。历史虚无主义的错误不在于他们搜寻到的历史材料的虚假性，而在于他们评价这些材料的视角和方法有问题。也就是说，他们不能客观地、全面地、历史地评价历史人物，仅从伟人们的生活琐事或者曾经犯过的个别错误出发，试图把伟人们降低到普通人的水平，甚至全面抹杀他们的历史功绩，这是以偏概全的形而上学做法。

历史虚无主义肢解历史的整体性并形而上学地对待历史，常常采取否定一切的态度，彻底否定历史的积极意义。它的形而上学思维方式是它陷入前黑格尔的唯心史观的根由。

历史虚无主义已经远远超出史学领域的学术讨论，广泛渗透到哲学、政治、文学等领域。它是古今中外普遍使用的一种颠覆现存政权的有力工具。古人云："欲灭其国，先灭其史。"因此，一切非统治阶级的代表和谋求政治利益的力量常常借用历史虚无主义的方法摧毁统治者的意识形态和执政地位的合法性。当这种试图被摧毁的统治阶级和政治权力依然是总体上能促进生产力发展并且基本能适合现存的经济基础之时，历史虚无主义具有消极的意义。

站在历史唯物主义的立场，我们当然反对历史虚无主义的历史观，更加反对运用历史虚无主义的历史观评价中国近代以来的历史事件和历史人物。近年流行于中国的历史虚无主义思潮的错误在于，它无视中国近代以来的艰难探索和正确抉择，无视改革开放以来取得的举世瞩目的伟大成就，无视中国进步的基本事实，揪住我们在探索和发展过程中的错误与问题不放，以偏概全，以支流否定主流。它的消极意义在于，削弱中国共产党的执政基础，瓦解人们建设中国特色社会主义现代化的热情和积极性。目前，站在历史虚无主义立场否定中国 20 世纪以来的历史和伟大人物功绩的主要有两种人，一种是国外资产阶级意识形态的代表；另一种是国内接受西方自由主义价值观影响的知识分子。前者的政治动机是明显的，后者却常是不自觉地被蒙蔽的结果。我们不同意历史虚无主义的立场和观点，因而不会采取同样历史虚无主义的态度对待西方历史事件和历史人物。例如，我们不会因为美国第一任总统华盛顿先生的买卖奴隶行为就否定他的伟大历史功绩。

历史虚无主义的产生和流行有其深层的现实生活基础，因而克服历史虚无主义的根本出路在于现存世界的改变，而不仅仅是理论的批判。马克思说："意识的一切形式和产物不是可以通过精神的批判来消灭的……只有通过实际地推翻这一切唯心主义谬论所由产生的现实的社会关系，才能把它们消灭；历史的动力以及宗教、哲学和任何其他理论的动力是革命，而不是批判。"[1] 就此而言，面对历史虚无主义的攻击和非难，我们的根本任务在于坚持改革开放和群众路线，尽量避免错误和弯路，顺利推进中国特色社会主义伟大事业，中华民族的伟大复兴终将雄辩地把历史虚无主义等一切发展过程中的噪声置于不攻自破的境地。

第二节　社会主义核心价值观与虚无主义的克服

克服虚无主义的关键在于，弘扬传统优秀文化，吸收西方先进文化，加强马克思主义的指导，培育和践行社会主义核心价值观，建造人民精神家园，建立一种不同于现代西方资本主义文明的新文明样式。

一　培育和践行社会主义核心价值观是克服当代中国虚无主义的关键

党的十八大报告提出："倡导富强、民主、文明、和谐，倡导自由、平等、公正、法治，倡导爱国、敬业、诚信、友善，积极培育和践行社会主义核心价值观。"[2] 这一重要论述从国家层面、社会层面、公民个人层面提出不同价值要求，回答了我们要建设什么样的国家、建设什么样的社会、培育什么样的公民的重大问题。它丰富了人民精神世界，增强了人民精神力量，不仅是对中华优秀传统文化的继承，也是对

---

① 《马克思恩格斯文集》第 1 卷，人民出版社 2009 年版，第 544 页。

　② 胡锦涛：《坚定不移沿着中国特色社会主义道路前进　为全面建成小康社会而奋斗——在中国共产党第十八次全国代表大会上的报告》，人民出版社 2012 年版，第 31—32 页。

拜物教现象的遏制，因而是克服当代中国虚无主义的关键。

其一，社会主义核心价值观是社会性和个人性的统一，它是当代中国虚无主义个人性的克服。不同于西方个人至上主义的价值观，社会主义核心价值观是集体主义的价值观。也就是说，它主张个人利益服从于集体、阶级、民族、国家、社会，在个人利益和集体利益发生冲突的时候，要把集体利益放在第一位，把个人利益放在第二位。这里的集体并不是抽象的共同体，不是少数人和特殊阶层的特殊利益，而是无产阶级和广大人民群众。换句话说，人民群众的利益高于一切，这就是社会主义核心价值观的最高标准和原则。这并不是说，它仅仅强调社会利益而忽视个人利益，它也重视个人的价值和自我实现，只是反对把个人价值放在社会价值之上而已。这样的个人，不是原子式的个人，而是与他人共在的个体，强调个体彼此之间的平等、尊重和自由。社会是个体之间各种关系的结合，它是整体性的有机存在，而不是碎片化的、偶然的存在。"囚徒困境"告诉我们，个人主义的价值观最终导致整体价值的非理性选择和非最优化，从而个人价值的非最大化，相反，集体主义的价值观在个体的牺牲和奉献中反而实现了社会整体利益的理性选择和最优化，进而实现了个体利益的最大化。可见，从博弈论的角度看，社会主义核心价值观优于个人主义价值观，它是社会性和个人性的价值的统一。

其二，社会主义核心价值观是民族性和普世性的统一，它是当代中华民族文化虚无主义和历史虚无主义的克服。核心价值观是民族文化和历史的传承，而不是简单的彻底的否定。当然，它不是狭隘的民族主义，不排斥外来的先进文化。它的精髓就是以爱国主义为核心的民族精神和以改革创新为核心的时代精神。中国特色社会主义核心价值观是否是一种普世价值，或者有没有普世性，这是一个目前有争议的问题。有学者认为，普世价值是西方的话语霸权，有其特定的背景和明确的政治诉求，批判普世价值和"人类有无共识"的认识论话题、"有无人类共同的价值追求"的人性道德论话题、"当代世界有无共同利益"的国际政治意义上的话题是两码事，历史感的模糊和个人的无意义感造成道德源泉的匮乏，普世价值乘虚而入成为替代品，但它实质上乃是抽象思辨的结果，是一种唯心史观的体现，乃是一种"普遍性幻觉"①。另有学者对普世价值进行辩护，反对把西方价值观等同于普世价值，认为这是一种简单化的态度，强调社会主义核心价值观与普世价值有交叉和重合之处。在他们看来，"普世价值意味着人的生命普遍性和人类的共同利益，不意味着某种人的个性和特殊利益的绝对统治；意味着人们对自己普遍权利和责任的自觉担当，不意味着取消多元主体和剥夺人的个性；意味着它是人们相互尊重、理解、交流和合作的基础，不意味着它可以成为任何人制造霸权、专制、迷信、强迫和恐惧的借口，等等。总之，我们认同普世价值，本质上就是认同自己作为人类成员的普遍权利和责任；认同某一具体的普世价值，就是自觉地担当起自己在追求某一共同目标方面的权利和责任。"② 以上两种似乎截然对立的观点，其实不过是出发点和角度不同而已，并没有根本的差异。

其三，社会主义核心价值观是历史性和永恒性的统一，它没有落入历史相对主义的陷阱。核心价值观是对中国特色社会主义事业的历史经验的精神概括和抽象，完全有可能出现的情况是，另一不同历史背景下的社会主义并不一定认同我们提出的核心价值观的内容和特质，因而它具有历史性。但如果仅看到历史性，而没有看到社会主义核心价值观的共性，就会陷入历史相对主义的误区。也就是说，就会割裂个性和共性的关系，否定价值的客观性和绝对性。相对主义和主观主义相通，它是虚无主义的近邻。永恒性是不变性，它是核心价值观的内核和真理部分。共产主义是人类共同的事业，它不是空想社会主义的幻觉和想象，而是科学理论证明的历史发展之未来。"中国特色社会主义共同理想是共产主义最高理想在我国社会主义初级阶段的现实体现，是实现共产主义最高理想的必经阶段。没有最高理想的指引，就不会有共同理想的确立和坚持。没有共同理想的实现，最高理想就没有现实的基础。任何时候都不能把最高理想和共同理想割裂开来、对立起来。"③ 换句话说，

---

① 侯惠勤：《马克思的意识形态批判与当代中国》，中国社会科学出版社 2010 年版，第 618—631 页。

② 李德顺：《我们时代的人文精神：当代中国价值哲学的建构及其意义》，北京师范大学出版社 2013 年版，第 433 页。

③ 中共中央宣传部：《社会主义核心价值体系学习读本》，学习出版社 2009 年版，第 31 页。

共同理想有最高理想的成分，体现共同理想的核心价值观当然也部分地体现最高理想，从而部分地具有永恒性，这种永恒性存在于当今中国人的精神生活之中。

其四，社会主义核心价值观是世俗性和神圣性的统一，它是当代中国虚无主义之世俗性的克服。世俗化是近代以来的基本特征，它在西方表现为上帝的隐退和感性的张扬，在中国市场经济时代表现为重利轻义，精神的沙漠化，担当意识和责任意识的消退，极端化的表现是金钱至上、嘲笑理想、拒绝崇高，把物质欲望当成精神家园。核心价值观重视的是社会理想和价值追求，具有崇高、神圣的维度。当然，这不是非经验的、超感官的、彼岸的神圣性，而是此岸的具有现实可能性的中国梦，即国家富强、民族振兴和人民幸福。它没有轻视世俗的物质利益，但它不强调个人利益至上，而是强调共同富裕，按照社会主义的根本任务主张贫穷不是社会主义，两极分化也不是社会主义。

值得指出的是，克服当代中国虚无主义不仅是一个理论问题，更是一个实践问题，从而培育和践行社会主义核心价值观的关键在于知和行的统一。内心认同才能在实践中自觉践行，所以，知是行的前提和基础。"知"不是自发性的，这就显现出意识形态教育的重要性。意识形态教育不是愚民式的强行灌输，而是坚持摆事实讲道理，坚持以情动人和以理服人。青少年时期是价值观形成的重要时期，对他们进行社会主义核心价值观教育最为紧要。习近平同志讲："因为青年的价值取向决定了未来整个社会的价值取向，而青年又处在价值观形成和确立的时期，抓好这一时期的价值观养成十分重要。这就像穿衣服扣扣子一样，如果第一粒扣子扣错了，剩余的扣子都会扣错。人生的扣子从一开始就要扣好。"① 另外，加强网络舆论管理并重视网络舆情的价值导向非常重要，它是潜移默化地影响当下青年人价值观的不可忽视的平台和中介。

总之，核心价值观能有效整合社会意识，它是社会系统正常运转和社会秩序有效维护的保证。一个价值失序的社会是混乱的没有底线的社会，它是虚无主义滋生的温床。核心价值观的意义在于，它提供了人们

---

① 习近平：《习近平谈治国理政》，外文出版社 2014 年版，第 172 页。

的道德共识和精神追求。习近平同志说："人类社会发展的历史表明，对一个民族、一个国家来说，最持久、最深层的力量是全社会共同认可的核心价值观。核心价值观，承载着一个民族、一个国家的精神追求，体现着一个社会评判是非曲直的价值标准。"①

二　中华优秀传统文化是社会主义核心价值观的精神命脉

社会主义核心价值观不是无源之水、无本之木，它的主体是当下中国人民，因而它的精神命脉应是中华优秀传统文化。习近平同志2014年5月4日在北京大学师生座谈会上讲："中华优秀传统文化已经成为中华民族的基因，植根在中国人内心，潜移默化影响着中国人的思想方式和行为方式。今天，我们提倡和弘扬社会主义核心价值观，必须从中汲取丰富营养，否则就不会有生命力和影响力。"②

传统文化有民族性和时代性两个方面。民族性是中华优秀传统文化的特色和存在的理由，它是不应随着时代的改变而落伍和淡出历史舞台的。时代性是传统文化适应于农耕社会的具体内容，它随着信息时代的来临而逐渐暴露出局限性，因而是会发生改变和过时的部分。张汝伦教授指出："中国精神或中国之道的核心可以概括为如下几项：克己复礼的人生态度、天人合一的宇宙观、天下为公的政治理想、和而不同的共同生活原则和思想原则、义利之辨的道德理念、己立立人，己达达人的淑世情怀、四海一家、天下太平的世界愿景等。"③ 陈来教授认为，中国传统治国理政的价值观强调以人为本而不是以神为本；强调以德为本而不是以刑治国；强调"民为贵、社稷次之、君为轻"的以民为本；强调以合为本而不是天人两分。中国传统社会层面的价值观强调"责任先于自由"，也就是个人对他人、社群、天下、自然的责任，所谓"以天下为己任"，"先天下之忧而忧，后天下之乐而乐"，都是一种责任意识；强调"义务先于权利"，这是儒家伦理思想的典型特征，它不同于西方优先伸张个人权利的主张；强调"群体高于个人"，也就是

①　习近平：《习近平谈治国理政》，外文出版社2014年版，第168页。
②　同上书，第170页。
③　张汝伦：《含章集》，复旦大学出版社2011年版，第296页。

说，我们的以人为本更多的是以群体为本，而不是西方式的以个人为本，这里的群体不是小团体主义，而是扩展到了"四海之内皆兄弟"的"天下"；强调"和谐高于冲突"，也就是说，它主张个人与个人、国家与国家的和平共处，反对侵略和占领；强调"不患寡而患不均，不患贫而患不安"，也就是说，公平和平等优先于效率和财富。① 这里要注意的问题在于，我们在强调责任、义务、群体、和谐、平等的时候，本身并没有错，但如果就此忽视、贬低和否定自由、权利、个人、冲突、财富的重要性和合理性，就有失偏颇了。比如，我们强调和谐的优先性，反对霸权主义和强权政治，但并不为了和谐而无原则地选择妥协和退让，面对敌人的不正义的侵犯，奋起反抗的冲突才是传统价值观的合理解释。传统文化的个体美德是仁义礼智信，通常称之为五常，它是处理人与人的关系的基本伦理规范。传统文化的价值观是社会主义核心价值观的源泉和命脉，核心价值观的培养和践行要注重传统价值观的传承和实践。

主张中华传统优秀文化是社会主义核心价值观的精神命脉，并不反对以我为主的吸收西方先进文化。我们反对的仅仅是西方文化中心论的立场。把现代化理解为西方化，欧化和美国化就是这种西方中心论的反映。五四运动以来，西方文化被简单地理解为科学与民主，实现现代化就是向西方学习，也就是接受西方的科学和民主制度与文化。当时固然也有对传统文化的积极意义的辩护，但主流声音是对传统文化黑暗面的揭露，对落后的剖析，对自由和进步的向往，是"打倒孔家店"和"走西方人的路"。新中国的成立并没有阻止对传统文化批判的洪流，"文革"是对传统文化的激进否定。改革开放以来，传统文化依然被看作专制和落后的代名词，被视为改革开放的障碍，西方则代表着进步和文明。反思西方中心论的立场，批判性地继承传统文化，这是我们现在应该确立起来的辩证的科学的态度。早有学者针对极端西化思潮提出不同意见："文化是多元的，是不可通约的，因此，不能以一种文化为参照系评价另一种文化。一个世纪以来我们对传统文化的反省与检讨之所以缺乏一定的深度和广度，就是因为我们是以西方文化作为参照系来评

---

① 陈来：《中华传统文化与核心价值观》，《光明日报》2014 年 8 月 11 日（第 11 版）。

价和看待中国传统文化。但事实证明，以这种做法来评价和改造中国文化，是难以取得积极的、根本性的进展的。"① "不可通约"意味着不同文化没有共同要解决的问题，没有共同的标准，有各自的独立性因而不能强行以一种文化的标准评价另一种文化。这并不反对不同文化之间的比较和互相影响。中国传统文化避免僵化的根本办法就是不断遭受外来文化的刺激，在与西方文化的比较中吸收和借鉴其合理部分。故步自封从来是文化建设的大敌。面对西方文化的盲目排外和亦步亦趋的模仿是两种极端化的错误主张。立足于中国文化本位评判西方文化，没有对西方文化的全面深入的理解，没有平等尊重的态度，仅仅对西方文化采取实用主义式的功利考量，这同样是不足取的。

　　弘扬中华优秀传统文化不是抱残守缺的复古主义，而是主张实现传统文化的创造性转化。传统与现代的断裂是一个毋庸争辩的事实，我们迄今依然能够听到这种断裂发出的吱吱声。这种断裂是时代的剧变，它理所当然地要求传统文化适应社会生活的新型状况，也就是说，要求传统文化的发展和创新，而不仅仅是对原有文化系统的修修补补。抱着守旧的心态哀叹精神的萎缩和道德的滑落，这不但于事无补，而且授人以笑柄。儒学发展在历史上已经经历了神学化、玄学化、理学化和心学化、经学化、西学化的数次转型。有学者指出："回顾历史，中国传统文化先后发生了五次较大的转型，第一是西汉武帝年间的'罢黜百家，独尊儒术'；第二是魏晋玄学的产生；第三是宋代程朱理学的形成；第四次是清代汉学的复兴；第五次则是近代儒学跌落——马克思主义取代儒学而成为中国的主流文化和意识形态。"② 近年来，随着国家对文化软实力的强调，一些人提出复兴国学。可惜的是，这种复兴常常表现为寻根和复古，而不是一种返本开新的创造。梁漱溟先生在《东西文化及其哲学》中曾经说："东方化现在已经撞在墙上无路可走，如果要开辟新局面必须翻转才行。所谓翻转自非努力奋斗不可，不是静等可以成功的。如果对于这个问题没有根本的解决，打开一条活路，是没有办法

---

① 张汝伦：《含章集》，复旦大学出版社2011年版，第9页。
② 张允熠：《中国主流文化的近现代转型》（下册），黄山书社2010年版，第590页。

的!"① 梁先生反对中西文化调和融通的做法，认为这是迷离含混的希望，他的药方是在反传统和西学入侵的背景下捍卫儒学的本体地位，守护中国人的精神家园，但不是固守传统不变，而是提倡新儒学。新儒学有返本开新的意味，我们今天更应该适应中国特色社会主义事业的需要，实现传统文化的更新，从而为社会主义核心价值观的培育和践行提供精神力量。实现传统文化的创造性转化的关键在于，立足于现代社会生活，赋予传统文化以时代内涵和形式，古为今用，推陈出新，决不照搬套用、厚古薄今、以古非今，努力彰显传统文化的现代意义。

总之，社会主义核心价值观离不开中华优秀传统文化。习近平同志讲："我们生而为中国人，最根本的是我们有中国人的独特精神世界，有百姓日用而不觉的价值观。我们提倡的社会主义核心价值观，就充分体现了对中华优秀传统文化的传承和升华。"②

三　精神家园的重建：一种新文明类型的可能性

虚无主义的主要作用在于摧毁。它在摧毁历史传统和文化的专制、虚妄、局限性的同时，也摧毁了人们的精神家园。有学者指出："在中国人的家园感受中，家园是熟悉、亲切、安全、舒适和安心，是对自己生命之根的眷顾和流连。家园中的一切人和物都不是对象化、价值化、工具化的存在，而是和自己共属一体的、一起成长的家的整体组成部分。"③ 现代人的存在感的缺失和焦虑，无家可归的命运，精神困境和危机，流浪者和观光者的形象化表达，无不显示着虚无主义的影响。面对精神废墟的家园重建，取决于一种新文明类型的可能性。

人不仅是物质性的存在，也是精神性的存在。人总是试图在形而下的世界中探求形而上的存在和意义，终极之真、终极之善、终极之美的设定，乃是人的本性和追求，它们是人在有限、相对、时间性中对无限、绝对、永恒性的追问。上帝的隐退是依靠信仰建构的无限、绝对、永恒的精神家园的丧失，它意味着人们普遍不再能够从上帝那里寻求庇

---

① 曹锦清编选：《梁漱溟文选》，上海远东出版社1994年版，第13页。
② 习近平：《习近平谈治国理政》，外文出版社2014年版，第171页。
③ 孙利天：《让马克思主义哲学说中国话》，武汉大学出版社2010年版，第473页。

护和心理慰藉。近代以来，理性试图建造精神家园，黑格尔体系是这一建构的最后一次伟大的尝试，也是一次失败的尝试。所谓西方的没落、主体性的黄昏、传统形而上学的终结、文化的断裂，诸多说法都指向现时代的精神危机。它的严重后果在于，人们迷恋、耽搁、沉溺于物质性的存在，陷落在商品化的异在世界，不再追寻精神家园，这种对精神世界的放弃是一种绝望，乃是一种自我放逐。

重建精神家园是时代的重大课题。当代中国人的精神生活不是现代西方文明的再版，也不是向后看，不是浪漫主义和复古主义式的伤感，而是浴火重生的文化更新。这种更新不是主观的"应该"，不是任意的批判和武断的意见，而是立足于当今中国现实境况的具有实体性内容的精神建设。它的关键之处在于，不能用现代文明的普遍性阉割民族的特殊性。有学者指出："现代文明的普遍性及其导致了后来被称之为'全球化'的世界历史，难道有可能制造出一个阉割掉一切民族之特殊性的齐一化的世界，并从而使其全部赋有个性的实体性内容归于寂灭吗？"① 他把这种绝对的、齐一的文明图景称之为完全无思想的虚构，坚决反对把这种虚构的普遍的永恒的文明强加于马克思。有两点是重建中国人精神家园的要害：

其一，它不是资本主义的现代文明，而是社会主义的新文明类型。精神生活受制于物质生活的状况，现代人的精神生活的困境与现代资本主义文明有本质牵连。资本逻辑是资本主义文明的原则和主导性因素，它支配着整个资本主义社会的生活。资本的内驱力是资本的增殖，它驱使着资本家到处奔走，驱迫着工人越来越紧张的劳作。效率和利润是它的生命，公平和幸福仅在服从于资本的长期增殖需要的时候才被讨论。它固然带来物质的丰裕和交往的普遍化，但与之如影随形的是人们丰盈生命的干瘪，人与人关系的疏离，自我价值的困惑，生态环境的破坏。抽象物对人的统治，不仅表现为对人的物质生活的统治，也表现为对人的精神生活的统治。也就是说，人们在观念中反映和表达这种物质关系，进而认同这种关系，这就是拜物教现象。拜物教是资本主义根本无法克服的精神征兆。人沉沦于世俗的物

---

① 吴晓明：《当代中国的精神建设及其思想资源》，《中国社会科学》2012 年第 5 期。

欲和感性生命，失去高远的理想、信念、超越性、神圣，失去形而上的价值支撑。

有人悲观和绝望地认为，现代文明没有出路，原因在于资本主义的普遍性及其他与现代文明的内在关系。这种看法的问题在于，它把资本主义看作现代文明的唯一普遍形态。不可否认，资本主义文明是现代文明的源发地，它从西欧蔓延到世界各地，已成为当今时代的主流文明形态。但是，资本主义文明和现代文明不能画等号，它的普遍性不能掩饰它的历史性，所谓资本主义的永恒性和抽象的普遍性不过是意识形态的神话。我们完全可以设想其他类型的现代文明。19世纪的乐观情绪，对科学和进步的坚定信念，随着20世纪的两次世界大战而发生转向。人们反省和批判资本主义的内在悖论，重新发现马克思的价值，针对资本主义文明的不可克服的问题寻求新的出路。社会主义文明就是可供选择的一种替代性方案。它固然在苏联的大起大落中失败了，但在中国的崛起中重新显现出希望的曙光。

社会主义的新文明形态也有市场和资本的利用，但它们仅是手段和工具，人的解放才是目的和本质。人的解放不仅仅是经济解放和政治解放，也是精神的解放，它要求人摆脱技术的控制，反对用价值的眼光看待一切存在，重思存在的意义。只有精神解放，重建和回归精神家园才是可能的。

其二，它不是西方文化的移植，而是实现中、西、马的会通。恰如中国的现代化建设不可能复制西方的现代化道路一样，当代中国人的精神家园也不可能照搬西方人的精神家园，更何况现代西方人的精神家园早已经荒芜了。近代以来，西方高扬的主体性、自由、理性的解放功能蜕变为霸权和恐怖，聊以慰藉心理的宗教边缘化了，在对一元论、本质主义的主宰机制的反对中，人们重新寻找安顿心灵的寓所。陶渊明面对自己误入尘网的解决方法是"归去"，他追求适意、悠然而闲散的人生，最终是"久在樊笼里，复得返自然"。但是，今天的人们再也难以返回到静态社会的自然了。重建当代中国人精神家园的任务在于，立足于当代中国的伟大实践，寻求打通中西马的路径。吴晓明教授指出："中国的近代思想史无可辩驳地表明：中国传统思想、西方近代思想以及马克思主义不仅构成整个思想领域的三个本质重要的定向，而且形成一个各种思想在其中展开和演化的基本结构。"① 中西马之间的对话和碰撞扎根于中国近代以来的历史性实践，离开这一背景和资源谈论精神家园的重建，就会陷入空洞的主观主义。

文化是人民的精神家园，社会主义核心价值观是新文化的灵魂。培育和弘扬社会主义核心价值观要注意以下几点：一是综合运用认知、情感和习惯的作用，不仅仅突出理论的学习，更强调情感的培养、习惯的养成；二是转变教育理念，实现从知识传授到价值认同、从强制性到生成性、从灌输到对话的转向；三是改进传播路径，利用大数据时代的网络信息技术媒介；四是采取科学的合理的典型示范的方法；五是建立价值观教育的长效机制；六是提升传播者的自我信仰教育和传播能力教育。

---

① 吴晓明：《当代中国的精神建设及其思想资源》，《中国社会科学》2012 年第 5 期。

参考文献

第一部分　中文著作类

1. 《马克思恩格斯全集》第 1 卷，第 1 版，人民出版社 1956 年版。

2. 《马克思恩格斯全集》第 3 卷，第 2 版，人民出版社 2002 年版。

3. 《马克思恩格斯全集》第 30 卷，第 2 版，人民出版社 1995 年版。

4. 《马克思恩格斯文集》第 1—10 卷，人民出版社 2009 年版。

5. 《马克思恩格斯选集》第 1—4 卷，人民出版社 1995 年版。

6. 马克思、恩格斯：《神圣家族，或对批判的批判所做的批判》，人民出版社 1958 年版。

7. 《列宁专题文集》（论无产阶级政党），人民出版社 2009 年版。

8. 《邓小平文选》第 3 卷，人民出版社 1993 年版。

9. 胡锦涛：《高举中国特色社会主义伟大旗帜　为夺取全面建设小康社会新胜利而奋斗——在中国共产党第十七次全国代表大会上的报告》，人民出版社 2007 年版。

10. 胡锦涛：《坚定不移沿着中国特色社会主义道路前进　为全面建成小康社会而奋斗——在中国共产党第十八次全国代表大会上的报告》，人民出版社 2012 年版。

11. 习近平：《习近平谈治国理政》，外文出版社 2014 年版。

12. 《柏拉图全集》第二卷，王晓朝译，人民出版社 2003 年版。

13. ［古希腊］亚里士多德：《形而上学》，吴寿彭译，商务印书馆 1959 年版。

14. 马丁·路德著作翻译小组：《马丁·路德文选》，中国社会科学出版社 2003 年版。

15. ［德］康德:《未来形而上学导论》,庞景仁译,商务印书馆 1978 年版。

16. ［德］康德:《实践理性批判》,韩水法译,商务印书馆 1999 年版。

17. ［德］康德:《历史理性批判文集》,何兆武译,商务印书馆 1990 年版。

18. ［德］黑格尔:《精神现象学》上卷,贺麟等译,商务印书馆 1979 年版。

19. ［德］黑格尔:《小逻辑》,贺麟译,商务印书馆 1980 年版。

20. ［德］黑格尔:《历史哲学》,王造时译,上海书店出版社 1999 年版。

21. ［德］黑格尔:《哲学史讲演录》第 1—4 卷,贺麟等译,商务印书馆 1959 年、1960 年、1959 年、1978 年版。

22. ［德］费尔巴哈:《基督教的本质》,荣震华译,商务印书馆 1984 年版。

23. ［德］施蒂纳:《唯一者及其所有物》,金海民译,商务印书馆 1989 年版。

24. ［德］尼采:《权力意志——重估一切价值的尝试》,张念东、凌素心译,商务印书馆 1991 年版。

25. ［匈］卢卡奇:《历史与阶级意识》,杜章智等译,商务印书馆 1992 年版。

26. ［德］霍克海默、阿道尔诺:《启蒙辩证法》,渠敬东、曹卫东译,上海人民出版社 2003 年版。

27. ［美］马尔库塞:《单向度的人》,刘继译,上海译文出版社 2006 年版。

28. ［苏］罗森塔尔、尤金编:《简明哲学辞典》,上海三联书店 1973 年版。

29. ［德］马克斯·韦伯:《新教伦理与资本主义精神》,于晓等译,生活·读书·新知三联书店 1987 年版。

30. ［德］马克斯·韦伯:《学术与政治》,冯克利译,生活·读书·新知三联书店 1998 年版。

31. ［德］马克斯·韦伯：《儒教与道教》，王容芬译，商务印书馆1995年版。

32. ［德］胡塞尔：《现象学的观念》，倪梁康译，上海译文出版社1986年版。

33. ［德］海德格尔：《尼采》，孙周兴译，商务印书馆2002年版。

34. ［德］海德格尔：《林中路》，孙周兴译，上海译文出版社1997年版。

35. 孙周兴选编：《海德格尔选集》（上、下），上海三联书店1996年版。

36. ［奥］维特根斯坦：《逻辑哲学论》，贺绍甲译，商务印书馆1996年版。

37. ［德］西美尔：《现代人与宗教》，曹卫东等译，中国人民大学出版社2003年版。

38. ［英］罗素：《宗教能否解除我们的困惑》，黄思源、卓翔译，北京出版社2010年版。

39. ［英］罗素：《自由之路》，李国山等译，西苑出版社2004年版。

40. ［英］罗素：《西方哲学史》上卷，何兆武、李约瑟译，商务印书馆1963年版。

41. ［德］哈贝马斯：《现代性的哲学话语》，曹卫东等译，译林出版社2004年版。

42. ［德］哈贝马斯：《后形而上学思想》，曹卫东、傅德根译，译林出版社2001年版。

43. ［美］汉娜·阿伦特：《人的境况》，王寅丽译，上海人民出版社2009年版。

44. ［美］斯坦利·罗森：《启蒙的面具》，吴松江、陈卫斌译，辽宁人民出版社2003年版。

45. ［美］马歇尔·伯曼：《一切坚固的东西都烟消云散了》，徐大建、张辑译，商务印书馆2003年版。

46. ［美］丹尼尔·贝尔：《资本主义的文化矛盾》，赵一凡等译，生活·读书·新知三联书店1989年版。

47. ［美］伊曼努尔·华勒斯坦：《历史资本主义》，路爱国、丁浩金译，社会科学文献出版社1999年版。

48. ［英］特里·伊格尔顿：《马克思为什么是对的》，李杨等译，新星出版社 2011 年版。

49. ［英］特里·伊格尔顿：《后现代主义的幻象》，华明译，商务印书馆 2000 年版。

50. ［英］特里·伊格尔顿：《人生的意义》，朱新伟译，译林出版社 2012 年版。

51. ［法］让·鲍德里亚：《生产之镜》，仰海峰译，中央编译出版社 2005 年版。

52. ［法］让·鲍德里亚：《象征交换与死亡》，车槿山译，译林出版社 2012 年版。

53. ［法］让·鲍德里亚：《符号政治经济学批判》，夏莹译，南京大学出版社 2009 年版。

54. ［法］让·鲍德里亚：《消费社会》，刘成富、全志钢译，南京大学出版社 2014 年版。

55. ［美］爱德华·W. 苏贾：《后现代地理学——重申批判社会理论中的空间》，王文斌译，商务印书馆 2004 年版。

56. ［挪威］拉斯·史文德森：《时尚的哲学》，李漫译，北京大学出版社 2010 年版。

57. ［美］詹明信著，张旭东编：《晚期资本主义的文化逻辑》，生活·读书·新知三联书店 2013 年版。

58. ［美］布鲁斯·昂：《形而上学》，田园等译，中国人民大学出版社 2006 年版。

59. ［美］乔治·里茨尔：《虚无的全球化》，王云桥、宋兴无译，上海译文出版社 2006 年版。

60. ［加］查尔斯·泰勒：《现代性之隐忧》，程炼译，中央编译出版社 2001 年版。

61. ［英］罗伊·博伊恩：《福柯与德里达》，贾辰阳译，北京大学出版社 2010 年版。

62. ［美］道格拉斯·凯尔纳等：《后现代理论——批判性的质疑》，张志斌译，中央编译出版社 2004 年版。

63. ［美］戴维·哈维：《后现代的状况》，阎嘉译，商务印书馆 2003

年版。

64. ［法］加缪：《西西弗的神话》，刘琼歌译，光明日报出版社 2009
年版。

65. ［英］约翰·科廷汉：《生活有意义吗》，王楠译，广西师范大学出
版社 2007 年版。

66. ［美］尼尔·波兹曼：《娱乐至死》，章艳译，广西师范大学出版社
2011 年版。

67. ［美］利昂·P. 巴拉达特：《意识形态起源和影响》，张慧芝、张
露璐译，世界图书出版公司北京公司 2010 年版。

68. ［法］托马斯·皮凯蒂：《21 世纪资本论》，巴曙松等译，中信出
版社 2014 年版。

69. ［美］罗伯特·所罗门：《大问题——简明哲学导论》，张卜天译，
广西师范大学出版社 2004 年版。

70. ［英］理查德·道金斯：《自私的基因》，卢允中等译，中信出版社
2012 年版。

71. ［俄］屠格涅夫：《父与子》，郑文东译，长江文艺出版社 2012
年版。

72. ［俄］陀思妥耶夫斯基：《罪与罚》，岳麟译，上海译文出版社 2006
年版。

73. ［俄］陀思妥耶夫斯基：《卡拉马佐夫兄弟》，荣如德译，上海译文
出版社 2006 年版。

74. ［俄］尼古拉·别尔嘉耶夫：《论人的奴役与自由》，张百春译，中
国城市出版社 2002 年版。

75. ［捷克］米兰·昆德拉：《不能承受的生命之轻》，许钧译，上海译
文出版社 2010 年版。

76. 刘小枫编：《苏格拉底问题与现代性——施特劳斯讲演与论文集：
卷二》，华夏出版社 2008 年版。

77. 张志伟主编：《形而上学的历史演变》，中国人民大学出版社 2010
年版。

78. 俞吾金：《意识形态论》，上海人民出版社 1993 年版。

79. 吴晓明：《哲学之思与社会现实——马克思主义哲学的当代意义》，

武汉大学出版社 2010 年版。

80. 陈学明：《文化工业》，扬智文化事业股份有限公司 1996 年版。

81. 邹诗鹏：《转化之路——生存论续探》，中国社会科学出版社 2013 年版。

82. 张汝伦：《含章集》，复旦大学出版社 2011 年版。

83. 张文喜：《重建历史唯物主义历史总体观》，中国人民大学出版社 2013 年版。

84. 孙伯鍨：《卢卡奇与马克思》，南京大学出版社 1999 年版。

85. 张一兵：《文本的深度耕犁——后马克思思潮哲学文本解读》，中国人民大学出版社 2008 年版。

86. 张一兵：《反鲍德里亚》，商务印书馆 2009 年版。

87. 刘森林：《物与无》，江苏人民出版社 2013 年版。

88. 刘森林：《实践的逻辑》，社会科学文献出版社 2009 年版。

89. 孙利天：《让马克思主义哲学说中国话》，武汉大学出版社 2010 年版。

90. 李德顺：《我们时代的人文精神：当代中国价值哲学的建构及其意义》，北京师范大学出版社 2013 年版。

91. 侯惠勤：《马克思的意识形态批判与当代中国》，中国社会科学出版社 2010 年版。

92. 赵汀阳：《每个人的政治》，社会科学文献出版社 2010 年版。

93. 卓新平：《神圣与世俗之间》，黑龙江人民出版社 2004 年版。

94. 汪民安：《身体、空间与后现代性》，江苏人民出版社 2006 年版。

95. 汪民安等主编：《后现代性的哲学话语——从福柯到赛义德》，浙江人民出版社 2000 年版。

96. 孔明安等：《当代国外马克思主义新思潮研究》，中央编译出版社 2012 年版。

97. 孔明安：《物·象征·仿真——鲍德里亚哲学思想研究》，安徽师范大学出版社 2010 年版。

98. 周凡：《后马克思主义导论》，中央编译出版社 2010 年版。

99. 陈嘉明：《现代性与后现代性十五讲》，北京大学出版社 2006 年版。

100. 中国现代化战略课题组、中国科学院中国现代化研究中心：《中国现代化报告（2008）》，北京大学出版社 2008 年版。

101. 虞和平主编：《中国现代化历程》第 3 卷，江苏人民出版社 2001 年版。

102. 夏光：《东亚现代性与西方现代性——从文化的角度看》，生活·读书·新知三联书店 2005 年版。

103. 徐贲：《怀疑的时代需要怎样的信仰》，东方出版社 2013 年版。

104. 张世英：《中西文化与自我》，人民出版社 2011 年版。

105. 曹锦清编选：《梁漱溟文选》，上海远东出版社 1994 年版。

106. 梁漱溟：《朝话：人生的省悟》，世界图书出版公司北京公司 2010 年版。

107. 陶黎宝华、甄景德主编：《生活的意义》，刘钊译，中国人民大学出版社 2009 年版。

108. 张允熠：《中国主流文化的近现代转型》（下册），黄山书社 2010 年版。

109. 孙熙国、李翔海主编：《北大中国文化研究》（第 1 辑），社会科学文献出版社 2011 年版。

110. 周国平：《精神家园》，上海辞书出版社 2012 年版。

111. 夏征农、陈至立主编：《辞海》（第 4 卷），第六版，上海辞书出版社 2009 年版。

112. 中共中央宣传部：《社会主义核心价值体系学习读本》，学习出版社 2009 年版。

第二部分　中文论文类

1. 余虹：《虚无主义——我们的深渊与命运?》，《学术月刊》2006 年第 7 期。

2. 吴晓明：《论马克思哲学的当代性》，《天津社会科学》1999 年第 6 期。

3. 吴晓明：《当代中国的精神建设及其思想资源》，《中国社会科学》2012 年第 5 期。

4. 王南湜：《全球化时代生存逻辑与资本逻辑的博弈》，《哲学研究》2009 年第 5 期。

5. ［法］F. 费迪耶等辑录：《晚期海德格尔的三天讨论班纪要》，丁耘摘译，《哲学译丛》2001 年第 3 期。

6. 刘森林：《物、物化、物象化：马克思物论的新认识》，《高校理论战线》2012 年第 7 期。

7. 刘森林：《马克思与虚无主义：从马克思对施蒂纳的批判角度看》，《哲学研究》2007 年第 7 期。

8. 邹诗鹏：《现时代精神生活的物化处境及其批判》，《中国社会科学》2007 年第 5 期。

9. 邹诗鹏：《空间转向与虚无主义》，《现代哲学》2012 年第 3 期。

10. 邹诗鹏：《文明的力量——防御虚无主义的六大原则》，《学术月刊》2014 年第 8 期。

11. 仰海峰：《从主体、结构到资本逻辑的结构化——反思关于马克思思想之研究模式的主导逻辑》，《哲学研究》2011 年第 10 期。

12. 韩立新：《异化、物象化、拜物教和物化》，《马克思主义与现实》2014 年第 2 期。

13. 贺来：《个人责任、社会正义与价值虚无主义的克服》，《哲学动态》2009 年第 8 期。

14. 贺来：《寻求价值信念的真实主体——反思与克服价值虚无主义的基本前提》，《社会科学战线》2012 年第 1 期。

15. ［美］詹姆斯·劳勒：《虚无主义的共产主义与辩证的共产主义》，段忠桥等摘译，《国外理论动态》2006 年第 2 期。

16. 阿维内里：《马克思与现代化》，载于罗荣渠主编：《现代化理论与历史经验的再探讨》，上海译文出版社 1993 年版。

17. 陈来：《中华传统文化与核心价值观》，《光明日报》2014 年 8 月 11 日（第 11 版）。

18. 王永章：《文化产业社会效益与经济效益的关系》，《光明日报》（理论版）2003 年 7 月 9 日。

19. 邓晓芒：《中国人为什么没有信仰》（http：//www. douban. com/group/topic/23856904/）。

20. 新华网北京 10 月 15 日电：《习近平：文艺不能在市场经济大潮中迷失方向》（http：//news. xinhuanet. com/politics/2014 – 10/15/c_

1112840544. htm）。

第三部分　外文文献类

1. Stanley Rosen. NILILISM：A Philosophical Essay. New Haven：Yale U-
   niversity Press，1969.

2. Johan Goudsblom. Nihilism and Culture. Oxford：Basil Blackwell，1980.

后　记

　　这部书稿是我主持的 2012 年度教育部人文社科基金项目"资本逻辑与虚无主义的内在关系研究"（项目编号：12YJA720036）的最终成果。当初选择这一话题，主要基于强烈的问题意识和知识分子的社会责任感，力图从马克思主义的角度探讨当代人的精神困境问题。在我看来，虚无主义是这个时代的精神本质，它像雾霾一样弥漫于现代人的心灵世界，遮蔽了耸立的精神建筑，侵入现代化的中国。如何克服虚无主义的困扰已经不仅是一项重要的理论任务，而且是一项紧迫的现实需求。

　　哲学的高贵在于，它的目光超越于世俗的功名之上，注目于真正伟大的精神事业。在不惑之年，我曾决心把虚无主义问题作为今后 20 年乃至终生的学术方向，把自己愚钝的心灵献祭于高尚的精神追求，数年倏忽而过，这个决心迄今依然没有动摇，只是背囊中干瘪的果实让人不满和汗颜，写一部"大书"的奢望在结项的逼迫中潦草而仓促地匆匆收场，这当然不能归责于外在繁杂事务的干扰，主要原因还是自己的疏懒和浮躁所致。

　　必须说明的是，书中的部分内容已经以论文的形式在《马克思主义与现实》《哲学动态》《南京大学学报》（哲学、人文科学、社会科学版）、《现代哲学》《福建论坛》《中国社会科学报》等报刊发表，对于这些报刊的理解和支持，在此表示诚挚的谢意！

　　借此机会，我想特别感谢刘森林教授、邹诗鹏教授、贺来教授等诸位学者和朋友在虚无主义问题上的深入研究，他们敏锐而独到的学术洞察常常对我有思想引领的作用。

另外，调到马克思主义学院以来，学术和心灵的成长离不开原院长陈振明教授、现任院长白锡能教授、许和山书记以及各位同事和朋友的支持和帮助，在此对他们表示衷心的感谢！也要感谢哲学系徐梦秋教授、陈墀成教授、曹志平教授等诸位师友长期以来的关心和照顾！

几年前，当我刚刚发表第一篇虚无主义方面文章的时候，我的硕士生导师金延教授打来电话，一方面肯定我的学术摸索，鼓励我继续做下去；另一方面又出于爱护和殷殷期待而指出文章的不足，指点我应该进一步努力的方向，每每想起此事，心中就很温暖。我也一直谨记我的博士生导师余源培教授要我关注现实的教导，虚无主义问题研究更多的不是满足纯粹的理论兴趣，而是解决现实问题。

书稿的顺利出版，离不开田文编辑认真负责的辛勤劳动，在此对她表示由衷的感谢和敬意！我的几位研究生华苗、林雅玲、陈媛媛同学等在书稿校对方面付出了不少心血，也对她们一并表示谢意！

最后，我想表达自己对家人的歉意。多年的学术探索养成的坏毛病在于，总是无法拒绝理论的诱惑，总是流连于思想的探险，两耳不闻家务事，推卸本该自己分担的责任。每念及此，愧疚不已。

张有奎

2017 年春末于厦门